나는
좁은 길이
아니다

我不是細路

Copyright © 2015 by Blackpaper Limited
Cover photo by Deric Wong
Photo credits: Jimmy Lam, Peter Wong, Sumyee Wong and Ming Pao Enterprise Corporation Limited

Korean Translation Copyright © 2020 by Psyche's Forest Books
This translation is published by arrangement with Blackpaper Limited through SilkRoad Agency, Seoul, Korea.
All rights reserved.

이 책의 한국어판 저작권은 실크로드 에이전시를 통해 Blackpaper Limited와 독점 계약한 프시케의숲에 있습니다. 저작권법에 의해 한국 내에서 보호를 받는 저작물이므로 무단 전재와 복제를 금합니다.

我 不 是 細 路

나는 좁은 길이 아니다

홍콩 민주화 운동과 나의 18세

조슈아 웡 지음 | 함성준 옮김

일러두기

1. 단행본, 잡지는 《 》로, 신문, 논문, 영상 등은 〈 〉로 표기했다.
2. 본문의 대괄호 ( )와 하단의 각주는 옮긴이 주다.
3. 본문의 소괄호 ( )는 원서를 번역한 것이다.
4. 본문 각 꼭지 상단의 '후기' 부분은 이 책의 원서가 출간된 2015년 중반의 시점에 저자가 집필해 첨언한 것이다.
5. 원문의 '공민公民'은 모두 '시민市民'으로 번역했다.
  단, '공민광장' '공민당' 등 고유명사일 경우에는 예외로 했다.
6. 홍콩의 학제는 중학교 6년 이후에 대학 4년 과정에 진학하도록 설계되어 있다.
  한국어판에서는 홍콩의 중학교를 '중고등학교'로, 중학교 4~6학년은 '고등학교 1~3학년'으로 의역했다.

한국의 독자 여러분께

소중한 시간을 내어 《나는 좁은 길이 아니다》를 읽어주시는 여러분께 감사드립니다. 이 책에는 2013년 여름방학부터 2015년 여름 사이 제 마음과 생각의 자취가 담겨 있습니다. 이 두 해는 세뇌국민교육 반대 운동이 끝나고, 동료들과 함께 정치 제도 개혁과 민주 선거를 위해 싸우던 날들입니다. 그사이에 국제적으로 이목이 집중되었던 2014년 우산운동이 일어났고, 거리 점거 중에 열여덟 살 생일을 보내기도 했지요.

 2019년 6월부터 지금까지의 홍콩을 보면, 경찰은 시위를 진압하기 위해 3만 발이 넘는 최루탄과 고무탄을 사용했습니다. 이 700만 인구의 도시 홍콩에서 1만 명 가까이 되는 사람들이 체포되었고 수천 명의 사람이 기소되었습니다. 홍콩에서 이 책을 출판할 때까지만 해도 홍콩이 경찰국가Police State처럼 변해버릴 줄은 생각지 못했습니다. 한 항쟁 활동에서 경찰의 강제 해산으로 대학생이 목숨을 잃었습니다. 열여섯 살의 여성 시위자는 경찰서에서 경찰에게 강간을 당해 임신이 되었다고 고발했습니다.

중학생 신분으로 사회 운동에 뛰어들었는데, 이제 스물세 살의 나이가 되었습니다. 6년 전 쓴 글들을 보니 그때와 사뭇 다른 심경을 느낍니다. 학창시절이던 그때엔 예상하지 못했던 상황들이 오늘 홍콩에서 벌어지고 있습니다. 영화 〈1987〉 속의 갈등과도 매우 비슷하다는 생각이 듭니다.

홍콩인들은 민주를 위해 용기를 내서 싸우고 있습니다. 지난 세기 한국 사람들이 그랬던 것처럼 말입니다. 마침 5·18 광주민주화운동 40주년이 되는 해입니다. 항쟁이 홍콩에서 거대한 물결이 되기 전, 학생들이 가슴속에 품었던 이상과 생각들이 이 책을 통해 여러분께 전해질 수 있기를 바랍니다. 그리고 '오늘은 광주, 내일은 홍콩'이 되기를, 언센가 홍콩 사람들도 한국처럼 자유와 민주를 누릴 수 있기를 소망합니다.

2020년 3월
조슈아 웡

들어가는 말

2013년에 출판된 《나는 영웅이 아니다》에 이어서, 올해 초 감사하게도 다시 백권출판사의 제안을 받았습니다. 그래서 고등학교 2학년 여름방학부터 대학교 1학년까지 쓴 글을 엮어, 성인이 되어 첫 번째로 맞는 여름방학에 이 책 《나는 좁은 길이 아니다》를 출판하게 되었습니다. 이 책은 국민교육 반대 운동 이후의 단면들을 담고 있습니다.

 책을 편집하는 과정에서 100편이 넘는 글들을 '시민투표 전야' '동맹 휴학 준비' '우산운동의 시작' '점거가 막을 내린 후' 등 네 개의 부로 나누었습니다. 열여섯 살부터 열여덟 살까지 썼던 글들을 차례차례 다시 자세히 읽으면서, 문득 제가 2012년 12만 명의 공민광장 점거가 일어났을 때부터 한 번도 공적 영역을 떠난 적이 없다는 사실을 발견했습니다.

 홍콩의 청년들이 원래 그런 사람인 것인지 아니면 상황이 그렇게 만든 것인지 모르겠지만, 홍콩에 저와 같은 학생은 많지 않은 듯하고, 제가 이런 자리에서 사회 운동에 몸담은 지도 3년이 넘었습니다. 그러다 보니 아마 홍콩에 계신 여러분들은 이런 머리스타일을 하고 검은 테 안경을 쓴 제 얼굴이 어느 정도 눈에 익으셨을 겁니다. 그리고 아마도 조슈아 웡 하면 '학생 운동' '정치개혁' '시민 지명' '청소년의 정치 참여' 등의 키워드가 떠오르시겠지요. 이 절반만 대중(?) 혹은 정치인(?)인 사람의 사유 갈피를 이해하려면, 오래된 방식으로 돌아가 묵직한 책이 가장 좋은 매개가 되어준다고 믿습니다. 즉답과 요약과 소소한 촌철살인들을 추구하는 시대임에도 불구하고 말입니다.

학생 조직의 대표로서 비판을 받아들이는 것은 너무나 당연한 일입니다. 지난날의 눈부신 장면들을 차마 놓지 못하고 그리워하는 것은 자신의 전진을 가로막습니다. 그러니 이 책을 다 읽은 뒤, '홍콩의 미래는 당신에게 기댈게요'로 결론을 내리지 마시길 부탁드립니다. 과도한 찬사는 조슈아 웡에게 아무런 도움이 되지 않습니다. 2012년 7월에 적어둔 말로 서문의 마무리를 대신하고자 합니다.

만약 홍콩의 미래가 제게 기대고 있다면, 만약 당신이 한 사람을 바라보며 사회와 민주의 앞날을 기대하고 있다면, 홍콩은 그걸로 끝이라고 장담합니다. 한 사회의 진보는 결코 한 사람에게 기대어 이룰 수 있는 것이 아닙니다. 심지어 오

늘날 학민사조가 어느 정도의 성과를 낼 수 있었던 것도 절
대로 절대로 제 공로가 아닙니다. 학민사조의 모든 팀이 묵
묵히 많은 수고를 했고, 사실 대중의 참여야말로 사회 변혁
의 근본입니다.

9만 자에 달하는 책을 다 보기가 결코 간단치 않을 거라고
생각합니다. 이런 시대에 책을 들고 읽는다는 것은 정말 쉽지
않은 일입니다. 게다가 이런 졸저를 읽기는 더욱 쉽지 않을 것
입니다. 그럼에도 힘을 내어 이 책을 읽어주기를 바랍니다. 조
명이 걷힌 후의 조슈아 웡을 이 책을 통해 이해할 수 있을 것
입니다. 그가 왜 오늘 이 자리까지 오게 되었는지를.

我 不 是 細 路   차례

한국의 독자 여러분께 _005
들어가는 말 _007

제1부 시민투표 전야

2013년 7월 6일 · 정부를 되찾자 _017
2013년 7월 27일 · 주변화되고 만 '시민 지명' _021
2013년 8월 17일 · 대중 운동은 대중을 믿어야 한다 _024
2013년 9월 7일 · 프리실라 렁의 탈정치화 _028
2013년 10월 1일 · 홍콩의 미래, 학생의 몫 _032
2013년 10월 10일 · 직접행동의 각오 _035
2013년 10월 19일 · 그날 그들이 끌고 간 것은 무엇인가 _043
2013년 11월 2일 · 중간자와 눈짓을 주고받지 말라 _048
2013년 11월 16일 · 싸우면 싸울수록 더 강해진다 _051
2013년 11월 23일 · 갈등의 원인이 무엇인지 묻는 것 _054
2013년 12월 14일 · 중앙의 프레임을 깨뜨리기 _057
2013년 12월 15일 · 취업을 위해 사회 운동을 한다고? _060
2014년 1월 4일 · 소수가 다수의 염원을 걸러내는 _062
2014년 1월 25일 · 공백기를 이겨내려면 _065
2014년 2월 13일 · 양심이 시킨다, 언론을 지켜라 _068
2014년 2월 22일 · 능력 있는 자가 자리에 앉는다 _073
2014년 3월 7일 · 미래는 젊은 세대가 쥐고 있다 _076
2014년 3월 18일 · 현실에 고개 숙이지 말 것 _079
2014년 4월 12일 · 불평등한 판을 넘어서기 _083
2014년 5월 3일 · 나는 타협할 생각이 없다 _086
2014년 5월 4일 · 우리가 왜 극단분자인가요 _089

2014년 5월 24일 · 온건파는 정치 현실을 직시하라 _092

2014년 6월 14일 · 결정적인 소수가 된다는 것 _099

2014년 6월 14일 · 백서, 홍콩에 찬물을 끼얹다 _103

2014년 6월 15일 · 하지만 당신은 승리를 더 두려워한다 _106

제2부 동맹 휴학 준비

2014년 7월 14일 · 성적이 낮으면 자격도 없는가 _113

2014년 7월 26일 · 그저 환상일 뿐 _117

2014년 8월 13일 · 사회에 관심 있는 일류대 학생 모델 _120

2014년 9월 6일 · 정권의 팔뚝을 꺾어나가자 _124

2014년 9월 6일 · 내가 믿는 것과 믿지 않는 것 _127

2014년 9월 25일 · 오늘 하지 못하는 일은 평생 못한다 _130

2014년 9월 26일 · 맞습니다 지금 돌격하자는 호소입니다 _133

제3부 우산운동의 시작

2014년 9월 27일 · 저희는 조슈아가 자랑스럽습니다 _141

2014년 10월 1일 · 석방 후: 해야만 했던 말들 _144

2014년 10월 8일 · 대중이 오히려 리더를 이끈다 _149

2014년 10월 15일 · 참을 수 없는 흑경의 폭력 _153

2014년 10월 18일 · 매와 비둘기 레퍼토리 _155

2014년 11월 3일 · 새로운 시민투표가 필요하다 _158

2014년 11월 8일 · 정치개혁안 부결 이후에 대한 구상 _171

2014년 11월 9일 · 단상 무대를 둘러싼 갈등에 대하여 _175

2014년 11월 10일 · 분열 혹은 난처한 상황 _182

2014년 11월 15일 · 청춘을 안고 두려움을 버리네 _191

2014년 12월 2일 · 단식으로 미뤄진 엄마의 생신상 _198

2014년 12월 3일 · 당신이 이 아름다운 도시의 수장이라면 _202

2014년 12월 4일 · 의원들은 강 건너 불구경입니까 _205

2014년 12월 4일 · 아들과 벗들의 신념을 위하여 _208

제4부 점거가 막을 내린 후

2014년 12월 25일 • 내가 뽑은 '올해의 인물', 불복종자 _215
2015년 1월 10일 • 정부를 뛰어넘는 어젠다 세우기 _219
2015년 1월 29일 • '분노한 학부모들'에게 묻는다 _222
2015년 1월 31일 • 민주와 비민주는 한 글자 차이 _229
2015년 2월 7일 • 고작 물러터진 오렌지 세 개를 주고 _232
2015년 2월 10일 • 캐리 람, 눈 가리고 아웅 _236
2015년 2월 13일 • 내게 힘이 되는 최고의 보상 _241
2015년 3월 14일 • 구의회 선거에 나서려는 청년들에게 _248
2015년 3월 17일 • 어린 나이에 유명해지는 스트레스 _252
2015년 3월 24일 • 두 가지 해명 _257
2015년 3월 27일 • 내가 얻은 타이틀보다 훨씬 중요한 것 _261
2015년 3월 30일 • 학교와 사회의 올가미를 벗어나서 _264
2015년 4월 22일 • 전설의 박사님, 치료를 포기하지 마세요 _268
2015년 5월 5일 • 유일한 출구 _271
2015년 5월 18일 • 오히려 이용만 당하는 온건파 _277
2015년 5월 18일 • 죽 쒀서 개를 줄지언정 _280
2015년 5월 20일 • 당신은 모른다, 학자금 대출의 압박을 _283
2015년 5월 23일 • 다시 한 번, 학민사조 소집인으로서 _288
2015년 5월 26일 • 말레이시아 입국을 거부당하다 _302
2015년 6월 7일 • 대학생들이 기본법을 불태운 까닭 _311
2015년 6월 15일 • 홍콩의 앞날을 결정할 2047년 _315

나오는 말 _331
한국어판 부록
  부록1 • 홍콩 지도 _337
  부록2 • 홍콩 행정장관 선거 방식 _338
  부록3 • 주요 사건 일람 _340
  부록4 • 인명 대조표 _344

제1부

시민투표 전야

* 태블릿 문구: "저는 미성년자입니다. 제가 투표할 수 있게 도와주세요."

/ 2013년 7월에서 2014년 6월 /

2012년, 학민사조는 12만 명의 공민광장 점거를 통해 정부의 국민교육 과목 보류를 이끌어냈다. 그리고 이어서 2013년에는 정치개혁 운동에 투신해 '시민 지명'을 외치기 시작했다.

정치개혁 운동에서 학생들의 영향력을 높이기 위해, 그리고 '시민 지명은 있어도 되고, 없어도 된다'고 보는 범민주 의원들에 대한 우리의 불만을 표현하기 위해, 학민사조는 학련과 함께 학생계 방안을 발의했다. 그리고 시민단체 '센트럴을 점거하라' 측에서 주관하는 6월 22일부터 29일까지의 시민투표에서 시민들의 지지를 받기 위해 분투했다.

결과적으로 학생계 방안은 약 30만 표를 받았다. 범민주파의 진보련 방안에 비해 3만 표가량 적은 수였다. 하지만 2013년에서 2014년 7월까지 1년 사이에 많은 변화를 목도했다. 정치개혁에 있어서 우리 학생들의 영향력은 0에서 시작해 조금씩 커졌다. 그렇기에 직접행동이든 선거 준비든, 모든 과정이 잊을 수 없는 날들이었다.

정부를 되찾자

2013년 7월 6일

후기 센트럴 점거 시위가 끝났을 때부터 정치개혁안 표결을 앞둔 시점까지,* 민주파 지도자와 건제建制 세력(친중 성향) 사이에는 진흙탕 싸움이 끊임없이 연출되고 있다. 어떻게 정치개혁이라는 판을 넘어설 것인가. 어떻게 정부의 시간표에 맞추어 시민 사회가 움직이는 패러다임을 바꿔, 우리 스스로 의사일정을 정하고 정부가 시민 사회의 움직임에 맞추도록 할 것인가. 이는 본래 점거 시위 후에 당면했어야 하는 문제다. 그러나 지금까지도 출구를 찾지 못한 듯하다.

민주파는 '사랑과 평화'라는 비폭력을 기치로 시민의 저항을 확산시키고자 하고, 건제파는 '홍콩은 우리의 집이다'와 '센트럴을 수호하자' 등을 높이 외치며 이에 맞서고 있다. 그 와중에 내가 속한 학민사조**는 정치개혁 운동에 힘쓰기로

---

* 2014년 9월, 홍콩의 중심지인 센트럴 등을 점거하며 대규모 시위가 일어났다(이른바 '우산운동' 혹은 '우산혁명'). 당시 중국 중앙정부가 제시한 새로운 행정장관 선출 방식에 대한 반발 때문이었다. 이에 항의하는 시위가 70여 일 동안 이어지다가 2014년 12월에 종결되었고, 결국 정부의 정치개혁안은 2015년 6월 홍콩 입법회 표결에서 부결되었다.

결정하고 '시민 보통선거, 시민 지명'의 쟁취를 다짐했다. 홍콩의 모든 유권자가 평등한 지명권을 가지도록 한다는 것은 사실상 지명위원회의 폐지를 의미한다.*** 우리는 '정부를 되찾자'라는 개념을 제시했다. 이 방안이 발표된 후 네티즌은 이런 본질적인 질문을 던졌다. "보통선거가 시행된 적이 없는데 뭘 되찾는다는 거야?" 홍콩인이 특별행정장관(행정부의 최고책임자)을 선출할 기회가 지금껏 주어진 적이 없다는 것을 학민사조 역시 잘 알고 있다. 그럼에도 우리가 '되찾자'라는 구호를 사용하는 것은 왜일까?

지난 30년 내내 우리는 착실히도 보통선거를 외쳤다. 이것이 민주 사회에 없어서는 안 될 중요한 요소임을 믿지만, 수년을 외쳐도 빛이 보이지 않는 상황에서 우리는 어느새 보통선거는 다다를 수 없고 실현될 수 없는 요원한 것으로 여기게 되었다. '되찾자'는 말을 사용한 것은 다시 한 번 홍콩인들의 인식을 환기시키기 위해서였다. 지금껏 홍콩에서 보통선거가 시행된 적은 없지만, 보통선거는 사실 한 사람 한 사

** 學民思潮. 중고등학생을 중심으로 2011년 결성된 학생 운동 조직. 조슈아 웡은 학민사조를 이끌며 2012년 국민교육 반대 운동, 2014년 우산운동 등에서 중요한 역할을 했다. 학민사조의 주요 멤버들은 2016년 조직의 해산을 발표하고 데모시스토 창당에 참여했다.

*** 홍콩은 행정장관을 선거위원회 1,200명의 간접선거를 통해 선출해왔다. 중국 중앙정부는 이를 직선제 보통선거로 전환하는 방안을 추진했으나, 그 조건으로 행정장관 후보로 나서기 위해서는 지명위원회를 통과해야 한다고 제한을 두었다. 하지만 지명위원회는 친중 성향의 인사들로 구성될 가능성이 다분해 비민주적이라는 반발을 샀다.

람의 시민이 날 때부터 지니는 권리이며 우리의 기본 권리를 되찾자는 것은 결코 사치스러운 환상이 아니라는 의미를 담고 있다.

우리는 지금 정부가 공전 상태로 전락한 것을 똑똑히 보고 있다. 민의로부터의 권한 위탁이 결여된 상황에서 정치는 앞으로 나아가지 못하고 정체되어 있다. 현재 홍콩의 700만 시민 중에서 행정장관 선거에서 투표할 수 있는 사람은 고작 1,200명이며, 그중 대다수는 비즈니스계, 재계, 정협* 인사다.

우리 같은 소시민에게는 사업가의 명망도 없고, 정협과 중앙정부와의 밀접한 관계 같은 연줄도 없다. 하지만 나는 홍콩 사회를 생각하는 마음만 있다면 누구나 투표 한 장을 행사할 권리를 가질 수 있다고 생각한다. 심지어 우리 도시에 대한 소시민의 열정이 저 위에 계시는 선거위원회보다 더 깊을 수는 있어도 부족할 리는 없다고 생각한다. 정부를 되찾자는 말은 그러니 사회 상류층의 이익만 대변하는 정치 리그를 바꾸고, 응당 그래야 했듯 진정으로 홍콩 시민을 대표할 수 있는 행정장관을 찾자는 것이다.

지난 몇 년 동안 우리는 자신도 모르게 정치개혁 방안 논의의 주도권과 발언권을 민주파의 정치 스타에게 넘겨줘버렸다. 이어서 민주파 지도자와 건제 세력 사이의 진흙탕 싸움이 한 차례, 또 한 차례 연출되었다. 또다시 실패의 전철을 밟아 '정

---

* 전국인민정치협상회의의 약칭. 중국의 최고 정책자문회의에 해당한다.

부를 되찾자'는 말을 공허하게 만들고 말 것인가. 그러고 싶지 않다면 민주주의의 대리인을 찾으려는 생각을 버리고, 진정 홍콩인에게 속하는 '정부'를 '되찾아'야 한다.

주변화되고 만 '시민 지명'

2013년 7월 27일

후기 이 글의 끝부분에는 이렇게 쓰여 있다. "꼭 센트럴 점거가 아니더라도 시민의 저항과 대규모 점거는 피해갈 수 없는 과정 중 하나다." 결국 우리는 2014년에 이 예언을 실현했다. 이 글을 쓰던 때까지만 해도 1년 2개월 후에 이토록 홍콩을 뒤흔드는 점거 운동이 일어날 줄은 예상치 못했다. 만약 이 글을 쓰고 있는 나에게 "홍콩에서 20만 명이 참여하는 점거 운동이 일어날 거야"라고 알려주는 사람이 있었다면 나는 웬 이상한 사람이 허황된 소리를 한다고 말했을 것이다. 정치는 권력자를 상대로 하는 타협의 예술이 아니라, 가능함을 창조해내는 예술임이 다시 한 번 증명되었다.

학민사조는 '시민 지명, 시민 보통선거'라는 주장을 제기했다. 다른 한편 진보련真普聯(범민주 세력)과 건제파는 행정장관 후보지명위원회를 구성할 때 어떤 선출 방식과 자격 요건을 둘 것인가를 두고 옥신각신하고 있다. "홍콩의 350만 유권자 모두가 자동으로 지명위원회가 되게 하자" "우리 손으로 행정장관을 지명할 수 있는 권리를 갖게 하자"라고 학민사조와 일부 민간단체가 아무리 목이 쉬도록 온 힘을 다해 외쳐도, 매체의 포커스는 어떻게 심오하고 어려운 방식으로 지명위원회를 '선출'할 것인가에 놓여 있다. '시민 지명'이라는 건의는 정치 개혁 논의가 시작되기도 전에 이미 주변화되었음이 분명해졌다.

범민주 인사 중 한 사람에게 '시민 지명'이라는 개념을 어떻게 보는지 질문했을 때, 그는 덤덤하게 말했다. "홍콩 사람들은 매우 현실적입니다. 이러한 개념은 주류 대다수 사람들의 공감을 얻지 못해요…." 그런데 당장 입법회〔국회 격〕와 구의회만 봐도 '시민 지명'으로 운영되고 있다. 일정 수의 유권자에게 지명을 받기만 하면 후보자로 출마할 수 있는 것이다. 어째서 '시민 지명'이 유독 행정장관 선거에서만 하늘에 오르기보다 어려워 보이는지 도무지 모르겠다.

도심의 일상 운영을 마비시켜 보통선거를 쟁취하는 것에는 호응해도, 제시된 방안이 홍콩의 기본법〔헌법 격〕을 위반하는 것은 두려워한다. 그렇게 해서 나온 진보련의 'A, B, C 방안'이 부른 값이란 여전히 너무나 낮다. 심지어 어떤 이는 센트럴 점거에 참여하겠다고 선언하면서도, 지명위원회 1,200명을 남겨두는 것에는 개의치 않으며 2022년에 보통선거를 실시해도 늦지 않다고 말한다. 사실 기본법은 지명위원회가 광범위한 대표성을 지녀야 한다고 설명하고 있을 뿐이며, 문구 자체에는 매우 큰 해석의 여지가 있다.* 전국인민대표대회**의 마리아 탐이라도 '시민 지명'이 기본법 위반이라고는 말하지 못한다. 홍콩인의 자기검열을 환영할 뿐이다.

　30년 동안 우리는 스스로 한계를 두고 중국 중앙정부의 프레임에 맞추어 정치개혁의 노선을 그려왔다. 홍콩 사람들이 현실적이라는 핑계를 대며 어물쩍 넘기기보다는 민주 운동의 지도자들이 세상물정에 밝았다고 말하는 편이 나을 것이다. 센트럴 점거는 결코 탁상공론이 아니다. 희생정신과 아름다운 꿈을 가지고 '시민 지명'을 쟁취하고자 한다면, 꼭 센트럴 점거가 아니더라도 시민의 저항과 대규모 점거는 피해갈 수 없는 과정 중 하나다.

　나는 세상물정에 밝지 않다. 나는 현실적이지 않다. 나는 여전히 이상을 가지고 있다. 복잡한 제도 같은 것은 모르겠다. 다만 나는 유권자가 균등한 지명권과 투표권을 가져야 한다고 믿는다. 이것은 결코 물러설 수 없는 우리의 마지노선이다. 당신의 참여를 볼 수 있기를.

---

* "행정장관의 선출 방법은 (…) 최종적으로 광범위한 대표성이 있는 지명위원회가 민주적인 절차에 따라 천거한 후 보통선거의 방식으로 선출하는 목표를 실현한다."(제4장 제1절 제45조)
** 중국의 최고 국가 기관으로, 연 1회 개최된다. 줄여서 '전인대'라고도 한다.

대중 운동은 대중을 믿어야 한다

2013년 8월 17일

후기 "정말 중국이 홍콩에 보통선거를 넘겨줄 거라고 생각해?" "정말 중국이 홍콩에 '시민 지명'을 내줄 거라고 생각해?" "정말 중국이 시민투표를 시행하게 해줄 거라고 생각해?" 많은 사람들이 이런 질문을 품어봤을 것이다. 사실 오늘날 홍콩의 본토의식*과 독립의식을 싹틔운 것이 바로 중국 중앙정부에 대한 불신이다. 정치 현실은 홍콩이 영원히 보통선거를 할 수 없을 거라고 우리에게 말해주는 듯했고, 중국의 통치를 벗어나야만 홍콩인이 이곳의 주인이 될 수 있을 것 같았기 때문이다. 그러나 중국에서 보통선거도 내주지 않는 상황에서 홍콩인이 무슨 수로 그보다 더 높은 차원의 자치권을 쟁취할 수 있겠는가? 이러한 논쟁은 앞으로도 계속될 것이다. 각 파의 이론이 넘쳐나고 시민 사회의 파벌이 즐비한 시대지만, 누군가는 정치개혁안 표결 후인 2015년에 홍콩을 위해 길을 제시하고 새로운 민주 운동을 전개하기를 바란다.

---

* 중국 대륙이 아닌 홍콩을 곧 자신들의 '본토'로 간주하는 의식.

학민사조는 '시민 지명'을 쟁취하기 위한 정치개혁 운동에 몸담고 있다. 일부 범민주 의원은 자신이 공산당 정치를 잘 아는데 베이징 쪽에서 '시민 지명'을 받아들이기란 "근본적으로 어려운" 일이라고 공언한다. 그리고 '시민 지명'은 결코 보통선거 쟁취의 주요 목표가 아니라고 말한다. 심지어는 "중국이 정말 민주파에게 권리를 넘겨줄 수 있다고 생각하는가? 사실 우리는 학민사조가 지나치게 이상적이라고 생각한다. '시민 지명'은 몽상일 뿐이다!"라는 의견을 표명하기도 했다.

건제파는 학민사조의 방안에 대해 이렇다 할 평을 내지 않고 있고, 범민주 의원은 어린 학생들의 목표가 "하늘에 오르기보다 어려운" 일이라고 공개적으로 비판하며 연거푸 학민사조를 향해 찬물을 끼얹었다. 학민사조 지지자는 내게 묻는다. "같은 길을 가는 민주파 사람들이 왜 이렇게 우리를 공격하는 거죠?" 나는 뭐라고 대답을 해야 할지 몰랐다.

"중국 중앙정부에서 받아들이지 않을 것"이라는 매우 그럴듯한 구실은 언뜻 합리적으로 보인다. 그러나 우리는 정부와 한 상에 둘러앉는 환상, 몇 마디의 담판으로 보통선거를 얻어낼 수 있을 거라는 환상을 가져선 안 된다. 중앙정부가 양심껏 우리의 요구를 알아주길 바란다면 과분한 욕심이다. 그들의 의사를 움직일 수 있는 유일한 방법은 군중이 거리로 나설 가능성이다. 학민사조에게 중앙정부의 견해는 부차적인 문제다. 그보다 앞선 과제는 민의를 얻는 일, 즉 '시민 지명'에 대한 다수의 지지를 얻는 일이다. 대중이 동원되면 중앙정부를 동요시킬 기회가 늘어나기 때문이다. 대중의 지지가 없으면 우리는 아무것도 아니다.

범민주 의원은 중국 중앙정부의 반감을 걱정해 쟁취 운동을 포기했지만, 대중 운동이란 언제나 '불가능한 것을 가능하게 바꾸는 것'이다. 내가 초등학교 1학년일 때까지만 해도 50만 명의 사람들이 거리로 나와 결국 정부가 기본법 23조를 철회할 것이라고는 아무도 예상하지 못했다.* 작년에는 국민교육 과목 도입**을 기필코 추진할 것 같았지만 뜻밖에도 12만 명의 사람들이 열흘 연속 정부 청사를 포위해 세뇌 교육을 철회시켰다. 중앙정부가 받아들이지 않을 것을 두려워해 쟁취 운동을 하지 않는다면 우리가 기본법 23조와 세뇌 교육에 반대할 필요도 없었을 것이다.

나는 학자들처럼 경전이며 고사를 인용해 말할 줄 모른다. 의원들처럼 공산당 정치에 훤하지도 못하다. 다만 나는 홍콩이 국제 최저기준 이상의 선거제도를 가질 수 있다고, 홍콩을 생각하는 유권자라면 모두 균등한 지명권을 가질 만하다고 믿는다.

'시민 지명'이 오늘은 "하늘에 오르기보다 어려운" 목표일지 모른다. 하지만 기본법 23조 철회도 그랬고 국민교육 반대

---

* 2003년 중국 정부는 국가보안을 내용으로 하는 홍콩 기본법 제23조 입법을 추진했으나 홍콩 시민들의 격렬한 저항에 부딪혀 무산되었다.
** 2012년 애국심 고취를 목적으로 발표한 국민교육 계획.

역시 그랬다. 대중 운동은 기적이 일어나는 것을 허용하는 운동이다. 민주 운동의 지도자들은 도덕적으로 우월한 위치에 선 채 프롤레타리아 대중이 자신을 이해하지 못할 거라고 생각해서는 안 된다. 우리는 믿어야 한다. 홍콩인이 결국 변화를 원하게 될 거라고 믿어야 한다. 대중 운동은 대중을 믿어야 하기 때문이다.

프리실라 렁의
탈정치화

2013년 9월 7일

후기 센트럴 점거가 있은 뒤로 점점 더 많은 중고등학생들이 정치에 참여했다. 이 때문에 건제파에서도 중국사 과목과 일반교양 과목을 개혁할 것을 요구했다. 이들은 정치적으로 민감한 문제를 줄이고 근대사 비중을 늘리고자 했다. 학생들이 거리 운동에 나서게 되는 동기를 만들지 않기 위해서였다. 그러나 안타깝지만 억압이 클수록 저항도 커진다. 건제파는 점거가 끝나고 반년이 지나도록 아무런 교과 과정 개혁도 이루지 못했다. 아무래도 교육계가 정치적 간섭에 반감을 갖는 것이 주된 이유 중 하나였다. 그렇긴 해도 앞으로 국민교육이 다시 슬며시 고개를 들지는 아무도 모르는 일이다. 그날에는 더욱 뛰어난 중고등학생이 학생계에서 활약해주기를, 적화가 성행할 때에 학생계라는 교두보를 지켜주기를 바란다.

프리실라 렁 의원은 일반교양 과목을 필수과목에서 선택과목으로 전환할 것과, 일반교양 시험에 출제되는 "매우 논쟁적인 정치 문제"를 없앨 것을 요구했다. 일반교양 과목 선생님이 학생들에게 자신의 정치 입장을 강요하거나, 학생들이 일반교양 과목에 의해 세뇌를 당할 수 있다는 터무니없는 생각을 했기 때문이다.

이번 보도에서 프리실라 렁이 문제 제기한 "매우 논쟁적인 정치 문제"란 올해 공개시험에 나왔던 '입법회에서 필리버스터가 홍콩 시민의 이익을 훼손하는가, 그렇지 않은가'였다. 나는 거꾸로 일반교양 과목 시험에 왜 정치적인 문제가 출제되면 안 되는지 묻고자 한다.

일반교양 과목은 공식적으로 소개되기를, "수험생이 간결하고 명료하게, 그리고 논리에 부합하게 자신의 관점을 서술하고 뒷받침할 수 있는지를 평가하는 과목"이라고 되어 있다. 그리고 문제는 학생이 '예/아니오' 중에 답을 선택할 수 있게 되어 있다. 물론 일부 선생님들이 수업 시간에 자신의 정치적 입장을 말하는 경우도 있겠지만, 어차피 일반교양 과목 공개시험은 시험평가국에서 모든 홍콩 수험생의 시험지를 일괄적으로 채점하지 않는가. 그렇다면 프리실라 렁은 시험평가국이 학생의 성적을 객관적이고 공평하게 채점하지 않고, 필리버스터를 지지하는 학생에게 편파적으로 높은 점수를 준다고 생각한 걸까? 만약 프리실라 렁의 환상이 사실이라면, 학민사조에는 매년 수십 명의 5**(최고 등급)가 나와야 할 것이다.

좌익 언론(친중 성향)에 기고된 한 글에선 센트럴 점거 계획이 이미 일반교양 과목 시험에서 반드시 다뤄야 하는 내용이 되었다고 말했다. 이 글을 읽고 나는 프리실라 렁의 말이 사실인가보다고 생각했다. 그래서 희망을 가득 안고 일반교양 과목 지침을 찾아보았다. '센트럴 점거'라는 말은 없고, 대신 '법치와 사회 정치 참여' 단원이 생겼음을 대번에 알 수 있었다. 그녀는 선생님이 법치 정신을 가르칠 때 센트럴 점거 이야기를 꺼낼까봐 걱정스러웠던 것이다. 그러게 누가 좌익 언론더러 가장 많은 지면을 들여 센트럴 점거에 대해 보도하라고 했나. 그 덕에 센트럴 점거는 짧은 시간 안에 큰 이슈가 되었다.

사실 프리실라 렁은 이번 일을 통해 그저 시험평가국과 교육국에 대한 불신을 드러냈을 뿐이다. 아울러 세뇌에 대한 그녀의 우려는 교사들의 직업 정신을 무시한 발언이었다. 라디오 방송에서 프리실라 렁에게 "어린 친구"로 불린 바 있는 고등학교 3학년 학생은 이미 훤히 보고 말았다. 결국 그녀가 원하는 것은 일반교양 과목에서 모든 중요한 정치 의제를 회피하는 것이다. 즉 탈정치화를 통해 학생들의 시민의식이 자라는 것을 방지하고자 한 것이다.

다시 본론으로 돌아와서, 중국사 중에서도 위대한 조국에 반환된 이후의 범위는 중고등학교 필수과목에 해당하지 않는다는 걸 프리실라 렁이 알고 있는지 모르겠다. 그러니까 '현대 중국' 단원이 포함된 일반교양 과목이 중고등학교 학생들에게 국가에 대해 가르쳐주는 유일한 필수과목이라는 것이다. 그러니 국가를 사랑하고 홍콩을 사랑하고 사이완*을 사랑하는 의

---

* 홍콩 섬의 서쪽 지구로, 중국 연락판공실이 위치해 있어 중앙정부의 간섭을 에둘러 말할 때 쓰이는 표현이다.

원으로서, 학생들이 앞으로도 계속 국가의 정세를 배울 수 있도록 일반교양 과목을 필수과목으로 놔두어야 하지 않겠는가. 학생들이 국가를 접할 기회를 잃어버리지 않게.

홍콩의 미래, 학생의 뭇

2013년 10월 1일

후기 국경절 전날, 선봉대는 먼저 완차이로 파견되어 영상을 찍고 구글 지도로 시위 노선을 공유하고 경찰을 만나면 어떻게 대응해야 하는지 함께 구상했다. 그리고 저녁 내내 방어선을 뚫기 위한 전략을 의논했다. 다음 날인 10월 1일, 새벽 4시에 일어나 5시에 완차이 일대를 돌아보았다. 그리고 5시 반에 완차이 하이팡에서 집합했다. 9시가 넘어 시위를 마친 뒤 함께 아침을 먹고 집에 돌아와 곯아떨어져서 다음 날 다시 본부에 갈 때까지 잠이 들었다. 본부에서 동지들과 함께 행동에 대한 자체평가를 진행했다. …이것이 바로 사회 운동을 하는 사람의 생활이다. 돌아보니 참 즐거운 시간이었다. 같은 마음으로 같은 목표를 향해 함께 나아가는 그런 과정이 참 좋았다.

학민사조는 구호를 외치지 않겠다고 약속했다. 피켓조차 들고 들어가지 않았다. 그저 국기게양식의 대중 관람 구역에 들어가서 침묵시위를 하려고 했다. 국기가 올라갈 때 손을 높이 들어 '시민 지명'을 뜻하는 손짓을 해 보이는 것이다. 아마도 너무나 최선을 다해 일하는 경찰 아저씨와 보안원들이 나를 겹겹이 포위할 수밖에 없었나 보다.

민정사무총서의 보안원(아니면 도시관리원?)이 학민사조 동지인 오스카 라이와 내게 어떤 법이나 '관람수칙'을 위반했다고 고지하지 않은 상태에서 무력으로 우리를 데리고 현장을 떠났다. 그리고 우리에게 가차 없이 주먹질과 발길질을 했다. 그걸 뻔히 보면서도 현장에 있던 완차이 구의 총감독자는 아무 일도 없다는 듯, 미동도 하지 않고 차갑게 방관했다.

홍콩은 언제나 이성을 중시하는 곳이다. 경찰과 민정사무총서 측이 만약 우리의 행동이 비합법적이고 부적절하며 심지어 장내의 질서를 해친다고 판단했다면, 얼마든지 법에 따라 우리에게 그곳을 떠나라고 요구할 수 있었을 것이다. 또한 우리 역시 굳이 불응하지 않고 기꺼이 법률의 집행자에게 최대한 협조했을 것이다.

고지도 없이 갑자기 관람 구역에서 끌려나간 것은 경찰과 시민 사이의 신뢰를 저버린 일이다. 나는 홍콩이 법이 다스리는 사회인지, 사람이 다스리는 사회인지 묻고 싶다.

학민사조는 국경일의 시위 행동을 통해서 '시민 지명, 시민 보통선거'에 대한 의지를 보이고 싶었을 뿐이다. 우리에게 정치학자나 교수 같은 지식은 없지만, 가방끈이 길어야 정치개혁 운동에 참여할 수 있는 것은 절대 아니다.

렁춘잉 행정장관이 집에 가서 신문을 훑어보고 있을 때, 나는 그가 한 번만 생각해봐주길 간절히 바랐다. 왜 수십 명의 학민사조 학생들은 모처럼 맞은 휴일에 동이 트기도 전인 새벽 5시에 일어나서, 심지어 위안랑이나 툰먼에 사는 몇몇은 새벽 4시에 일어나서, 굳이 돈을 모아 새벽 택시를 타고 완차이에 가 시위를 했을까?

다시는 '이등 시민' 노릇을 하고 싶지 않기 때문이다. 그리고 홍콩인 한 사람 한 사람이 모두 행정장관 선출을 위해 후보를 지명하고 투표할 권리를 지닌다고 굳게 믿기 때문이다. 학생이라고 교육정책과 국민교육 등 교육 문제에만 관심을 가져선 안 된다. 홍콩 사회, 나아가 홍콩의 미래에도 우리 학생들의 몫이 있다.

·

직접행동의 각오

2013년 10월 10일

후기 사회 운동에 몸담을수록 주변에 사회 운동에 관련된 사람이 많아진다. 그러면 점점 생활 속에서 시민 사회의 용어를 사용하는 것이 습관이 된다. 그런 사람이 쓴 글을 운동권에 속하지 않는 일반 사람들이 볼 때는 뿌연 안개가 낀 느낌이 들 것이다. 그래서 나는 그동안 스스로에게 말하곤 했다. 땅에서부터 멀어지는 것은 고위 관료만 직면하는 문제가 아니라, 사회 운동가 역시 맞닥뜨리는 한계라고 말이다. 사회 운동의 본질이 곧 대중을 움직여 한 걸음 앞으로 나아가도록 하는 것인 만큼, 논고를 발표할 때는 반드시 다른 사람의 시선에서 출발해야 한다. 절대 일반 사람들이 잘 모르는 이야기를 쓰면 안 된다. 그렇지 않으면 대중과 운동가 사이의 거리를 늘리게 될 뿐이다.

무슨 까닭인지 모르겠지만 매체와 일부 홍콩인들은 언제나 정치개혁 방안을 의회 내 당파 간의 정치적 각축으로 보는 시선에 국한되어 있다. 전인대의 결정과 기본법을 두고 논쟁이 끊이지 않고 있다. 베이징에서 온 거대한 당은 자신이 정치 체제 안에서 가지고 있는 주도권을 굳히기 위해 정치개혁 운동을 법률 조문 사이의 약점 찾기 놀이로 전락시키려고 하고 있다.

물론 중앙에서 의사일정을 정할 권력을 가지고 있는 이상, 논의 내용과 해당 방안의 세부 사정에 상관없이 모든 기한과 절차는 중앙의 통제 속에 있다. 하지만 30년 만에 결정적인 민주의 일전一戰을 맞이하고도 예전처럼 정치개혁 운동을 단순히 중앙과 그 대리인 사이의 흥정이 오가는 정치적 거래로 환원한다면, 대중이 어느 쪽을 따라야 할지 갈피를 잡지 못하는 상황만 초래할 것이다.

한계는 어떻게 스스로 작동하는가

정치개혁 방안의 초안을 쓰는 사람이 '어떻게 중앙정부를 난처하게 만들지 않는 선에서 민주를 실현할 것인가'를 전제로 사고한다고 해보자. 이는 듣기 좋게 말하자면 방안의 초안을 작성할 때 정치 엘리트들끼리 자주 의견을 교환하겠다는 것이고, 귀에 거슬리게 말하자면 프롤레타리아 대중이 닿을 수 없는 권력의 꼭대기에서 담판을 진행하고 중간층 사람들의 의견을 '참고'하겠다는 것이다. 중앙정부에서 끊임없이 '등용문을 옮겨놓을' 때마다, 가령 4대 직능 분야*, 인민대표대회의 결정, 지명위원회 등에 관한 제한을 둘 때마다, 이들은 중앙정

---

* 홍콩 행정장관 선거의 투표 주체인 선거위원회 1,200명은 공상·금융계, 전문직, 노동·사회·종교계, 정치계 등 4대 직능 분야에서 300명씩으로 구성된다.

부에서 규정하는 대로 착실하게 움직이며 곳곳에 한계를 그었다. 나중에 공포될 정치개혁 방안이 분명 아주 방대하고 복잡할 것이라고 예상할 수 있다.

설령 시민 토의가 실시된다고 하더라도, 이런 복잡하고 비둔한 선거 및 지명 제도는 여론 조성을 통해 주류 매체의 호응을 얻을 기회를 많이 갖는다. 현실정치를 고려한다는 명분을 입고서 말이다. 게다가 민주 쟁취에서 우선적인 고려 사항이 중앙정부와의 충돌을 피하는 것, 그리고 중앙정부의 의사에 최대한 맞추는 것이라면, 그나마도 이 과정에서 양보할 가능성이 커지지 않을까.

각 방안의 핵심 가치를 숙고해야 한다

최근 반년간 여러 곳에서 동지들이 다양한 방안을 끊임없이 내놓으며 정치체제 개혁의 전망에 대한 사회적 논의를 이끌어냈다. 그런데 우리는 알게 모르게 그렇게 나온 선거제도들의 우열을 습관적으로, 그리고 객관적으로 그저 서술하고 있을 뿐이다. 진보련 조직은 대중 자문 기간 동안 2016년 입법회 선거, 2017년 행정장관 선거, 2020년 입법회 선거에 대한 정치개혁 방안을 제시했는데, 모두 합하면 열두 개에 달한다. 게다가 일부 인사는 수많은 학술 전문용어를 동원해가며 어째서 자신의 방안이 중앙정부에서 채택될 기회를 가장 많이 갖는지 설명하려고 애썼다.

시민들이 하늘의 별처럼 쏟아지는 정치개혁 방안들을 어떻게 다 소화하는가는 여기서 우선 논외로 하겠다. 우리가 여러 가지 방안을 제시할 때 학리적으로 실현 가능한가의 문제도 물론 중요하지만, 더 큰 문제는 우리가 정권 내에서 묻고 정권 내에서 답하고 있다는 것이다. 지명 방식을 두고 옥신각신하다가, 시민들에게 각 방안이 가지고 있는 함의와 가치를 전달하고 설명하는 것을 잊기 일쑤다. 혹은 범민주 진영에서 '1인 1표'로 의견의 합치가 이루어진 뒤로, 우리는 각 방안이 지명권 및 위원회 구성 방식에서 보이는 차이가 어떤 가치와 생각의 차이에서 비롯되는 것인지 제대로 숙고하지 않는다.

내년 전자시민투표*에서 어떤 방안을 지지할 것인가는 사실상 민주 운동 노선에 관한 싸움이다. 투표 전에 단순히 방안의 우열과 중앙의 의사에 대해 생각하는 것만으로는 부족하다. 홍콩인들은 반드시 그 너머에 내포된 가치를 생각해야 한다. 시민들은 홍콩인에 대한 중앙정부의 무례함과 기저에 대해 과연 어떤 태도로 대응해야 하는가. 그러므로 어떤 방안을 선택할 것인가는 곧 다음의 문제와 같다. 권력자의 눈 밖에 나는 것을 피하고 중국 중앙정부가 마음을 바꾸어 보통선거를 '하사'해주기를 바랄 것인가, 아니면 물길을 거슬러 올라가며 홍콩인을 위해 한 걸음 전진할 것인가.

---

* 행정장관 후보 선출 방식에 대한 범민주 진영의 비공식 시민투표를 가리킨다.

직접행동만이 길이다

정치개혁은 단순히 선거제도에 관한 연구를 넘어 하나의 대중 운동이다. 의원들의 말솜씨와 유세로 중간자*들을 통해 중앙정부를 한 걸음 물러나게 할 수 있을 거라는 희망은 헛된 욕심이다. '센트럴을 점거하라' 3인방**이 토의 문화를 조성한 것과 내년에 예정된 수십만 명의 전자시민투표는 물론 중요하다. 이는 중앙정부가 민의를 의식하도록 적지 않은 압박을 가했을 것이다. 그러나 30여 년간의 민주 운동을 돌아보면, 기본법 23조도 그렇고 국민교육도 그렇고 심지어 타이완의 민주화 여정까지도, 사실 권력자가 진정한 양보를 하게 되는 길은 오직 대중 운동뿐이었다. 천지를 뒤덮는 사회 여론, 그리고 거리의 운동이 가능성을 창조해낸다.

만약 내년에 정치개혁 운동으로 인해 권력자의 통치 비용이 계속해서 높아진다면 비로소 '정부를 되찾자'는 홍콩인의 꿈이 실현될 기회가 생긴다. 이는 곧 평등한 선거제도의 실시를 통해 민의의 인정을 받은, 홍콩 시민을 대표할 수 있는 정부를 되찾을 기회다. 30년간의 민주 운동 경험이 알려주는 바, 어떠한 직접행동도 하지 않는 한 보통선거를 실시하기란 불가

---

* 중앙정부와 홍콩인 사이에서 중앙정부를 대변하는 홍콩 정부 혹은 그 구성원들을 가리킨다.
** 홍콩대 베니 타이 교수, 추이우밍 목사, 홍콩 중문대의 찬킨만 교수가 주축이 되어 '센트럴을 점거하라'를 조직했다. '센트럴을 점거하라'는 중국 정부가 보통선거 실시 약속을 어길 경우 센트럴 지역을 점거할 것을 처음으로 제안했다.

능한 환상에 불과하다.

___행동과 목표를 분리하지 말 것

정치개혁의 진행 상황을 총체적으로 보면, 지금은 아마도 직접행동의 시기일 것이다. 즉 사회 각계에서 행동을 통해 쟁취할 목표를 그려보는 시기다. 외부에서는 늘 행동과 목표 사이에 어느 정도의 격차가 존재한다고 말하지만, 진보적 목표가 결여되면 센트럴 점거나 시민 불복종이 성공할 가능성도 크게 줄어든다.

만약 '시민 지명'이 빠진, 심지어 1,200명의 지명위원회를 남겨두는 식의 보수적 정치개혁 방안이 내년에 시민이 실시하는 전자투표에서 선택된다면, 진보 측은 이렇게 질문하게 될 것이다. "홍콩인들이 소그룹의 지명위원회를 남겨두기 위해 시민 불복송을 하고 심시어 삼옥에 들어간 깃이 아닐 덴데?" 센트럴 점거를 대하는 보수 측의 시선 역시 달라질 것이다. 중앙정부의 일부 중도파 인사도 4대 직능 분야로 구성된 지명위원회를 남겨두는 것에는 동의하는 만큼, 굳이 시민 불복종을 받아들여 대가를 치르는 것보다 협상의 형태로 홍콩의 정치체제 논쟁을 일소하는 것이 나을 테니.

보수적 방안이 채택된다면 이는 곧 여론의 지도자와 대다수 대중이 갖고 있는, '결국 중국 중앙정부는 우리의 생각을 받아들이지 않을 것'이라는 두려움을 반영한다. 보수적 방안이 생겨나는 것은 중앙정부에 대한 공포에서 비롯된다. 민주를 위해 지나치게 높은 대가를 치르게 될 것이 두려워 완고한 이념을 갖지 못하는 것이다. 견실한 원칙이 존재하지 않으면, 내년의 직접행동이 그저 말뿐인 계획이 되지는 않을지 걱정된다. 수단으로서의 행동과 목표인 이념이 결코 분리될 수 없다는 것, 실로 밀접한 관계라는 것을 알 수 있다.

민주와 대중 사이에 다리를 놓다

좌익 언론(친중 매체)에서는 학민사조에게 "홍콩의 홍위병"이라는 딱지를 붙이고, 우리가 정당의 조종을 받고 있다고 질책했다. 정작 민주파의 동지는 여러 차례 학민사조가 지나치게 이상적이라고 힐난한 바 있다. 우리의 정치개혁 방안이 현실적이지 않고 가능하지도 않다고 보는 것이다. 심지어 비공식적으로는 우리에게 "홍콩인은 애초에 지명권을 갖고 싶어 하지 않았다"고 큰소리치기도 했다.

우리는 결코 내년에 있을 직접행동을 회피하거나 두려워하지 않는다. 직접행동이 없으면 시민 지명(전체 홍콩 유권자가 지명위원회를 구성하는 것)도, 시민 보통선거도 실현될 수 없다. 지금 사회에 필요한 것은 완고하고 견실한 이념이다. 이러한 이념이 견인하는 전자시민투표가, 그렇게 탄생한 정치개혁안이 필요하다. 그게 아니라면 내년 직접행동은 헛된 이야기로 전락할 것이다.

민주파의 선배들이 '한 길 뿌려 한 길 거둔다'는 방식으로 민주를 쟁취하겠다고 나섰다면, 학민사조는 '백 길 뿌려 한 길

거둔다'는 굳건한 각오다. 우리가 간절히 바라는 것은 혼란스러운 정치 게임 사이에서 민주와 대중 사이에 다리를 놓는 것이다. 머나먼 종점에 앞서 민주 운동의 여정을 밟아보도록 그들을 초대하는 것이다.

지금으로서는 나 자신에게, 그리고 학민사조의 동학들 한 사람 한 사람에게 물을 수 있을 뿐이다. 평등을 위해서 올 한 해 학민사조가 할 수 있는 일은 뭐가 있을까? 우리는 결연히 땀 흘리며 물길을 거슬러 올라간다. 몸을 던져 싸우겠다는, 대가를 치르겠다는 각오로 이 세상을 향해 외친다. "홍콩, 이곳은 더 평등한 정치제도를 가질 가치가 있다."

그날 그들이
끌고 간 것은
무엇인가?

2013년 10월 19일

후기 2012년 국경절에 있었던 국기게양식 시위를 시작으로 매년 국경절마다 학민사조는 경찰 측으로부터 특별 대우를 받게 되었다. 시위 구역이 국기게양식 위치로부터 400미터 이상 떨어져 있어야 한다는 점도 그중 하나다. 학생들이 국기게양식 시위를 하려고 한다는 걸 알면서 말이다. 시위 구역에서는 국기가 보이지도 않는다. 많은 사람들이 학민사조가 자극을 위한 자극을 일으키는 게 아니냐고 묻는다. 하지만 사실 경찰 측에서 갈등을 조장하지 않는다면 애초에 이런 충돌이 일어날 일도 없다. 2015년 게양식에서 학민사조가 어떤 상황에 놓였는지 조금만 유심히 본다면 내 말의 의미를 알게 될 것이다.

권력자가 온 천하 사람들이 함께 경축해야 한다고 생각하는 10월 1일(중국의 건국 기념일), 뉴스에서는 계속해서 한 가지 장면을 내보냈다. 모두들 보안원이 법적 근거 없이 무력을 남용해 나를 끌고 가는 것을 보고 있었다. 인터넷은 사진으로 떠들썩해졌다. 경찰이 아무런 무기를 가지지 않은 학생의 목에

피를 내는 것을 증명해주는 사진이었다. 그 일은 학민사조 동학들이 그날 새벽 4시에 일어나서 골든 바우히니아 광장*에 모여 국기 아래에서 침묵시위를 하려고 계획한 데에서 비롯되었다. 이들은 렁춘잉 행정장관에게 홍콩의 앞날을 생각하며 안절부절못하는 학생들의 순수하고 거짓 없는 마음을 보여주고 싶었다.

__**사회의 앞날에 대한 우리의 바람**

이번 국경절 사건에서 경찰과 민정사무총서 측이 어떻게 학생의 안전은 아랑곳하지 않고 물리적 폭력을 행사했는지에 대해서는 끊이지 않고 보도가 나왔다. 하지만 상세한 내용은 다루어지지 않았다. 사회는 어떤 이의 행동과 목표를 단편적으로 분석하고 사소한 옹이구멍으로 판단하는 것에 익숙해져 있다. 가령 국경절 시위 논란을 그지 현장에 있던 실무자들의 무리한 진압 탓이라고 여긴다. 혹은 홍콩의 민주적 미래를 찾아가는 시기에 통계수치 위주로 정치개혁안이 만들어지기도 한다. 그리고 정작 운동이 궁극적으로 지향하는 이정표는 등한시된다.

학민사조는 운동에서 서로 분리되고 만 목표와 행동과 이념이 앞으로 다시 한데 연결되기를 바랄 뿐이다. 그리고 대중들이 정치개혁이 결코 정치제도를 놓고 토론을 벌이는 지식인

---

* 홍콩의 중국 반환을 기념하는 상징물이 위치해 있다.

들의 무대가 아니라, 30년간의 민주 운동 끝에 맞이한 결정적 싸움이라는 것을 알게 되기를 바란다. 그렇기 때문에 해당 방안의 세부 사항을 설명하고 행동을 조직할 때는 대중에게 그 이면의 신념을 더욱 온전하게 보여주어야 한다. 그렇지 않으면 운동의 조직자는 자신이 자각하지 못하는 사이에 대중과 괴리될 수밖에 없다. 이러한 문제는 모두 대중에게 운동의 핵심 가치를 전달하지 못하는 상황에서 비롯된다. 학생 운동은 마르지 않는 열정으로 가득 차 있지만, 학민사조가 단지 행동을 위해 거리로 나서는 것은 아니다. 또한 우리가 보통선거를 위해 민주를 외치는 것도 아니다. 정치개혁 운동에 몸담아온 반년여의 시간을 돌아보면, 직접행동(국경절 시위)과 목표 제시(시민 지명)로 켜켜이 축적된 맥락은 결국 사회의 앞날에 대한 젊은 학도들의 바람을 향하고 있었다. 그것은 바로 정부를 되찾자는 바람이다. 일당독재 기관의 손으로부터 본래 홍콩 시민에게 속하는 정부를, 홍콩인들의 염원을 존중할 줄 아는 통치 집단을 되찾자는 바람.

    오피니언 리더들은 쉬운 길을 가려고 한다. 이들은 홍콩인의 보통선거 쟁취를 주장하면서도 중앙정부의 권력 구조에 도전할 뜻은 없다고 말한다. 이런 말에 나는 감히 맞장구를 치지 못하겠다. 민의를 얻는 것이 정치개혁 운동에서 없어서는 안 될 일환이라는 것은 잘 안다. 하지만 일부 온건파 시민이 운동의 조직자가 "중앙정부에 도전할 의도가 없다"고 밝히는지 보고 그 운동을 지지한다면, 이러한 지지는 결코 실질적이지도,

견고하지도 않다.

——우리는 권력자에게 도전하려 한다

온건파 대중의 환심을 사려는 마음에 뒤로 물러나는 태도를 취하는 것은 실로 좋지 못한 책략이다. 첫째로는 민주 운동을 시작한 근본적인 목표가 바로 당국 시스템의 권력에 도전하는 것이기 때문이다. 둘째로는 내년 대규모 점거에서 반드시 사회 질서의 변화를 초래하게 될 것이기 때문이다. 경찰 측과의 물리적 충돌이 발생하지 않는다고 하더라도, 대치, 농성, 심지어 길바닥에 눕는 장면까지도 발생할 가능성이 다분하다. 지금 대중에게 직접행동을 제대로 보여주고 예고하지 않는다면, 점거에 대한 사회적 예상과 실제 상황 사이에 격차가 생기게 된다. 이는 행동을 실시하자마자 대중이 급속하게 반발하지 않을까 하는 걱정만 늘리게 된다. 보수 시민의 염원에 영합하느라 제자리걸음만 하는 것보다는 대중의 최전방에 서서 여러 행동을 통해 시민 불복종의 공간을 개척하고, 시민 불복종이 이곳의 일상적인 시위 수단이 되도록 시도하는 편이 낫다. 대중에게 시민 불복종은 결코 내년 여름에만 발생할 수 있는 추상적인 것이 아니라는 것을 설명하고, 사회가 직접행동을 수용할 가능성을 확보하는 것이야말로 급선무다.

학민사조는 국가의 멜로디에 맞추어 '시민 지명, 시민 보통선거'를 의미하는 손짓을 높이 들어 보이는 방법을 선택했다. 게양식 관람 구역이 지니는 공간적 의미를 바꾸려는 의도였다. 그리고 권력자가 어떻게 민의를 없는 것 취급하는지, 또 어떻게 이견을 가진 사람을 폭력적으로 걸러내고 건제 쪽 사람들만 들여보내 화합의 거짓된 형상을 만들어내려 하는지 보여주고자 했다. 국경절 당일의 직접행동을 통해 어째서 우리가 살아가는 사회와 이곳의 통치 집단이 이토록 다른 의견을 가진 자를 두려워하는지, 그리고 '시민 지명, 시민 보통선거'의 손짓조차 참지 못하는지 대중들이 한 번쯤 생각해보게 되길 바랐다.

'정부 되찾기'는 결코 추상적인 개념이 아니다. 우리는 태평성세를 노래하고 이견을 걸러낼 줄만 아는 정부를 대면하고 있다. 그래서 중앙정부에 도전할 의도가 없다는 것을 확인시켜주는 것이 단기적으로는 민의를 끌어들일 수 있을지 모른다. 하지만 그렇게는 장기적으로 변화를 이끌어내기 어렵다. 홍콩인은 오늘날의 정치 상황을 정직하게 직면하고 확고하게 외쳐야 한다. "홍콩인은 권력자의 정치권력에 도전하려고 한다. 당신들이 손에 쥐고 있는 권력은 본래 인민에게 귀속되어야 하는 것이기 때문이다." 홍콩인에게 예속되는 정부, 시민의 참여와 발언이 가능한 정부를 되찾자. 우리 손에 평등한 지명권과 투표권을 가질 수 있도록, 우리가 사는 곳의 미래와 앞길을 우리가 주관할 수 있도록.

중간자와
눈짓을
주고받지 말라

2013년 11월 2일

후기 정부는 방송허가 논쟁이 한창일 때 정치개혁 자문 일정을 발표했다. 대중이 홍콩TV의 상황*에 주목하는 사이에 정치개혁 진행은 등한시되었다. 이는 이번 임기의 관료들이 여론 조성에 일가견이 있음을 분명하게 보여준다. 2014년 초에 온 도시가 렁차이얀(렁 행정장관의 딸)의 자해 사건에 이목이 쏠려 있을 때, 정부는 당일 오후 1,400억 홍콩달러(21조 원가량)가 소요되는 홍콩국제공항의 제3활주로를 건설하겠다고 공표했다. '다리가 낡아도 괜찮다, 건널 수만 있으면 된다'는 말이 있듯, 이렇게 시선을 돌리는 수법은 실제로 어느 정도 효과를 발휘한다.

10월 15일, 정부는 홍콩TV가 방송허가를 받지 못한다고 발표했다. 그로부터 이틀 후, 렁춘잉 행정장관은 조용하게 연말에 정부 측의 정치개혁안에 대한 자문을 시행할 것이라고 밝혔다. 그 결과 온 도시가 방송허가 문제의 블라인드 결정을

---

* 홍콩 정부가 지상파 개국을 준비하던 홍콩TV에 대한 방송허가를 거부해 시민들이 시위를 일으켰다. 2013년 당시 홍콩의 지상파 방송 체제는 사실상의 독점 구조라 시민들의 불만이 있었다.

성토하느라 정치개혁의 자세한 내용에는 관심을 가지지 않고 있다. 람 교사 사건*으로 폴 찬 발전국 국장의 부동산 비축 논란을 덮더니, 이번에는 TV 방송허가 문제로 정치개혁 자문을 덮는다. 그가 곧잘 다른 이슈로 대중의 시선을 돌리고 원망을 분산시키곤 한다는 걸 알 수 있다. 비록 그렇게 해도 행정장관에게 남은 국민의 마음은 40퍼센트뿐이지만 말이다. 그렇다면 우리는 정부가 방송허가 논란 중에 정치개혁 자문을 공지하는 이유에 대해 생각해볼 수 있겠다.

같은 날인 10월 15일, 범민주 측은 여전히 진보련 방안에 대해 시민 자문을 진행하고 있었다. 로니 통은 세 명의 의원과 함께 '실용적 요구'라는 명목을 들며 정치개혁 방안을 제시했다. 이 방안에 따르면 시민은 지명권을 갖지 못한다. 더욱이 단체표를 완전히 없애지 않고 소그룹을 남겨둔다. 지명위원회가 1,200명에서 1,514명으로 늘어났을 뿐이다. 홍콩에 어민과 농민 인구가 매우 적은데도 어농계 의석수가 법률계보다 많은 기이한 현상은 그대로다.

정치개혁안은 입법회에서 의원 3분의 2(즉 47명)의 찬성을 얻으면 즉시 통과된다. 그런데 로니 통 방안을 지지하는 네 명의 의원과 견제파 의원의 수를 합하면 넉넉하지도, 모자라지

---

*초등학교 교사 람와이쓰가 경찰과 청년관애협회青年關愛協會를 비판하는 발언을 하고, 이 모습이 담긴 동영상이 인터넷에서 화제가 된 바 있다. 이후 람와이쓰는 왜곡 및 날조 보도, 인터넷상의 비방글, 해고 압박 등 수난을 당했다. 이후 람와이쓰에 대한 여러 지지 행동이 이어졌다.

도 않게 꼭 47명이 된다. 소그룹 지명위원회가 오랜 세월 세를 떨치도록 방임하는, 또 유권자의 지명권을 빼앗는 이 비민주적 방안이 내년 의회에서 단숨에 통과되고 마는 게 아닌지 걱정이 될 수밖에 없다.

해당 방안이 보수적인 것도 실망스럽지만, 무엇보다 화가 나는 것은 방안이 공개되고 이틀 후에 정부가 정치개혁 자문을 내년 말에 시행할 거라고 발표했다는 점이다. 이렇게 시간이 맞아떨어진 것은 결코 우연이라고 볼 수 없다. 로니 통은 진즉에 '중간자'를 통해 따로 중앙정부에 방안을 전달한 것이다. 그렇게 '어르신'의 일차적 반응이 비교적 긍정적이 될 수 있도록 한 것이다. 하지만 이 방안에 대한 홍콩인들의 대체적 반응이 어떨지는 모르겠다.

홍콩인들은 대의자 찾기를 포기했다. 그리고 직접행동으로 정치개혁 논의에 참여하며, 시민 불복종과 징지 게임의 징을 개척하고 있다. 이런 때에 로니 통은 토의일도 진보련도 건너뛰고 시민의 의사가 충분히 반영되지 않은 보수적 방안을 베이징의 어르신께 보여드린 것이다. 토론에 적극적으로 참여하려는 시민들을 조금도 존중하지 않는 처사다. 그들이 민의를 대표하려고 했다면, 전자시민투표 결과로 나타난 시민의 의사에 맞추어 내년에 예정된 정치개혁 투표 때 해당 방안을 올렸어야 했다.

민의를 기준으로 삼는 편이 중간자와 눈짓을 주고받으며 매사에 베이징의 뜻을 헤아리는 것보다 훨씬 낫다.

싸우면 싸울수록
더 강해진다

2013년 11월 16일

후기 렁춘잉, 캐리 람, 레이먼드 탐과 마주하는 시위가 여러 번 있었다. 캐리 람 정무사 사장*은 비록 차가운 얼굴이기는 했어도 청원서를 받았다. 하지만 청원의 의미가 담긴 물품은 받지 않았다. 레이먼드 탐 정치제도·내지사무국 국장은 다소 과장되게 적극적으로 다가왔다. 그는 예의 그 웃는 얼굴로 소위 '친화력'을 보여주었다. 우리의 시위 도구였던 '시험 성적표'에는 중문 독해능력(중앙정부의 뜻을 읽는 능력), 언어 허위술, 체육(골대 옮기기)이 모두 최고 등급이라고 쓰여 있어, 정치인을 적나라하게 풍자하고 있었다. 하지만 그는 이것 역시 받아들였다. 이들과 달리 렁춘잉 행정장관은 가장 갈등을 피하기 좋아하는 정치인이었다. 우리가 그를 만나기 위해 방송국을 방문할 때마다 배치되는 경찰력도 가장 많았고, 또 그는 결코 차에서 내려 시위자들과 만나려고 하지 않았다.

학민사조가 경찰과 부딪히거나 펜스를 타고 올라가는 행동이 평화적이지 않고 이성적이지 않다고 생각하는 사람들도 있을 것이다. "너희들 말이야, 꼭 그렇게 일을 벌려야 하는 건 아니잖아? 의견을 표현해도 그렇게 너무 급진적으로 할 필요가 있을까?"라고.

사실 오늘 시위는 원래 단지 '시민 지명, 시민 보통선거' 요구를 표현하려는 것이었다. 우리는 사전에 경찰시민관계과에 우리 행동의 목표는 행정장관에게 청원서 한 통을 직접 전달하는 것뿐이라고 설명했다. 그런데도 렁춘잉이 홍콩TV에 도착하기 30분 전부터 경찰이 이미 네 겹의 인간 벽과 수많은 펜스로 학생들을 둘러싸고, 우리가 행정장관에게 편지를 전달하는 것을 저지했다는 건 이제 누구나 아는 바다.

만약 경찰이 정말 법을 집행하려는 것이었다면 최소한 시위자들에게 어떤 법률 조항을 위반하고 있다고 설명을 해줬어야 한다. 그랬다면 우리 역시 경찰을 존중했을 것이다. 나는 PC3634번 경찰에게 "도대체 경찰 분들은 무슨 법적 근거로 우리가 행정상관께 편지를 선달하는 것을 무력으로 막는 겁니까?"라고 물었다. 그리고 PC3634에게 마이크를 들이밀며 답변을 요구했다. 그는 아주 당당하게 마이크를 밀어냈다. 그리고 기자들에게 "안녕히 계십시오"라고 한 마디를 했다. 그러더니 어떤 궁금증도 해소해주지 않은 채 옷자락을 휘날리며 뒤도 돌아보지 않고 자리를 떠나버렸…. 그러니 나로서는 말 그대로 할 수 있는 게 없었다. 경찰은 법에 따라 일을 한다는 게

---

* 당시 직책은 정무사 사장으로 총리 격의 홍콩 2인자였다. 2017년에 선거위원회의 간접선거에 의해 행정장관으로 당선되었다.

무엇인지는 아는 걸까?

　학생들은 그저 작년에 교육국 국장에게 그랬던 것처럼 행정장관에게 청원서를 전달하려고 했을 뿐이다. 기자들이 촬영을 하고 우리가 구호를 외치고 나면 모든 행동이 끝난다. 올해에는 수신자가 에디 응에서 렁춘잉으로 바뀌었을 뿐이다. 30여 명이 모인 합법적인 집회였고 시민 불복종 행동도 아니었다. 그런데 경찰은 펜스를 겹겹이 둘러놓고 무력으로 대응했다. 심지어는 시위자의 피켓을 부러뜨리고, 상처가 나고 피가 흐르도록 발로 찼다. 90도로 몸이 접힌 채 잡혀 있었고 하마터면 급소도 맞을 뻔 했다…. 절망적인 상황이었다.

　나는 정말로 경찰과 충돌을 일으키고 싶지 않고 불필요한 혼란을 원치 않는다. 펜스에 올라간 이유는 막다른 골목에 몰려 어쩔 수 없이 선택한 것이었다. 네 겹의 사람 벽을 뚫고 행정장관에게 청원서를 전달하기 위해서였다. 보통선거권과 지명권에 대한 학생들의 굳건한 마음을 보여주고 싶었다. 그때 렁춘잉은 차 안에서 학생들이 경찰에게 그렇게 당하는 것을 보면서 어떤 느낌이었을까? 안에서 상황을 지켜보면서 태연한 척하기가 매우 성공적이었다고 생각했을지도 모르겠다. 하지만 나는 그에게 강조하고 싶다. 강권 앞에 선 학민사조는 상대가 강하면 더 강해지고, 싸우면 싸울수록 더 강해진다. 정치개혁 운동은 어려운 싸움이 될 것이다. 그러나 렁춘잉에게 고한다. "우리는 절대 그런 이유로 그만두지 않는다!"

갈등의 원인이
무엇인지
묻는 것

2013년 11월 23일

후기 2014년 5월에서 8월 사이에 캐리 람과 만나 이야기할 수 있는 기회가 세 번 있었다. 그때 캐리 람은 흑색선전을 펼쳤는데, 매스컴 앞에서는 대담하게도 "나와 당신은 대화의 기회가 없었습니다"라고 말했다. 이 발언은 캐리 람이 학생들의 목소리는 전혀 아랑곳하지 않고 정당과 대화하는 데에만 시간을 쓰려고 한다는 여론의 비난을 야기했다. 사실 직접행동은 관官과 민民이 정면으로 교전할 수 있는 흔치 않은 기회다. 학민사조는 한때 렁춘잉 행정장관과 캐리 람 정무사 사장 등의 관료들을 추격해 곳곳으로 달려가곤 했다. 그들에게 실의를 하기 위해서였나. 그리고 그들이 어떻게 '땅으로부터 멀어지는지' 폭로하기 위해서였다.

지난 주말, 학민사조 학생들은 방송국 밖에서 렁춘잉 행정장관을 기다리고 있었다. 우리는 그에게 청원이 담긴 편지를 직접 전달하려고 했다. 나아가 '시민 지명, 시민 보통선거'를 쟁취할 수 있기를 바랐다. 그런데 예상치 못한 일이 일어났다. 경찰에서 파견한 사람들이 네 겹으로 벽을 만들고 수많은 쇠울타리를 세워 학생들이 행정장관에게 접근하는 것을 사방에서 막아선 것이다. 나는 쇠울타리를 넘어가서 행정장관에게 편지를 전달하려고 시도했다. 그러자 열 명의 경찰이 폭력을 사용해 위에서 나를 바닥으로 내리눌렀다.

찢어진 무릎의 상처가 보이고, 고위층의 지령을 받아 학생들에게 고함을 지르는 일선 경찰들의 소리가 들렸다. 차에서 내리지 않은 채 '양호한 컨디션'을 유지하며 질책의 목소리를 회피하는 것이 통치 집단의 최신 행동규범이 되었다.

매번 시위 행동이 지나가고 나면 대중들은 언제나 이런 생각을 하곤 한다. '의견 표출이야 누가 뭐라고 하나. 나 역시 그들을 아예 지지하지 않는 것은 아니야. 하지만 정말 꼭 이런 시위를 해야만 했을까?' 비슷한 이야기가 심심찮게 보일 때마다 나는 탄식하게 된다. 사람들은 매체가 대중의 눈앞에 보여주는 물리적 충돌에만 주목하고 경찰과 시민 사이에 갈등이 깊어지는 원인이 어디에 있는가는 잊어버리곤 한다.

작년에 학민사조는 에디 응 교육국 국장에게 청원의 의미로 '평반육사平反六四'*라는 네 글자가 적힌 '기억의 빵'을 전달했다. 국장께선 학생 운동의 열사와 국민교육 반대 운동을 잊지 말아달라는 메시지를 담고 있었다. 그때 에디 응 국장은 렁춘잉 행정장관에 비해 큰 구도를 이해하고 있었다. 근처 어디에도 접근을 막는 경찰은 없었고 그는 스스럼없이 직접 청원의 의미가

---

* 1989년 6월 4일에 일어난 톈안먼 사태를 바로잡으라는 뜻. 당시 중국 정부는 톈안먼 광장에서 민주화를 요구하는 학생과 시민, 노동자들을 무력으로 진압했다.

담긴 물건을 받았다. 그렇게 해서 모든 시위는 종결되었다.

사실 작년 시위와 지난주 시위의 방식은 아주 비슷하다. 똑같이 방송국에서 관료가 나오기를 기다렸다가 청원서를 전달하고, 기자들이 사진을 찍고, 우리는 평화롭게 해산하려는 의도였다. 작년에는 평화롭고 간단했던 시위 양상이 경찰과 시민의 충돌로 바뀐 핵심 요인은 사실 권력자가 어떤 태도로 시위자를 대했는가에 있었다. 공직자가 시민을 대면하는 것을 두려워한다면 경찰력을 다수 배치할 것이고, 이는 충돌과 갈등의 격화를 초래할 수 있다. 만약 렁춘잉 행정장관이 에디 웅 국장으로부터 배운다면, 일선 경찰들이 사회 안정과 양심 사이의 딜레마에 빠지지 않아도 될 것이다.

시민들에게 바란다. 더 이상 '시위가 꼭 필요한가'를 묻지 말고 '시위대는 왜 이런 방법으로 호소를 하려고 했는가'를 깊이 생각해주었으면 좋겠다. 전자는 행동의 필요성을 이분법적으로 판단하고 '예'와 '아니오'라는 두 가지 선택지 중에서 하나를 선택하도록 강요한다. 반면 후자의 질문은 어느 한쪽을 택할 것을 강제하지 않는다. 그 대신 대중들이 시위의 이념과 권력자의 태도를 이해하고 그 이면의 맥락을 훤히 보도록 해준다. 갈등의 배경을 간파해야 비로소 혼란의 시대에 시비와 흑백을 분별할 수 있게 된다.

중앙의 프레임을 깨뜨리기

2013년 12월 14일

후기 대학 학생회가 올해 6월 4일 행사*에서 홍콩 기본법을 불태웠다. 2년 전에 쓴 글을 보니, 그리고 그 속에 예전의 전통 민주파가 기본법을 불태우고 루이스 차 방안**에 반대했던 일이 언급되어 있는 것을 보니, 최근 몇 년간 홍콩인들이 걸어온 정치개혁 운동의 노선과 상통하는 지점이 보인다.

'시민 지명에 대한 공동성명全民提名聯署約章'으로 진보와 범민주가 하나로 뭉치고 지명권 공론화의 서막이 열렸다. 지명권에 대한 유권자의 지지율은 리페이 기본법위원회 주임이 홍콩에 방문한 뒤 66퍼센트까지 올랐다. 건제파는 점차 민의의 반향을 의식하기 시작했고, 림스키 윈 율정사 사장(법무부 장관 격)은 유권자의 지명이 법률 원칙에 위배된다고 말하지 못했다. 하지만 엘시 렁, 마리아 탐과 같은 이들이 유권자 지명에

---

* 6월 4일은 톈안먼 사태가 일어난 날이다.
** 1988년에 발의된 방안으로, 입법회는 3회에 나누어 절반 인원 직선제를 시행하고, 제2대와 제3대 행정장관은 800명의 선거위원회가 선출한다는 등의 보수적인 내용을 담고 있다. 루이스 차는 무협소설가 김용으로 잘 알려져 있다.

타격을 가하려는 목적으로 유권자 지명제가 홍콩 기본법에 위배된다는 비판을 매체에 쏟아냈다. 타협적 범민주파는 옆에서 거들며, 홍콩인이 지명권을 갖는 것은 과도하게 이상적이고 심지어 허황되다고 말한다.

친중 인사는 범민주 진영을 위협하며 이렇게 말한다. "지명권 쟁취는 정치체제 개혁안이 부결되는 결과만 가져올 것이다. 그땐 시민투표권조차 얻지 못한다." 이는 분명 우리를 함정에 빠트린다. 마치 정치체제를 개혁하려면 중앙정부의 노선에 따라야만 하는 것처럼 말이다. 결국 민주를 기치로 내건 동지들은 스스로 한계를 긋게 된다. 그리고 기본법을 전제로 하는 가짜 프레임에 부합하기 위해 4대 직능 분야로 구성된 지명위원회를 남겨두게 된다. 실로 놀라운 일이다. 거리에선 시민들에게 4대 직능 분야의 표가 공정하지 않으며 민의를 짓밟는 것이라고 설명하는 사람들이 회의장 내에선 여전히 지명위원회 프레임을 벗어나지 못한 3궤 방안*을 발표한다. 이처럼 내건 기치와 실제 행동이 다른 모순적인 모습은 정말이지 쓴웃음을 자아낸다.

범민주 진영에서 온갖 아이디어를 동원해 각양각색의 방안을 내놓더라도, 만약 중앙정부의 입맛에 맞는 실용적인 방

---

*총 세 가지의 행정장관 후보자 지명 방식을 제시하고 있어 '3궤제'라고 불린다. 지명위원회에 의한 지명과 함께, 시민 지명과 정당 지명도 가능한 진보련의 방안이다. 단, 세 가지 중 어떤 방식으로 지명되든지 간에, 마지막 단계에서는 지명위원회의 확인을 거쳐야 최종 출마를 할 수 있다.

안을 내놓겠다는 환상을 갖는다면, 그리고 모든 프레임 주도권이 중앙정부에 있다는 전제하에서라면, 결국 그들의 진심은 마음에 불과할 뿐이다. '지명위원회는 광범위한 대표성을 원칙적으로 지녀야 한다'부터 '지명위원회가 유일한 지명 기구여야 한다', 그리고 '4대 직능 분야가 폐지되어서는 안 된다'까지…. 리페이 주임은 마치 임금의 뜻을 포고하듯 "기구 지명"과 "집단 의사"라는 말을 내놓았다. 이와 관련된 조건과 요구는 날이 갈수록 늘어난다. 중앙정부에는 언제나 범민주의 방안이 왜 당국의 프레임에 부합하지 않는지 설명할 천개 만개의 이유가 있다. 프레임이 중앙정부에 의해 끊임없이 조여드는 이상, 계속 그 프레임에 맞춘 채 정치체제 개혁을 쟁취하려고 한다면 홍콩인은 결국 막다른 골목에 갇히게 될 것이다.

지금 우리는 민주를 향해 한 발 나아가면 두 발 후퇴하는 현실에 분해하면서도, 마음 한쪽에서는 성공을 두려워한다. 그래서 그저 중앙정부의 사고방식에 맞춰 걷고 당국의 패턴에 따라 움직인다. 하지만 정치개혁 운동의 목적은 결코 자신의 방안을 좋은 값에 파는 것이 아니다. 이 운동은 단순한 흥정 놀이가 아니다. 정계의 일선에서 활동하고 있는 분들과 민주정치제도촉진위원회民主政制促進联委会 선배들께 청한다. 부디 기본법을 소각하고 루이스 차 방안에 반대하던 30년 전의 기개를 보여달라. 그리고 배수진을 치던 각오를 되살려 힘껏 중앙의 프레임을 깨뜨려주시라.

취업을 위해
사회 운동을
한다고?

2013년 12월 15일

후기 학민사조 가입 사실을 이력서에 쓰겠다는 간단한 경우만 있는 게 아니다. 한 학생이 학민사조 부스에서 전단지를 돌렸는데, 이를 '사회봉사 시간'에 넣었다는 이야기를 듣기도 했다. 많은 사람들이 학민에 가입하고, 또 적지 않은 사람이 학민을 떠난다. 사회 운동에 참여하는 대가는 결코 가볍지 않다. 사회 운동이 가볍고 즐거운 것이라는 환상을 품고 있다면 아무 조직에도 가입하지 말라고 권하고 싶다. 본토파든 입진보든 학민사조든, 조직에 들어간 뒤 겪게 되는 사람과 사람의 관계야말로 시험의 시작이다.

한 학생이 학민사조에 가입한 뒤 인스타그램에 이렇게 적었다. "(내가 가입한 것은) 그저 이력을 위해서다. 열정도 조금 있고." 너무나 화가 난다.

사회 운동에 참여하는 것이 단지 개인의 경력을 위해서라면 그는 바라는 바에 이르지 못할 것이다. 자신이 학민사조라고 밝히는 것이 그의 취업에 어떤 이익을 줄 거라고 보이지 않기 때문이다.

또 다른 이유도 있다. 단지 명리를 위해 운동에 참가했던 그는 쉴 틈 없는 지역 캠페인, 회의, 대규모 행동들을 경험하게 될 것이다. 매주 친구를 만나 노는 시간도, 집에서 복습을 하는 시간도 희생하고 묵묵히 민주의 길을 일구어나가야 한다. 그리고 동학과 선생님과 가족의 비난도 감수해야 한다. 이쯤 되면 그는 사회 운동에 참여하는 것이 결코 가벼운 일이 아님을 알게 될 것이다. 그리고 결국 더 내세우기 좋은 다른 단체 혹은 활동을 찾아 떠나게 될 것이다.

학생 운동에 몸담는 것은 결코 구호 몇 번 외치면 그만인 일이 아니다. 6·4나 7·1* 같은 중요한 날에 마치 해야 할 일을 처리하듯 관행적으로 거리에 나서면 그만인 것도 아니다. 변혁은 언제나 쇠로 만든 방 안에서 울리는 소수의 외침이다. 이들은 비용도 부담도 계산하지 않고 끈질기게 외친다. 성패를 장담하지 못하는 상황에서 우선 대가를 치르고 본다. 그래야 다른 사람들을 깨울 수 있고, 이렇게 깨어난 사람들이 합세할 수 있다. 성과는 그다음에 오는 것이다.

우리는 각오를 가지고 대가를 치를 동지를 찾고 있었다. 실망스러운 날이다.

---

* 홍콩이 영국에서 중국으로 반환된 날(1997년 7월 1일).

소수가 다수의
염원을 걸러내는

2014년 1월 4일

후기 정치개혁 운동 초기에, 학민사조는 온 힘을 다해 '시민 지명'의 원칙을 고수했다. 범민주의 지도자가 의도를 가지고 한 발 물러날 때, 우리는 최소한 '시민 추천'과 '간접 시민 지명'이 왜 껍데기뿐인지 설명하려고 온 힘을 다했다. 시민 지명은 너무 높은 요구라고 비판하는 사람들이 있었지만, 이것 한 가지만큼은 확신한다. 그때 만약 그토록 견고하게 시민 지명을 쟁취하기 위해 애쓰지 않았다면, 우리는 시민 불복종도 불사하겠다는 결심으로 센트럴 점거 시위에 뛰어들지 못했을 것이다.

94퍼센트의 시민이 설날 투표에서 '행정장관 지명 절차에 시민 지명 요소가 포함되어야 한다'에 찬성했다. 압도적인 투표 결과가 홍콩인들의 염원을 뚜렷하게 반영하는 듯했다. 그런데 문항의 '시민 지명'이라는 네 글자 뒤에 '요소'라는 두 글자가 덧붙여져 있다. 이것은 선별의 여지를 허락하기 위한 꼬리다. 민주파가 여러 분파로 나뉘어 있고 이 때문에 현재 발의된 방안이 천태만상인 것은 우선 여기서 논하지 않겠다. 하지만 정치개혁안이 반드시 '무無선별'이라는 민주 원칙에 부합해야 한다는 것은 공통의 인식이다. 그게 아니라면 각 당과 각 파에서 민간인권전선이 주최한 '시민 지명 무선별' 설날 시위에 참여하지도 않았을 것이다.

'시민 지명 요소'의 프레임 안에서 '직접 지명'과 '시민 추천'의 지명 방식은 모두 시민의 행정장관 후보자 지명을 허용하는 듯 보인다. 하지만 이 둘은 결코 비견될 수 없다. 전자에서는 시민 일정 수 이상의 지명을 얻은 사람이 그대로 행정장관 후보자에 오를 수 있다. 후자에서는 시민의 지명을 얻은 후 지명위원회의 '확인'을 거쳐야 정식 후보자가 될 수 있다.

2017년에 홍콩에서 '시민 추천'이 시행된다면 어떻게 될까. 가령 오드리 유(민주파인 공민당의 설립자)가 10만 시민의 지명을 얻는다고 해도, 지명위원회가 '확인' 절차에서 오드리 유의 행정장관 출마 자격을 '불확인' 처리할 권력을 갖는다. 지명위원회가 아무리 유권자 기반을 확대한다고 해도, 이 10만 유권자의 대표가 1,000여 명의 사람들로 꾸려진 지명위원회에 의해 행정장관 출마 기회를 빼앗길 가능성이 늘 존재하는 것이다. 즉 시민 추천이 시행되면 '소수인이 다수인의 염원을 걸러내는' 상황이 생길 거라는 이야기다. 1,000여 명의 지명위원이 행정장관 후보자를 결정하는 데에 있어 최종부결권을 가진다. 이들은 곧 홍콩 인구 700만 명 중의 특권계급이다.

시민 추천을 지지하는 사람이 앨버트 첸뿐일 거라는 생각은 하지 말라. 조지프 청 교수는 12월 11일에 "진보련에서 양보를 했다. 시민의 후보자 지명이 지명위원회의 확인을 거쳐야 한다는 점에 동의했다"고 밝혔다. 베니 타이 역시 1월 2일에 "시민의 추천 후 지명위원회가 의안을 확인 처리해야 정식으로 후보자가 될 수 있다"는 의견을 내놓았다. '기구 지명'이라는 리페이의 어명에 부합하기 위해 진보련과 센트럴 점거 시위의 각 발기인이 약속이나 한 듯이 '직접 지명'을 '시민 추천'으로 대체하고, 민주 원칙에 위배되는 지명제도를 제의하고 있다. 홍콩이 이름뿐인 가짜 보통선거만 얻게 되는 것은 아닐지, 그리고 그렇게 되면 다시 회복하기 어려워지지 않을지 애가 탄다.

지명위원회에게 시민이 지명한 후보자를 부결할 권리를 얹어주기 위해 센트럴을 점거하겠다는 것인가. 말이 나오지 않는다.

공백기를 이겨내려면

2014년 1월 25일

후기 사회 운동의 조직자로서 늘 가장 걱정되는 것은 바로 민주 운동의 다음 단계를 어떻게 이어나갈지 생각이 나지 않는 경우다. 재야 세력이 움직이지 않으면 여론의 눈과 귀는 다시 언론 기관을 갖춘 관의 손아귀로 넘어갈 수밖에 없기 때문이다. 그러므로 사회 운동의 본질은 사실 의제의 주도권을 가져오는 과정이다. 주도권을 갖는 자가 의제의 향방을 결정한다.

'역사가 출항했다, 시민투표를 외치자'라는 구호가 설날 시위에서 본격적으로 등장했다. 학민사조는 범민주 의원들에게 사임을 통한 보궐선거의 방식으로 또 다른 형태의 시민투표를 만들자고 적극적인 유세를 펼쳤다. 우리는 수십만 장의 표가 '직접 지명'의 원칙을 지지해주길, 그래서 행정장관 지명권을 갖겠다는 홍콩인의 굳은 결심을 보여줄 수 있기를 바라고 있다.

많은 의원들은 다시 사임을 통한 보궐선거를 발동하면 '두 개의 사령부'가 생기는 게 아닌지 염려한다. 그래서 센트럴 점거야말로 진정한 '핵폭탄'이고, 민주파는 센트럴 점거 준비에 자원을 쏟아야 한다고 말한다. 시민투표에 관한 건의는 당장은 채택할 수 없다는 것이다. 모두들 센트럴 점거 시위에 대해 어떤 상상을 하고 있는지는 모르겠지만, 지금 현실은 범민주가 링 위에서 이미 수세적 위치에 놓였다는 것이다.

캐리 람이 이끄는 정치개혁 3인조*는 우선 '소통'의 태도로 시민의 호감을 사고, 다음으로 암암리에 범민주의 구도를 교란시키고 있다. 작년 말 캐리 람은 정부의 정식 방안 공고 시기를 범민주 측에서 예상하던 올해 7월에서 내년 3월로 미루겠다고 발표했다. 우리가 여전히 '센트럴 점거는 준비가 되어 있다'고 외치고 있을 때였다. 올해 7월 1일이면 센트럴의 주요 도로를 점거하는 방식으로 민주적 보통선거에 대한 홍콩인의 굳은 의지를 보여줄 수 있을 거란 생각에 가득 차 있었다. 그러나 현실은 범민주의 계획대로 되지 않았다.

센트럴 점거 시위의 시간표대로라면, 6월 전자시민투표가 끝나고부터 9개월에 달하는 '정치개혁 공백기'를 맞이하게 된다. 앞으로 계속해서 토론 자리를 마련하고 거리에 부스를 세우면서 어떻게든 정치개혁 의제의 온도를 유지시킬 수는 있을 것이다. 하지만 우리의 목표가 정치개혁 운동의 '보온'이 아닌 '끓이기'라면, 모든 정당과 단체와 시민들이 올해 하반기의 방향을 고민해야 한다. 어떻게 정부가 힘 하나 들이지 않고 만들

---

* 정무사 사장 캐리 람, 율정사 사장 림스키 윈, 정치제도·내지사무국 국장 레이먼드 탐. 중국 중앙정부의 입장을 충실히 대변했다.

어낸 공백기 사이에 민중의 지지가 하락하는 상황을 막을 것인가.

정치개혁이라는 게임에서 패를 확보하기 위해 대규모 운동을 구상해야 한다. 그럴 책임은 시민조직 '센트럴을 점거하라' 3인방뿐 아니라 바로 우리들에게도 있다.

정말 홍콩이 평등한 투표권과 지명권을 가질 가치가 있는 곳이라고 믿는다면, 손 놓고 있다가 정치개혁안 표결 2주 전에 센트럴을 점거하는 것으로는 아무런 성과도 얻을 수 없다. 센트럴 점거가 체제 외의 거리 항쟁이라면, 사임을 통한 시민투표는 투표로 하는 체제 내의 운동이다. 정치개혁의 주도권을 캐리 람의 손에서 되찾으려면 센트럴 점거가 일어나기 전에 의회 안팎에서 쌍검을 활용해야 한다. 모든 힘을 다해, 가능한 모든 방법을 동원해 압박해야 정치개혁 공백기 중의 수세적 위치를 바꿀 수 있다.

양심이 시킨다,
언론을 지켜라

2014년 2월 13일

후기 홍콩 언론계의 지향과 위상이 한 해 사이에 매우 빠르게 변했다. 특히 인터넷 매체가 속속 생기면서 시민 기자들을 점점 많이 볼 수 있게 되었다. 하지만 이 글에서 말하는 매체의 자주自主는 여전히 난관에 놓여 있다. 홍콩을 통틀어 의원들에게 정부 측의 정치개혁안 부결을 호소한 신문 사설이 단 한 편이라는 점은 차치하자. 무엇보다 큰 문제는 민주파 매체라도 윗선에 의해 입장이 좌지우지된다는 것이다. 이 때문에 센트럴 점거 운동 당시 학생 조직은 많은 고생을 해야 했다.

어제 저녁에는 공민당과 만났고 오늘 오후에는 민주당과의 회견이 있었다. 의원들에게 사임을 통한 시민투표에 참여할 것을, 나아가 시민 지명을 쟁취할 것을 설파했다. 그런데 저녁에 입법회를 나온 후 예상치 못한 소식을 들었다. 리후이링이 상업라디오(방송사)에서 갑작스럽게 해고당했다는 것이다.

집에 가는 길에 계속해서 관련 뉴스를 찾아 읽었다. 너무나 불안한 마음에 안절부절못했다. 방송인 윙육만과 앨버트 청이 마이크를 놓아야 했을 때는 내가 아직 어릴 때였다. 그 당시

나는 초등학교 1학년에 불과했다. 그러나 이번에는 달랐다. 이들은 상업 기관과 다름없는 방식으로 마이크를 박탈했다. 너무나 돌발적인 일이라 무서워졌다. 뭘 할 수 있을지 몰라서 그저 리후이링에게 "힘내서 버텨주세요, 포기하지 마세요"라는 왓츠앱을 보냈다. 그녀는 아마 셀 수 없이 많은 왓츠앱 메시지를 받았을 것이다.

집에 와서 보니 페이스북도 리후이링으로 도배되다시피 했다. 작년 여름, 드문 기회로 리후이링의 초청을 받아 5일간 〈청랑〉의 객원 진행자를 했던 일이 떠올랐다. 주류 전화연결 프로그램에서 시사와 정치에 대해 이야기할 기회가 생기다니, 그것도 고등학생에게. 정말 소중한 시간이었다. 정치개혁 운동이 달아오르는 단계였을 때 그녀가 다리를 놓아준 덕에 앨버트 호, 청먼큉과 시민 지명의 중요성에 대해 토론할 기회를 얻기도 했다. 재작년 국민교육 반대 운동 초기에는 이런 일이 있었다. 학민사조가 아직 이름이 알려지지 않은 때였다. 우리는 아직 방송 중인 에디 웅 교육국 국장을 무더위에 상업라디오 밖에서 기다리고 있었다. 리후이링은 먼저 다가와서 우리 같은 학생들을 생방송실로 초대했다. 그리고 예리한 변론으로 국장을 얼버무리게 만들었다. 〈청랑〉과 함께한 여러 가지 기억들이 한꺼번에 마음속에 떠올랐다.

8시가 조금 넘었을 때, 상업라디오 〈청랑〉의 전前 보조로부터 연락을 받았다. 그녀는 내게 오늘 저녁 상업라디오 사옥 옆에서 열리는 집회에 참석해줄 수 있냐고 물었다. 나는 꼭 내가 갈 필요는 없을 것 같다고 답했다. 첫째로는 집회까지 한 시간도 남지 않았기 때문이었고, 둘째로는 괜히 입장을 표명했다가 빌미를 만들어주고 싶지 않아서였다.

그런데 그녀는 예전에 리후이링과 함께 일했던 동료들이 와서 응원을 해주었으면 좋겠다는 말을 덧붙였다. 나는 학민사조의 모든 구성원들에게 이 일을 알렸다. 우리 역시 예전 회의에서 '언론의 자주에 관심을 기울인다'를 노선 중 하나로 정한 바 있었다. 이에 따라 국민교육 반대 운동 후에 '타이완 반反언론괴수 운동'을 지지했고, 작년에는 방송허가 기준에 대한 정부의 해명을 촉구하는 홍콩TV 행진에 참여했다. 재작년에는 중앙 인민정부 연락판공실의 현지 언론 간섭에 반대하는 DBC 방송사를 지지한 바 있다. 아울러 '뉴스의 자유를 수호하자, 검은 손의 간섭에 반대하자'는 입장에 서기도 했다. 앨버트 청에 대한 범민주의 평가는 양쪽으로 갈리지만, 그가 설립한 DBC가 홍색자본(차이나 머니)에 의해 탄압받을 때는 우리 역시 최선을 다해 지지했다. 리후이링이 강제로 해고를 당했는데 공론장에서 아무런 목소리도 내지 않고 문제를 회피한다면 말도 안 되는 것이었다.

전화를 끊기 전에, 전 보조에게 왜 상업라디오에 남지 않았는지 물었다. 그제야 그녀가 일을 그만둔 이유가 말하자면 '쌀 다섯 말에 허리를 굽히랴'였다는 것을 알게 되었다. 그녀는 스티븐 찬의 〈청랑〉 낙하산 인사와 리후이링의 〈좌우대국〉 발령에 분노해 직장을 떠났던 것이다. 퇴사한 직원 한 사람이 여전히 자신의 전 상사를 지지해달라고 나를 설득하고 있었다. 이것이 내가 집회에 참여하기로 결정한 가장 큰 이유였다. 구성원들의 동의하에 나는 택시를 잡아타고 상업라디오로 달려갔다.

집회의 발언 시간에 범민주 의원들이 속속 도착해서 현수막을 들고 섰다. 그들 뒷줄에 서서 리후이링의 언론계 동료들과 수십 명의 열정적인 시민들을 바라보았다. 모두들 말을 할 때마다 하얀 입김이 났다. 손도 뻣뻣해져 있었다. 추운 날씨와 차가운 바람 속에서 촛불을 든 채, 언론 자유의 추위를 함께 느끼고 있었다. 상업라디오 사옥을 보고 있으니 "양심이 시킨다, 아이를 지켜라"를 외치던 국민교육 반대 집회 때가 떠올랐다. 당시 〈홍콩툴바〉는 집회 전 과정을 생중계했다. 그 전까지 나는 상업라디오가 언제나 상업적 원칙에 따라 운영된다고 생각했다. 그러나 2012년 9월 1일의 집회 일로 이들이 양심을 상업 가치보다 위에 둔다고 느끼게 됐다. 오늘, 상업라디오의 고위 임원들에게 한 마디 외치지 않겠냐고 묻고 싶다. "양심이 시킨다, 언론을 지켜라."

리후이링의 해고를 '상업적 결정이었다' '외부의 간섭은 허용치 않겠다' 등의 진부한 말로 설명하지 말기를 바란다. 언론사와 프로그램 진행자는 단순한 회사 혹은 직원이 아니라 사회의 공기公器이며 대중의 자산이다. 홍콩TV 운동 당시의 "우리는 승복할 것이다, 일리가 있다면"이라는 말처럼, 대중은 절대적인 알 권리를 갖는다. 왜 상업라디오가 이런 비합리적인 결정을 내렸는지 알 권리를.

이유가 합리적이라면 우리는 당연히 납득할 것이다.

웡육만과 앨버트 청부터 응치숨까지, 〈사우스 차이나 모닝 포스트〉에 이어 〈명보〉와 〈AM730〉까지, 홍콩에 불었던 한바탕 바람이 잦아든 뒤에 '검은 손'이 리후이링의 머리 위에 드리워졌다. '언론의 자유는 이미 죽었다'는 말은 이제 당연하게 들린다. 매체의 자주는 앞으로 분명 중요한 하나의 전장이 될 것이다.

우리는 제2의 리후이링이 나오도록 놔두지 않을 것이다.

능력 있는 자가
자리에 앉는다

2014년 2월 22일

후기 능력 있는 자가 자리에 앉는다는 말은 틀림없다. 하지만 오늘날 능력 있는 자는 자신의 능력을 보여주는 것 말고도 자신의 플랫폼을 스스로 만들 줄 알아야 한다는 생각이 든다. 사회 풍조와 인터넷 문화가 크게 변하고 있다. 언론이 붉게 물드는 상황이 비일비재한 시기에 여론의 주도자들은 저마다 전략을 인터넷으로 바꾸고 있다. 하지만 인터넷 생태계에서는 처우의 차이가 크다. 생존을 위해 발버둥 쳐야 하는 경우가 있는가 하면, 한 번 뜰 때마다 사람들을 몰고 다니는 이도 있다.

상업라디오사의 방송허가가 재개되기도 전에, 리후이링은 미처 손 쓸 틈도 없이 강제 해고를 당했다. 아마 새벽의 전화연결 프로그램을 들어본 중고등학생들은 별로 없을 것이다. 라디오 방송 역시 오늘날 젊은 사람들이 뉴스를 접하는 일상적인 매체가 아니다. 그래서인지 또래 친구들은 이렇게 말한다. "배상을 충분히 한다면야, 해고가 그렇게 심각한 일인가?" 물론 언론 역시 영리 기관에 속한다. 하지만 역할과 위상은 기존 기업들과 전혀 다르다고 할 수 있다. 회사에서 직원을 해고

하는 것과 리후이링이 마이크를 빼앗긴 것은 절대 같은 것으로 간주되어선 안 된다. 상업라디오 같은 매체는 대기 중의 전파를 사용하므로 정부와 대중의 자원을 쓰는 것이다. 따라서 시민들은 모두 방송허가권을 보유한 기관을 감독할 책임이 있다. 사회의 공기公器가 제 역할을 하도록 보장하기 위해서다. 상술한 제4의 권리와 공기 등의 개념은 일반 시민들에게 매우 전문적이고 난해하게 느껴질 것이다. 다만 내가 리후이링의 해고 사건에서 이렇게 두려워하는 것은, 다른 무엇보다 '능력 있는 자가 자리에 앉는다'는 가치를 더 이상 찾아볼 수 없게 되었다는 점 때문이다.

'검은 고양이든 하얀 고양이든 쥐를 잘 잡으면 좋은 고양이'*라는 개념이 옳건 그르건, 나는 그 때문에 언론사 윗선이 그녀의 라디오 진행 방식이나 입장에 혹 완전히 동의하지 않더라도 괜찮을 거라고 생각했다. 그녀의 프로그램이 일정한 청취율을 유지하는 한, 업체들은 프로그램 편성 시간에 광고를 줄 것이고, 언론사에게는 안정적인 수입이 될 것이기 때문이다. 이렇게 이윤을 최고로 치는 운영 방식은 다소 불편하게 들릴 수도 있다. 하지만 만약 윗선에서 언론의 자유라는 귀한 가치를 알지 못한다면, 심하게 말해 진행자를 그저 돈줄로만 생각하는 것도 어느 정도 언론에 자유를 부여할 수 있다.

리후이링이 〈좌우대국〉으로 발령받아 진행자를 맡은 뒤,

---

*덩샤오핑의 흑묘백묘론으로, 이념보다는 실리를 강조하는 주장이다.

상업라디오사의 수석고문인 스티브 찬은 프로그램 청취율이 60퍼센트 올랐다고 발표했다. 정부를 감독하는 이들의 역할이 어느 정도 시민들의 인정을 받은 셈이다. 그런데 바로 이틀 후에 리후이링은 해고되었다. 이는 상업적 마인드와는 맞지 않다. 상업라디오는 무형의 손이 원하는 정치적 요구에 응하기 위해서 상업적 수익도 희생한 것이다. 성실하게 프로그램을 준비해서 청취율을 올린 대가로 돌아온 것은 해고였다. 내가 걱정하는 것은 다른 프로그램 사회자들에게 이번 사건이 본보기가 되는 것이다. 프로그램 준비에는 소홀해지고, 가치 있는 것을 위해 고집을 지키는 것은 뒷전이 된다. 대신 윗선의 정치적 비위를 맞추는 데에 에너지를 소모하게 된다. 자신이 또 다른 리후이링이 되지 않으려면.

해고당한 사실을 바꿀 수는 없겠지만, 제2의 리후이링이 나오지 않게 하기 위해 우리는 목소리를 낸다. 이는 언론 고위층에 대한 경고다.

미래는 젊은 세대가 쥐고 있다

2014년 3월 7일

후기 그때 기사를 보고 놀랐던 기억이 난다. 열일곱 살이고 공적 논의에 참여하며 동시에 매체에 드러난 사람은, 당시로서는 홍콩에서 거의 나 하나였기 때문이다. 사실 지금도 그가 말한 열일곱 살짜리가 조슈아 웡을 가리킨 것은 아닐까 싶기도 하다. 아마 나의 과대망상이리라. 어쨌거나 틀릴 것 없는 말이었다. 그의 말이 진심이었는지 아닌지는 모르겠지만, 이 발언은 그와 비슷한 배경을 가진 높으신 분들에게 일침을 가했다.

리카싱(홍콩 최고의 부자)은 말했다. "나는 여든다섯이 되었다. 열일곱 살 된 청년과 사회를 보는 눈이 다를 수밖에 없다. 나와 그가 보는 미래 역시 다르다. (…) 선거제도를 논할 때, 여든다섯 살된 사람이 열일곱 살인 사람을 위해 모든 것을 정의해준다면 그건 너무 위험한 일이다. (…) 민주에는 여러 가지 모델이 있다. 민주제도에서 가장 중요한 것은 정부권력과 균형을 이루는 것이다. 구체적으로 어떻게 할 것인가는 모두의 토론에 맡겨야 한다."

나는 올해로 열일곱이다. 리카싱이 말한 청년과 꼭 같은 나이다. 반백의 나이를 넘긴 정치인들과 사회를 보는 눈이 다를 수밖에 없다. 나와 고위급 정치가들이 보는 미래 역시 다르다.

반백의 나이를 넘긴 정치인들이 열일곱 살 된 나를 위해, 나아가 모든 젊은 세대를 위해 모든 것을 정의해준다면 어떻겠는가. 무엇이 '보통선거'인지 무엇이 '민주'인지 하나하나 말이다. 그건 정말 현명하지 못한 일이다.

레이먼드 탐은 '시민 지명'에 대해 "명분이 정당하지 않고, 말이 이치에 맞지 않다"고 지적했다. 캐리 람은 '시민 지명' 논의에 집착하지 말 것을 호소한다. 고위 정치가들에게 선거제도를 논한다는 것은 그저 범민주파가 행정장관이 될 기회를 최대한 낮추기 위함이다. 소통한다는 것은 그저 말뿐이다.

이렇게 묻고 싶을지도 모르겠다. 그들은 홍콩의 미래를 어떻게 상상하고 있을까? 미안하지만 그들은 그렇게까지 멀리 생각할 수 없다. 그들이 제안하는 제도의 중심에 있는 것은, 단지 중앙정부와 홍색자본의 뜻이다.

사실 열일곱 살 청년의 눈이 선거제도 논의에서 보는 것은 단순히 '제도를 어떻게 바꿀 것인가' '의석을 어떻게 증감시킬 것인가' '직능 분야를 확대할 것인가 말 것인가'의 문제가 아니다. 우리 숙고의 중심에 있는 것은 홍콩의 미래에 대한 바람이다. '시민 지명'의 이면에는 사회의 공평과 평등에 대한 우리의 끈질긴 소망이 있다.

리카싱이 말한 것처럼, 선거제도를 논하는 데 있어서 여든 다섯 살인 사람이 열일곱 살인 사람을 위해 모든 것을 정의해

준다면 그건 너무 위험한 일이다.
　민주제도를 구체적으로 어떻게 세워나가야 하는가?
　고위 인사들께 요청한다. 모두의 토론에 맡겨주시라. 굳건히 평등을 원하는 우리의 목소리를 들어주시라.
　미래는 언제나 젊은 세대가 쥐고 있다.

현실에 고개 숙이지 말 것

2014년 3월 18일

후기 처음 학민사조에서 시민 지명을 제안했을 때, 이는 비단 시민 지명이 평등의 원칙에 가장 부합하기 때문만은 아니었다. 이것이 모든 홍콩 유권자의 행정장관 후보자 직접 지명을 허용하는 제도이기 때문만도 아니었다. 그만큼 중요한 또 다른 이유는, 이번 정치개혁에 새로운 관점을 부여하는 것이었다. 즉 '직능 분야 폐지' '쌍보통선거'* 등의 구호 외에도 행정장관 후보의 지명 절차에 주목하게 된다는 점에 의미가 있었다. 또한 시민 지명은 대중의 지지를 얻기에 가장 좋은 요구이기도 했다. 일반 시민들에게 '지명위원회 8분의 1 이상의 지명'이 무엇인지 알리고 설득하는 것보다는(적지 않은 사람들이 홍콩에 지명위원회가 있다는 사실을 모른다), 홍콩인들에게 지명권을 부여하는 방안이 더 간단명료하고 쉽다.**

---

* 행정장관 선거와 입법회 선거 모두 보통선거로 치르자는 주장.
** 간선제 방식에서는 선거위원 8분의 1 이상의 추천을 받으면 행정장관 후보로 등록할 수 있었다. 저자는 복잡한 제도를 시민들에게 이해시키는 것보다 지명위원회 자체를 없애고, 시민들의 직접 지명을 쟁취하는 것이 명료하다고 말하고 있다.

기본법위원회 주임인 리페이와 장더장은 양회* 기간에 입장을 정했다. 이들은 법적 근거가 결여된 채 시민 지명이 기본법에 위배된다고 비판했다. 이에 지역 공직자들은 북쪽 어른의 입장을 받들어 중앙정부의 장단에 맞춰 춤을 춘다. 시민 지명에 대해 "명분이 정당하지 않고, 말이 이치에 맞지 않"는 게 아닌지 의문을 갖는 것이다. 하지만 시민 지명이 주류 여론을 형성한 게 아니라면, 건제파 진영에서 이렇게 연이어 여론 공세를 펼칠 필요가 있었겠는가? 초조한 반응은 그들이 시민들을, 주관이 뚜렷하고 의지가 결연한 시민들을 두려워한다는 점을 보여줄 뿐이다. 그러한 반응 뒤에 시민 지명을 지지하는 66퍼센트의 민의 기반이 있다는 것은 결코 괜히 하는 말이 아니다.

현재 정부는 의견 수렴에서 중립적인 역할을 포기해버렸다. 이는 소통이라는 가면을 폭로할 좋은 기회였다. 그런데 동지들이 중간자의 몇 마디 말을 듣고 자기 손으로 대열을 흩뜨릴 줄은 몰랐다. 언젠가 한 학생이 포럼에서 로니 통 의원에게 이렇게 질문했다. "왜 시민 지명이 없는 방안을 제의하는 건가요? 정치 현실에 고개를 숙이는 게 아닌가요?" 로니 통 의원의 대답은 이랬다. "만델라와 아웅 산 수 치도 모두 현실에 고

---

*兩會. 중국 최대의 연례 정치 행사인 전국인민대표대회(전인대)와 전국인민정치협상회의(정협)를 통칭하는 말.

개를 숙였죠. 학생 분은 역사 공부도 안 했나요?"로니 통은 인권투사의 업적을 자화자찬하고, 그것으로 시민 지명을 포기한 일을 합리화했다. 그런 한편 소그룹 지명위원회의 확대만을 이야기했다. 4대 직능 분야 프레임은 여전히 그대로였다. 시민들이 행정장관 후보자를 지명할 수 없음에도 불구하고 보수적 범민주 사람들은 기꺼이 이를 받아들이고 찬성표를 던졌다.

동지들은 정치 현실을 방패로 삼길 좋아한다. 권력을 독점하고 있는 정부와의 대화 공간을 찾는다는 구실을 대고, 이념을 견지하는 자에게 허황되다고 지적한다. 그리고 "정치는 타협의 예술"이라고 말한다. 솔직하게 말해서 나는 모든 담판과 양보의 가능성을 부정할 생각은 없다. 하지만 정치개혁안 투표 표결까지 아직 300여 일이나 남았는데 지금 벌써 마지노선을 한 발 한 발 물리고 있지 않은가. 눈앞의 명리에 급급해 당장에 양보를 하는 것은 정말 지혜롭지 못하다.

정치 게임의 장에서 10할의 요구를 제시했을 때, 많은 경우 상대방은 우선 5할을 제안할 것이다. 국물만 바꾸고 건더기는 바꾸지 않는 식으로 개량된 건의를 내놓는 것이다. 만약 분쟁을 피하고 이를 '기꺼운 마음으로' 즉시 받아들인다면, 상대방은 이쪽에 굴하지 않으려는 의지가 부족하다는 것을 간파할 것이다. 그리고 중반, 후반을 거치며 계속해서 이쪽으로 한 발 한 발 압박해올 것이다. 마지막에 이르면 이쪽에서 손에 쥘 수 있는 것은 고작 2할의 요구뿐이다. 그렇게 해서 맨 처음의 10할이라는 목표는 환상에 불과한 것이 되어버린다.

마구 권력을 휘두르는 정부를 마주하고 있는 지금, 연약하고 결단성 없는 양보를 거부하는 것, 끈질긴 태도를 보여주는 것, 이것이야말로 민주 실현을 향해 가는 길이다.

불평등한 판을 넘어서기

2014년 4월 12일

후기 일반적으로 한 국가에서 대통령 후보자를 지명하는 절차는 이렇다. 어떤 당이 의회 선거에서 일정한 비율의 표 혹은 의석을 확보한다. 그러면 그 당은 대통령 후보자를 지명할 수 있다. 안타깝게도 홍콩의 행정장관을 지명하는 것은 의회의원이 아니라 소그룹의 지명위원회다. 그 결과 홍콩의 행정장관 후보자 역시 민의의 인정을 충분히 받지 못한 경우가 많다. 그를 지명한 위원들이 민주적이지 않은 방법으로 구성되어 있기 때문이다. 그렇다면 지명위원회가 오랫동안 존속하도록 놔두는 이유는 무엇인가? 이것이야말로 가장 근본적으로 질문해야 하는 문제다.

직능 분야를 살펴보면, 현재 어업·농업계 유권자는 160명뿐이다. 이와 달리 교육계 유권자는 거의 10만 명에 달한다. 두 영역의 후보자는 2012년 입법회 선거에서 각각 105표와 4만 6,535표를 얻어 의회에 진입했다. 두 대의자의 유권자 기반과 당선 표수는 수십 배 차이가 나지만, 함께 의회에 들어갈 수 있었다.

업계의 분포가 고르지 않은 상황에서 유권자 100여 명과 유권자 수만 명의 민의대표는 동일하게 의원 한 명이다. 유권자 100여 명은 특권계층이 된다. 정치권력은 직종에 따라 차이가 생긴다. 이것은 세계인권선언에서 말하는 '모든 인간은 평등하다'는 개념에 부합하지 않는다. 또한 직능 분야가 지탄을 받는 주된 원인이기도 하다.

이 때문에 범민주는 줄곧 직업별로 대의자를 선출하는 방법에 반대하며 20년 동안 입법회의 '직능 분야 폐지' 입장을 견지했다. 권력 불균형을 근절하고 입법회 구성에서 표 한 장 한 장이 동등한 가치를 가지도록 하기 위해서였다. 입법회 구성에 대해 범민주가 평등의 이념을 지키고 있음을 볼 수 있다.

그런데 범민주는 행정장관 후보 지명위원회가 탄생하는 방식에 대해서는 등한시하고 있다. 현재 진보련, 18학자, 홍콩 2020 등에서 제안하는 정치개혁 방안을 보자. 시민 지명이 없어서는 안 되는 것인지 여부는 우선 차치해두겠다. 범민주 진영의 세 가지 방안은 여전히 지명위원회의 4대 직능 분야를 남겨두고 있다. 기업 표를 삭제하고 지역 직선위원을 늘린다고 해도 직종별로 유권자 기반이 크게 차이 나는 문제는 해결되지 않고 그대로다. 지명위원회의 구성이 여전히 불평등하다.

혹자는 시민의 직접 지명만 보장되면 지명위원회가 빈틈투성이라도 상관없다고 생각할지 모르겠다. 하지만 범민주가 진심으로 정치제도는 평등 원칙에 부합해야 한다고 믿는다면 이래서는 안 된다. 이들은 입법회 구성을 두고는 '직능 분야 폐지'를 외치며 직능 분야의 유권자 기반을 확대하는 것이 '반쪽짜리 방법'이라고 반대한다. 그런데 행정장관 후보 지명위원회 구성을 두고는 그저 들리는 대로 따라가며 유권자의 기반을 확대하는 것만으로도 기쁘게 받아들인다. 이중적인 기준이다.

만약 우리가 굳게 평등이 과분한 구호가 아니라고 믿는다면, 평등한 지명위원회를 쟁취하기 위한 싸움의 판을 걷어내고 4대 직능 분야의 폐지를 요구해야 한다. 그리고 지명위원이 곧 모든 홍콩 유권자 혹은 직선의원으로 구성되도록 해야 한다.

이번 정치개혁에서 보통선거의 미래를 결정할 방안이 나올 것이다. 그러니 지금 우리가 어찌 싸우기도 전에 굴복하고, 불평등한 지명위원회가 계속 잔존하도록 내버려둘 수 있겠는가.

나는 타협할
생각이 없다

2014년 5월 3일

후기 처음 학민사조가 우리만의 정치개혁 방안을 낸 것은 무엇보다 학생으로서 정치개혁 논의에서 발언권을 갖고 싶어서였다. 과거에 방안을 제시한 사람들은 정당 지도자나 학자가 아니면 사회적 지도자, 전문가였기 때문이다. 당시에 학생계가 발의한 방안은 물론 나름의 역할을 했지만, 지금 와서 생각해보면 그 방안은 결국 한계를 가질 수밖에 없었다. 방안을 어떻게 작성하든지 최종적인 절차, 틀, 세목은 정부의 각본대로 가야 했기 때문이다.

5월 6일 토의일이 되면 '센트럴 점거' 의향서에 서명한 시민들은 자신이 마음에 둔 정치개혁 방안에 투표를 할 것이다. 가장 많은 표를 얻은 세 개의 방안은 6월 22일 전자시민투표의 후보에 오르게 된다. 즉 토의일에 나오는 결과가 범민주 노선을 결정하게 될 것이다.

그런데 토의일 투표를 앞두고, 우리는 각 방안과 제안자에 대한 투표자 개개인의 취향이나 인상만 고려하고 있다. 그리고 투표가 단순히 개인의 의사를 표현하기 위한 수단이 아니라 중앙정부를 압박하는 하나의 행동이라는 것을 잊고 있다.

사실 이 투표의 핵심은 투표 자체가 상징하는 이면의 가치에 있다.

사회의 주류에 해당되는 방안을 살펴보면, 진보련의 방안은 지명위원회의 구성이 '민주적일수록 좋다'고 보고 있다. 그리고 표의 등가성이 보장되지 않는 4대 직능 분야의 폐지는 주장하지 않는다. 존폐에 관해서는 말을 아낀 것이다. 심지어 '시민 지명은 필수사항'이라고 밝히지도 않았다. 이 때문에 진보련 내 정당들이 진흙탕 위에서 각축을 벌이는 상황이 벌어졌다. 이는 범민주파 정당들이 연맹을 통해 방안을 제시하긴 했지만, 각자의 입장은 사실 너무나 다르다는 것을 보여준다. 방안을 제시한 건 그저 범민주 정당들의 최대공약수를 마련하기 위한 것이었다.

앤슨 찬의 '시민 간접 지명'과 18학자의 '시민 추천' 방안은 시민의 직접 지명권을 허용하지 않는다. 이러한 방안의 이면에는 지금은 좀더 '이성적'이고 '실용적'이어야 한다는 가치관이 있다. 범민주가 건제파의 지지를 얻어야 정치개혁을 성사시킬 수 있다는 것이다. 선거에서 경쟁력을 가질 수만 있다면 지명권을 포기하더라도 상관없다는 것인가.

그러나 '시민 추천' 방안도 중국 연락판공실의 법률부장인 왕전민에게 위법이라는 말을 듣는 시점에, 우리는 권력자가 마지노선을 한 발씩 물릴 거라는 환상을 품고 있는 게 아닐까. 협상과 토론을 통해 중앙의 손에서 진정한 보통선거제도를 얻어낼 수 있을 거라는 생각에 빠져있는 게 아닐까. 아직 민의의 기반을 확보하지 못한 상황에서 정치개혁안 통과 300여 일 전부터 담판에 급급하다면, 이는 싸우기 전에 굴복하는 행동에 불과하지 않을까.

정치개혁 운동에 참여할 때 우리는 선택해야 할 것이다. 우리는 정당의 이익을 민주 이념보다 위에 둘 수도 있다. 그래서 지명위원회의 존폐에 대해서는 엉거주춤한 태도를 보이고, 시민 지명에 대해서는 이리저리 흔들리는 입장을 낼 수도 있다. 다른 하나는 센트럴 점거를 일종의 핵폭탄으로 삼고, 토의일의 투표 결과를 도구로 삼는 것이다. 이는 평등한 정치제도와 '시민 직접 지명, 4대 직능 분야 폐지'의 실현을 꿋꿋이 지향할 때 가능하다. 단지 중앙정부에게 다음의 한 마디 메시지를 전하기 위해서 말이다. '센트럴 점거 시위에 뛰어들고자 하는 시민들은 오늘 타협하고 양보할 생각이 없다.'

토의일에 어떤 방안에 투표할지는 어떤 가치를 믿는가에 달려 있다.

우리가 왜
극단분자인가요

2014년 5월 4일

후기 사회 운동에 참여할 때 대면해야 하는 것은 대중과 정부뿐만이 아니다. 같은 진영 내의 노선 다툼에도 적지 않은 시간을 들여야 한다. 미디어와 네트워크를 갖추고 있는 정계의 선배를 상대해야 할 때면 정말 많은 압박을 느낀다. 새로운 세대인 젊은이들은 아마 종종 범민주와 건제파 사이에서 주거니 받거니 하던 전통을 무너뜨렸을 것이다. 각축의 기저에 깔려 있던 암묵적 룰 역시 우리 안중에 없었다. 그리고 그 때문에 학민사조는 지난 몇 년 동안 같은 길을 가는 동지들로부터 공개적으로 혹은 은근히 온갖 험담과 냉소 섞인 말들을 들어야 했던 것이리라.

어제 〈명보〉에 앤슨 찬 전 정무사 사장의 말이 실렸다. 앤슨 찬은 범민주파를 향해 정치개혁에서 극단분자에게 얽매이지 말라고 호소했다. 그리고 홍콩인들은 매우 현실적이라는 말도 덧붙였다….

사실 학민사조와 학련*에서 발의한 '학생계 평등 방안'은

---

* 대학 학생회 연합체인 홍콩전상학생연회香港專上學生聯會의 약칭.

시민 직접 지명을 필수 사항으로 두고 4대 직능 분야의 폐지를 주장한다는 점에서 분명 범민주 진영 중 가장 진보적이다. 심지어는 가장 극단적인 방안이라고 할 수도 있다. 시민 지명에 대한 학민사조의 집착 때문에 범민주 정당들이 시민 지명을 내려놓을 여지가 없어져버린다는 평론이 존재한다는 것도 알고 있다.

하지만 설령 실제로 정국이 그렇다고 한들, 앤슨 찬은 정계의 선배로서 굳이 노선이 다른 동지를 저격해 타격을 입혀야 했을까? 그것도 젊은 학생들을 "극단분자"로 깎아내리는 방법으로 말이다. 더욱이 범민주의 대모 위치에서 정당을 향해 학생들의 영향을 받지 말라고 권하고 있는 것이다.

앤슨 찬은 '정치 현실'을 방패로 삼는다. 중앙정부가 시민 지명을 받아들이지 않을 것이며, 그렇기 때문에 유명무실한 '시민 추천'을 쟁취하는 것으로 방향을 틀어야 한다는 것이다. 나는 앤슨 찬이 과장해서 한 말일 뿐, 진심으로 학생들을 극단분자로 폄하한 것은 아니기를 바란다.

그 이유는 이렇다. 정치개혁과 같은 사안은 본래 정당 정치 내의 이익 분배에 관련된 논의였다. 따라서 학생들과는 딱히 직접적인 관계가 없었다. 정치개혁에서 학생들이 개혁안을 발의한 것은 홍콩의 중국 반환 이래 이번이 처음일 것이다. 우리는 '모든 인간은 평등'하기를 바라는 원대한 소원이 한낱 구호에 그치지 않기를 바랐다. 그리고 정치제도 개혁에서 당파의 이해관계를 초월하는 한 가지 소망을 가졌다. 모든 유권자가 투표권을 가질 뿐 아니라 평등한 지명권을 가지는 것이다. 거의 모든 여론조사에서 약 60퍼센트의 시민들이 '시민 지명'을 지지한다는 결과가 나왔다. 우리는 그렇게 계속 나아가고 있다.

사람들에게 제3차 토의일에 참여해달라고, 학생계 평등 방안에 투표해달라고 호소하는 이유는 아주 간단하다. 이른바 '홍콩의 양심'에게 알려주고 싶어서다. 중앙정부에서 받아들이지 않는다고 해서 홍콩인이 포기해야 하는 것은 아니라고. 사실 우리에겐 운명을 받아들이지 않을 자유가 있다고.

온건파는 정치 현실을 직시하라

2014년 5월 24일

후기 정부가 뜻을 움직여 자신의 주장을 받아들여주길 바라며 요구치를 낮추고, 심지어는 마지노선 없이 타협을 하는 그런 행위는 이 책에서 여러 차례 비판한 바 있다. 그러나 작년 운동 전야에 쓴 이 글을 읽으니, 내가 나쁜 방향이라고 말하는 윗세대의 이런 사고가 센트럴 점거 시위를 겪고도 변하지 않았다는 생각이 든다. 젊은 세대와 중년 세대의 관점 차이가 점점 벌어지고 있는 상황에서, 이것이 세대갈등이라는 점 말고 어떻게 의견의 일치를 볼 수 있을 것인가. 이 문제를 해결하지 않으면 우리는 만회가 불가능한 상황에 빠질 것이다.

범민주는 이번 정치개혁에서 전반적인 대세를 따라서 센트럴 점거의 기치 아래 단결하고 보통선거 쟁취를 외쳤다. 하지만 센트럴 점거 토의일이 되자 '시민 직접 지명은 필수 사항'이라는 입장을 견지했던 학생계의 평등 방안만이 유일하게 1,000표 이상을 얻었고, '시민 지명'이 담겨 있는 다른 방안들과 함께 약 90퍼센트의 표를 차지했다. 반면 앤슨 찬이 발의한 홍콩2020 방안은 몇 십 표밖에 얻지 못했다. 그 밖의 '시민 추천' 혹은 '간접 지명' 방안 역시 전부 낙선했다. 선거 결과는 범민주권에 동요를 일으켰다.

'종이로는 불을 쌀 수 없다'는 말처럼, 센트럴 점거 시위의 지지자들은 시민 지명을 포기한 노선들을 향해 결국 고개를 저었다. 객관적으로 보았을 때, 불가피하게 앤슨 찬이나 로니 통 등의 보수적 범민주파가 센트럴 점거 운동에서 지녔던 지도자 역할을 잃어버리는 결과가 초래되었다. '센트럴을 점거하라' 3인방과 진보련이 각 당파의 구박데기가 되어버린 것이다. 정계의 베테랑들은 진즉에 센트럴 점거 운동에서 거행할 시민투표를 보이콧해야 하다고 목소리를 높인 바 있다. 심지어는 센트럴 점거를 이탈해 별도의 연맹을 세우자는 이야기도 들렸다. 매체 여기저기에서 분열이니 내분이니 하는 말들이 등장하는 것이 불가피하게 됐다.

___중앙정부의 심기를 맞추려는 온건파

범민주 내부의 모순이 남김없이 드러나고 있다. 언론에서는 좌우를 막론하고 각 단체들이 어느 부류에 속하는지 나누는 데에 몰두하고 있다. 심지어는 고의든 아니든 낙인을 찍거나 폄하하는 경우가 벌어지기도 한다. 가령 학민사조와 학련 및 그 밖의 시민 지명을 견지하는 전우들을 급진파로 규정한다거나, 학생계가 홍콩인들을 강제로 "급진의 전차"에 태운다고 주장한다거나 하는 일들이다.

앤슨 찬은 정치 현실을 감안해야 한다고 말한다. 그녀는 중앙정부에서 시민 지명을 받아들이지 않을 게 뻔하기 때문에 한 발 물러나 차선을 택해야 한다고 본다. 즉 일부 지명위원을 보통선거로 선출하자는 것이다. 시민의 평등한 지명권에 얽매이지 않는 이 방안은 "이성적이고 실용적"이라는, 심지어는 정치개혁의 교착 국면을 타파할 물꼬가 될 거라는 평가를 받으며 온건파란 미명美名을 입었다.

 정치적 이론을 기준으로 구분해보자면, 시민 지명은 틀림없이 시민 추천을 제시하는 방안이다. 지명위원회의 4대 직능 분야를 남겨두는 방안에 비해 진보적이고 평등하고 개방적이다. 시민의 직접 지명권을 허용하고 있기 때문이다. 그에 비하면 18학자나 홍콩2020의 방안은 상대적으로 보수적이다. 그렇다 보니 우리 입장에서 이 방안들은 비교적 온건하고 실용적이며, 심지어 중앙정부에서 어떻게 받아들일지까지 염두에 두고 있는 것으로 보인다. 중앙정부의 심기를 맞추기가 쉽고, 더 많은 부분이 중앙정부를 통과할 수 있을 것으로 보인다.

 시민 지명을 견지하는가, 포기하는가. 여기에 따라 시민 단체들은 '시민 지명파'와 '비非 시민 지명파'로 규정된다. 위와 같은 얽히고설킨 맥락에서, 그리고 언론의 서술과 묘사 끝에, 소위 온건과 급진 사이의 싸움 국면이 형성되었다. 흡사 4년 전 정치개혁 때의 매와 비둘기, 양兩 파의 대립 국면이 재현되는 듯하다.

___그러나 중앙정부의 대우는 같다

그런데 늘 해오던 여론 몰이와 이원적 사고에서 벗어나보자. 한 발짝 떨어져서 중앙정부가 어떻게 나올지를 분석해보자는 것이다. 사실 저항 행동이 없다는 전제하에서라면, 중앙정부가 시민 추천 및 지명위원회 보통선거를 받아들일 가능성은 추호도 없다. 중앙정부에게는 범민주파의 온건적 방안이든 급진적 방안이든 모두 마찬가지다.

지명위원회의 구성 방식을 어떻게 할 것인가, 혹은 지명의 문턱을 높게 잡을 것인가 낮게 잡을 것인가, 이런 문제는 애초에 중앙의 관심 대상이 아니다. 차오샤오양 전인대 법률위원회 주임과 리페이 기본법위원회 주임은 작년에 이미 "행정장관 후보자는 중앙정부와 대치되는 자일 수 없다"고 말해두었다. 진즉에 정치개혁 토론에 대한 중앙정부의 강경한 태도를 못 박아둔 것이다.

중앙이 원하는 것은 결국 선거를 완전히 통제하는 것, 그저 이름뿐인 선거로 만드는 것이다. 우리가 시민 지명이냐 시민 추천이냐 지명위원 보통선거냐를 두고 싸울 때, 그들은 여기에 아무런 관심이 없다. 방안의 발의자가 앤슨 찬이든 조슈아 웡이든 호럭상이든 모두 중요치 않다. '6·4 톈안먼 사태 진상 규명'을 주장했던 정치 지도자를 행정장관 후보로 올릴 수 있는 방안이라면, 설사 그 정치 지도자가 에밀리 라우나 신충카이 같은 온건파일지라도, 해당 방안은 중앙정부의 문턱을 넘지 못할 것이다. 6·4 진상 규명은 중국 내지에서 "국가 정권

전복을 선동하는 행위"에 해당되며, 홍콩에서도 마찬가지로 중앙정부에 도전하는 행위로 간주되기 때문이다.

따라서 범민주파의 각 방안이 정치 이론상으로는 차이가 있을지 몰라도, 중국 공산당과 각축을 벌이는 현장에서 매와 비둘기의 대립 같은 것은 적용되지 않는다. 현재 기준, 모든 범민주파의 방안이 "중앙정부와 대치되는 자"에게 행정장관에 출마할 수 있는 기회를 허락하고 있기 때문이다. 학살에 대한 책임 규명을 저버린 앤서니 청처럼 민주파 정치 지도자가 관료 시스템에 진입하기 위해 적극적으로 손을 털고 나가는 경우가 아닌 바에야, 온건적 방안을 내놓고 중앙정부에서 받아들여줄 것이라고 생각한다면 이는 정치 현실을 무시한 것이다.

운명에 대한 저항이 시작되는 전환점

지난 1년간의 토의 절차는 민주파의 정치개혁 방향을 이끌었다. 그러다 보니 우리는 계속 방안을 다듬는 단계에 묶여 있었다. 물론 완전한 방안을 갖는 것은 운동에 명확한 강령이 되어줄 수 있다. 하지만 결과적으로 우리는 기껏해야 운동 초기에 민주파의 발언권을 확보하고, 앞으로 정부 방안과 대진하기 위한 준비를 했을 뿐이다.

홍콩인들이 전환점을 찾고 싶다면, 더는 당하는 위치에 머물고 싶지 않다면, 건제 조직이 정치개혁 의사 과정에서 갖고 있는 주도권을 되찾고 싶다면, 소통이라는 가면을 걷어내고 싶다면, 그렇다면 과연 민주파의 눈앞에 놓인 급선무는 무엇이겠는가? 방안의 세세한 사항을 두고 옥신각신하기를 멈추어야 한다. 그리고 권력자가 정치적 견해가 다른 정치 지도자에게, 즉 소위 "중앙정부와 대치되는 자"에 대해 쉽게 사라지지 않을 반감을 갖고 있다는 것을 인식해야 한다. 중앙에서는 온건파의 방안 역시 통과되기 어렵다.

온건한 태도를 통해 침묵하는 대다수 사람들의 지지를 얻는 것은 사실 나무랄 바가 아니다. 그러나 이렇게 중앙정부의 의사에 영합하기 위해 지레 타협을 하는 운동 노선은, 항쟁을 통해 진정한 보통선거제도를 얻을 수 있는 가능성을 크게 낮출 뿐이다. 홍콩인은 지금 헌정 전문가를 상대로 제도 변혁을 요구하는 것이 아니기 때문이다. 우리는 지금 공산 독재정권 아래서, 도시의 운명을 결정할 권리를 쟁취하려 하고 있다.

타협과 양보로도 역시 권력자의 동정을 얻을 수 없다. 만약 그랬다면 중앙정부에서 진즉에 온건파의 방안을 지지한다고 언급했을 것이다. 상황이 이럴진대 우리는 오늘날의 엄혹한 정치 현실을 직시해야 한다. 그리고 당초 지녔던 진심을 견지해야 한다. 그것은 마음속 가장 기저에 있는 민주에 대한 갈망이다. 모두가 날 때부터 지니며, 한 사람 한 사람의 홍콩인에게 속하는 권한, 곧 평등한 행정장관 직접 지명권을 권력자의 손으로부터 되찾겠다는 지향이다.

왜냐하면 시민 지명은 곧 굴복하지 않는 저항 정신의 상징이기 때문이다. 정해진 조항들을 초월하는 신념과 원칙, 운명을 주재하는 상류층을 넘어서겠다는 굳센 소망, 미래를 위해

배수진을 치고 중앙정부와의 정치적 각축에 임하는 각오는 더 많은 정치적 수를 마련해준다.

홍콩인이 정치적 현실을 마주하고자 한다면, 지금 바로 권력자가 힘없는 자를 동정할 거라는 환상을 버려야 한다.

결정적인
소수가 된다는 것

2014년 6월 14일

후기 선거 일을 할 때는 정말 죽는 줄 알았다. 한 번 겪고 나니 선거라면 공포스러울 지경이다. 6시에 일어나서 7시에 부스를 차린 뒤 방송국을 방문한다. 두 시간 휴식 후 낮부터 다시 부스 활동을 한다. 저녁이 되면 각지로 가서 선전을 해야 한다. 그리고 다시 본부로 돌아가 밤새 회의를 한다. 이런 일정을 단 하루도 멈출 수 없다. 정신과 마음과 체력의 한계를 시험하는 나날이었다. 선거 기간 내내 잠을 제대로 자거나 제정신으로 지낸 날이 거의 없었다. 마지막에 가서는 30만 표를 달성하며 나름 양호한 결과를 얻었지만, 꼭 필요한 상황이 아니라면 정말이지 이처럼 체력 소모가 심한 일을 다시는 하고 싶지 않다.

6월 20일에서 22일 사이 치러질 시민투표까지 6일이 남았다. 그간 '시민 지명은 필수 사항'이라는 주장을 고수하며 학생계 방안을 추진하느라 모두 무리해서 일했다. 100여 일 전, 내가 전우들에게 썼던 글을 읽는다. 나 자신과 전우들에게 다시 한 번 격려가 된다.

처음 학생 운동에 참여할 때의 불같은 마음을 계속 유지하기가 절대 쉽지 않다는 것을 압니다. 혹은 어떤 큰 뜻이 있어서가 아니라 그저 손 하나 보태자는 마음가짐으로 여기 온 사람도 있겠죠. 막상 운동에 발을 들이고 오랜 시간이 흐르는 동안 비판하고 싶은 생각, 의심스러운 마음, 혹은 무력감이 들곤 했을 겁니다. 가족, 친구들, 선생님들이 압박이 되는 경우도 있었겠고요. 더군다나 홍콩의 학제 속에서 산더미 같은 공부와 시험까지 감당하느라 정신적으로 육체적으로 지치는 때가 있었을 겁니다.

각 사람에게는 자신의 짐이 있습니다. 학업의 부담이나 비난의 소리가 덜한 사람이라도 가족, 친구들과 함께하거나 자신이 좋아하는 일을 하면서 시간을 보내고 싶었을 수도 있습니다. 추격, 논설, 거리 활동, 회의, 선전, 이런 단어들은 원래 중고등학생의 생활에 등장할 말이 아닙니다. 기존 정당들이 할 법한, 우리와는 어울리지 않는 일들이죠. 3년 전까지만 해도 학생 몇 명이 몽콕에서 마이크를 잡고 서 있는 광경은 상상할 수도 없는 일이었습니다. 하지만 오늘날 학생들이 부스를 설치하고 행동을 벌이는 것은 정치권에서 일상적인 일이 되었으니, 웃어야 할지 울어야 할지 모르겠습니다.

사회 운동에서 통용되는 아주 이상한 원칙이 하나 있습니다. 사회개혁의 성과는 여러 사람들이 함께 누리며 모든 대중에게 골고루 돌아가지만, 개혁의 길을 개척하고 대가를 치르는 것은 소수라는 것입니다. 이 소수는 그 과정에서 주류에 밀려 주변화되고, 주변 사람들에게 심지어는 한때 전우였던 이들에게 웃음거리가 되기도 합니다. 자신과 대화하는 과정에서 저조차도 무너질 때가 있습니다. 우리는 겉으로 보기에 열성적으로 사회에 관심을 갖는 학생이지만 사실 내면은 그저 아주 평범한 청소년일 뿐이기 때문입니다.

비용 효율 면에서 보면 이 소수는 전 사회에서 가장 바보 같은 사람들입니다. 모든 홍콩인이 얻는 이익은 똑같은데, 소수가 지불하는 시간과 에너지는 옆 사람의 열 배, 스무 배, 심지어는 백 배가 될 테니까요. 이들은 흔들리지 않고 나아가야 합니다. 목표가 이루어질 때까지 말입니다. 그제야 겨우 옆 사람의 칭찬을 듣고 성과를 누릴 수 있습니다. 하지만 물길을 거슬러 올라가는 과정의 고됨은 말로 다 할 수 없을 겁니다. 이들을 순진하다고 해야 할까요? 하지만 이렇게 결정적인 역할을 하는 사람이 없다면, 사회는 털끝만큼도 나아가지 못할 겁니다.

여기서 '시민 지명과 시민 추천의 차이점'이나 '정국의 좌우 분석 개론'을 설명할 생각은 없습니다. 많은 지식이 신념을 지탱하는 기둥이 되는 것은 아니기 때문입니다. 멋진 언사도, 셀 수 없이 많은 활동이나 기쁨이나 구실도, 여러분이 꺾이지 않는 결심을 갖게 된 계기는 아닐 겁니다. 3년의 시간을 지나오는 동안 제가 배운 것이 있습니다. 학생 운동의 길을 계속 걸어가도록 부축하는 것은 결국 자신 안에 깊이 뿌리내린 의지, 그리고 홍콩에 대한 기대와 신념입니다.

지금 저는 묻습니다. 당신은 앞으로도 계속 그 '결정적인 소수'가 되겠습니까?

우리의 지명도, 동원력, 조직 네트워크 모두 범민주 정당들(진보련)에 미치지 못할 겁니다. '시민 지명'과 '소그룹 지명 위원회 폐지'를 고수하기 위해, 그리고 '결정적인 소수'가 되기 위해, 우리는 어떤 희생을 치르게 될까요? 어떻게 선거 승리라는 중대한 임무를 짊어질 수 있을까요?

민주 운동에 몸담는 이에게 늘 대가와 수확은 정비례하지 않습니다. 그리고 만약 지금은 너무 어리다고 이 일을 하지 않는다면, 아마 평생 하지 못할 겁니다.

백서, 홍콩에 찬물을 끼얹다

2014년 6월 14일

후기 당시 6월 22일 시민투표 전까지 베니 타이가 투표자 수를 비관했던 것이 생각난다. 그는 10만 명 이상이 투표에 참가하면 양호한 결과라고 말했다. 학민사조 내부에서는 15만 명에서 16만 명 정도로 예측하고 있었다. 어쨌거나 정치에 냉소적인 홍콩인들에게 목소리를 내달라는 것은 쉽지 않은 요구였다. 그런데 누구도 예상치 못한 일이 벌어졌다. 중앙정부에서 투표 2주 전에 갑자기 백서를 반포했다. 그러더니 홍콩대 투표 시스템이 해커의 공격을 받았다. 결과적으로 '탄압할수록 더욱 반항한다'는 심리가 일어나 80만 명 투표의 기적을 이루었다.

백서의 내용이 일전에 베이징 관료가 홍콩을 방문했을 때 했던 언설과 어느 정도 상통한다는 지적이 돌고 있다. 리페이, 차오샤오양 같은 이들이 홍콩의 민주 쟁취 움직임을 압박했을 때 썼던 논조를 그대로 반복하고 있다는 것이다. 이상할 것도 없는 중앙정부의 정치적 수이니 전투태세를 취한다거나 과도하게 걱정할 필요는 없을 듯하다.

그런데 백서가 홍콩에서 이처럼 파장을 일으키고, 정계와 법조계 엘리트들의 비판을 사는 데에는 그만한 이유가 있다. 평소 중앙정부에서 홍콩인을 향해 어떤 말을 전달하거나 사회의 어떤 중대한 의제에 대해서 평론을 하고자 할 때면, 대부분 연락판공실이나 기본법위원회 같은 국가 시스템 내의 2선, 3선 관료들을 파견한다. 간혹 이러한 관료들이 실언을 하는 경우가 있더라도, 중앙정부에서는 가볍게 선을 그으면 된다.

그러나 백서는 국무원에서 반포한다. 당연히 관료가 마이크에 대고 하는 몇 마디 말보다 훨씬 정통한 문건이다. 백서와 관료의 발언을 동일한 무게로 받아들일 순 없다. 이 2만 3,000자의 문건은 "전인대는 기본법의 개정권과 해석권을 가진다"는 것과 "홍콩은 중앙정부가 부여하는 만큼의 권력을 누린다"는 것을 분명하게 열거하고 있다. 이는 일국양제에 대해 국가권력의 핵심이 어떤 태도를 취하고 있는지를 분명하게 보여준다.* 사법권의 독립을 훼손한다는 죄명도 불사하고 근정묘홍**이 아닌 자가 건제 조직에 발을 들일 가능성을 차단하려고 하는 것이다.

작년 오늘, 민주파는 여전히 시민 지명이 필수인가를 두고 갈등하고 있었다. 온건파의 방안이 정치개혁 각축에서 '양측이

---

*중국은 일국양제, 즉 '한 국가, 두 체제'의 원칙 아래 홍콩을 관리해왔다. 그런데 이전까지는 '두 체제'가 '한 국가'보다 강조되어 공존과 자율성에 방점을 찍었다면, 백서에서는 '한 국가'가 '두 체제'보다 강조되어 중국과의 통합성에 무게를 두었다.
**根正苗红. '뿌리가 바르고 싹이 붉다'는 뜻. 원래 노동자, 빈농, 군인 가정의 자녀나 공산당 통치 아래에 자란 세대를 일컬었다. 여기서는 공산당에 우호적인 친중 인사를 가리킨다.

한 발씩 양보하는' 타협의 공간을 열어줄 것이라고 믿어 의심치 않았다. 그래서 우리는 지명위원회 확대나 시민 추천과 같은 각종 구상을 고르고 골라 내보냈다. 결과는 우리의 예상을 빗나갔다. 권력자는 힘없는 자를 연민하지 않았다. 오히려 홍콩인들의 머리 위에 찬물 한 바가지를 뿌렸다. 이는 양측의 위치와 권력이 대등하지 않은 상황에서 협상의 여지 같은 것은 없으며, 우리가 얻을 수 있는 성과도 없다는 것을 보여주었다.

그러니 지금, 백서를 정치개혁판 '중국 모델 설명서'라고 비유하는 것도 무리는 아니다. 공산당의 진보와 공평무사함과 단결을 주장하고 곧장 국민교육 반대 운동을 야기했던 교육안과 공통점이 있다. 베이징 관료의 뜻으로 홍콩의 민의를 억누르려는 방식이 가감 없이 드러난다는 것. 그리고 문자를 통해 중앙정부의 권력욕이 적나라하게 드러난다는 것.

권력자는 6월 22일에 예정된 시민투표 2주 전에 백서를 발표했다. 그렇다면 오늘 우리는 투표로써 이 정치개혁판 '중국 모델 설명서'에 힘껏 대항하자. 2년 전 국민교육 반대 운동의 그날처럼.

하지만 당신은
승리를
더 두려워한다

2014년 6월 15일

후기 학련과 학민사조가 발의한 학생계 방안은 기존 범민주파와의 경쟁 결과 30만 표를 얻어냈다. 이로써 정치개혁 논의에서 학생의 역할이 뚜렷해졌다. 그리고 정치제도 발전 토론에서 학생계의 발언이 유효하다는 점이 증명되었다. '시민 지명은 필수 사항'이라는 입장부터 '학생계 방안'까지, 또 '센트럴 점거 예행 연습'에 이어 '학생계 동맹 휴학'까지, 여러 과정을 거쳐 우산운동이 촉발되었다. 로마가 하루아침에 이루어지지 않았듯 거리 점거 역시 어느 날 갑자기 일어난 것이 아니다. 그리고 중앙을 향한 진격의 길은 이것으로 끝나지 않을 것이다. 민주 운동은 홍콩의 어느 한 세대의 일이 아니기 때문이다.

"오늘은 (또다시) 민주에 가장 짙은 암흑이 드리워진 날입니다"라며 웅변을 토할 생각은 없다. "학생계 방안에 투표하지 않으면 홍콩의 미래는 끝장입니다"라며 강매할 생각도 없다.

나와 전우들이 정치개혁이라는 이 길을 걸어온 것이 이제 거의 1년이다. 국가 기관의 여론 억압은 이미 장전되어 있는 것을 본다. 보수 진영에서는? 진즉에 시민 지명을 무시무시한

괴물쯤으로 규정했다.

솔직히 말하자면, 이 길은 단지 고되기만 한 게 아니라 험준한 여정이 될 것이다. 표 한 장이 얼마나 큰 작용을 할 수 있겠냐고 내게 묻는다면, 나는 사실대로 답해야 할 것이다. 불분명하다.

오늘날 권력자는 우리를 향해 찬물을 뿌리는 정도가 아니라 홍콩인들 위에 물 한 통을 통째로 퍼부었다. 이런 와중에 당신이 던진 한 장의 표는, 저 복잡한 정치 이론들에 대한 집념을 상징한다. 그리고 이보다 더 중요한 것이 있다. 이 사회에서 규칙을 정하는 상류층에게 삶에 대한, 나아가 미래에 대한 당신의 태도를 보여준다는 것이다.

북방에서 온 백서가 섬에 도착했다. 당신은 이것이 운명이라고 여기고 순응할 수도 있다. 마냥 앉아서 선고만 기다리고, 베이징 관료가 시키는 대로 따르는 것이다. 혹은 운명에 저항할 수도 있다. 홍콩인의 자주를 억압하던 멍에를 거부하는 것이다. 당신은 당파 간의 이익과 원한 관계에 얽매여, 애매모호한 그 '좀더 민주적인 것'에 만족할 수도 있다. 혹은 무한한 분쟁을 초월해 마음속에서 바라고 구하는 것, 곧 시민 지명을 직접적이고 솔직하게 표명할 수도 있다. 당신은 어떤 선택을 하겠는가?

누군가 내게 이런 말을 한 적이 있다. "민주 운동에 있어 가장 소중한 것은 정직함이다." 맞는 말이다.

무엇을 쟁취하고자 하는가? 어떻게 타협할 것인가? 자기 자신과 솔직하게 대면해보자. 행정장관 지명 기회를 갖고 싶지 않은 사람은 없다. 다만 우리는 중앙정부가 그 기회를 주지 않을 것에 대해 겁내는 것이다. 그래서 끝없는 핑계를 들며 자신을 속인다. "사실 꼭 '시민 지명'이 아니어도 괜찮아."

세상을 잘 아는 어른으로서 당신은 거부당할 것이 두렵고 실패가 두려울 것이다. 하지만 당신은 승리를 더 두려워한다. 그건 내년 정치개혁 운동에서 승리할 것이라는 확신이 없기 때문이다.

이 한 무리의 학생들에게는 전문적인 지식도, 사회적인 권력도 없다. '마침' 이러한 시대의 흐름 속에, '마침' 이 세대로 태어났을 뿐이다. 우리는 두려움 없는 결심을 가지고, 30년 보통선거의 길 끝에 오롯한 마침표 하나를 찍겠다고 다짐했다.

1년간 지켜온 다짐이다. 당신의 지지를 바라며.

사실, 순응이냐 저항이냐는 한 끗 차이다. 시민 불복종 이전에 먼저 시민투표로 저항해주길 청한다. 투표용지로 중앙에 대한 복종을 거부하자. 그리고 학생계 방안을 들고 중앙을 향해 진격하자.

제2부

동맹 휴학 준비

/ 2014년 7월에서 9월까지 /

학민사조는 센트럴 점거에 관한 전체 투표가 끝난 뒤 '7·1 행정장관 사무실 포위' 행동을 준비했고, 여름방학에는 동지들과 중고등학생 동맹 휴학을 준비했다. 이는 사실 10월에 있을 센트럴 점거를 위한 것이었으나 '공민광장 재탈환 행동'이 뜻밖에도 역사를 새로 쓴 행동이 되었다.

동맹 휴학이 없었으면 광장 행동을 밀어붙일 수 없었을 것이고, 광장 행동을 밀어붙일 수 없었다면 최루액도 없었을 테고, 최루액이 없었으면 우산혁명도 없었다. 모든 인과관계가 밀접하게 맞물려 있다. 하지만 이 모든 일은 하늘의 뜻이었다기보다는 땅의 뜻이었고, 땅에 달린 일이었다기보다는 사람에게 달린 일이었다.

위의 같은 사외 운동에 관한 일들 말고도, 여름방학에는 매체들의 인터뷰에 일일이 응대해야 했다. 내 성적이라든가 대학 진학에 관한 인터뷰를 진행하면서 거짓된 어른들의 세계를 경험했다(아마 성적 발표 기자회견을 열었던 학생은 내가 홍콩 최초였을 것이다). 성적에 과하게 주목하는 것이나 삼류 대학에 대한 태도에서 그랬다. 평등과 정의를 외치는 민주파 매체도 고학력과 일류 대학을 우러러보는 경향이 있었다. 당시에 쓴 글 두 편을 자세히 살펴보면 그들이 얼마나 역겨운 사람인지 절실히 느낄 것이다.

성적이 낮으면
자격도 없는가

2014년 7월 14일

후기 홍콩의 역사 이래, 성적 발표 당일에 수험생 회견을 연 사례는 없을 것이다. 언론의 변태적이면서도 비정상적인 고급 대우. 여기에는 홍콩 사회의 반反지성주의가 반영되어 있다. 개인의 사회 참여와 성적을 함께 엮는 걸 도대체 사람들이 어떤 까닭으로 좋아하는지 알 길이 없다. 성적이 좋은 사람이 운동을 하면 공부에 도움을 주는 일이 되며, 성적이 나쁜 사람이 운동을 하면 학업에 영향을 주는 일이 되었다. 이번 일은 홍콩 교육제도의 실패를 여실히 증명하는 사건이 되었다.

성적을 묻는 기자들의 메일을 받는 일은 일상이었다. 토미청(학생 운동가)이 일반교육 과목에서 최고 등급을 받은 것이 〈명보〉나 〈애플 데일리〉의 1면에 올라간 적도 있었다. 학교 측에서 "나는 학교로 돌아가지 않는다"라고 수차례 기자들에게 설명해줬다. 그런데도 아침에 친구들이 보내준 사진을 보면 학교 밖에 방송국, 인터넷 매체, 신문사 기자들이 진을 치고 있었다.

솔직히 말해 내가 매체에 노출되는 것은 상관없다. 그러나 내 친구들과 선생님들은 말려들고 싶지 않아 할 것이니, 날이 밝자마자 우리 학교 학민사조 친구에게 부탁했다. 8시가 약간 넘어 친구는 침울한 표정으로 내게 성적표를 건네주었다.

정오쯤 홍콩성시대학 준準학사 과정에 지원서를 냈다. 그리고 습관처럼 휴대폰 알림 소리를 무음으로 조절했다. 시시각각 전화와 메신저가 왔고 그날 하루는 부재중 전화가 70통에 육박했다.

공공행정 및 관리학과 준학사 과정 지원서를 들고 아그네스 차우와 함께 식당에 가서 DSE시험(홍콩의 수능 격)의 소회를 말하며 간단히 묻고 답하는 시간을 가지려 했다. 그런데 나와 아그네스 차우가 나타났다는 소식이 퍼져, 이 마음 터놓고 얘기하는 자리에 열 군데의 매체들이 몰려들어 여러 사람들로 북적였다. 어디는 인터뷰를 해주고 어디는 안 할 수도 없는 상황이었다.

어찌할 도리가 없었는데 홍콩성시대학에서 공간을 내어줬다. 기자 약 서른 명, 카메라 다섯 대, 마이크 열 대 정도가 준비되어 있었다. 체감상 6·22투표 때와 비슷할 정도로, 내 상상을 초월했다. 본의 아니게 성적 발표 기자회견을 하는 꼴이 되어 상당히 마음이 불편했다. 이렇게 홍콩 최초의 수험생 성적 발표 기자회견이 된 것이다.

상사가 시켜 어쩔 수 없이 온 기자도 있었으리라. 그들도 반복적으로 부침을 겪는 상황일진대, 학교 밖에서 세 시간을 기다려 나를 괴롭히는 것은 상관없다. 그런데 친구와 선생님들은 다르다. 카메라에 노출되는 것은 그들에게 결코 유쾌한 일이 아닐 것이다. 다시 학교에 돌아가지 않기로 결정한 것을 이해해주길. 무엇보다 학민사조 구성원들의 성적에 많은 관심을 가져주는 것은 이해하지만, 우리에게 숨을 쉴 공간은 마련해줬으면 좋겠다.

조슈아 웡이 조건부 오퍼를 받아 문제없이 입학이 진행되는 것 아니냐는 질문을 계속 받는다. 그러나 지금까지 어느 대학도 내게 조건부 오퍼를 내준 적이 없다(그랬다면 준학사로 들어가지 않았겠지). '학생 운동은 성적과 관계가 있는가'라는 질문을 하는 사람이 많을 것이다. 내가 말한 적이 있던가? 절대 그렇지 않다.

하루는 24시간이다. 어딜 가고, TV에 출연하고, 행동하고, 회의에 참여하고, 학업에 집중하고 등등 모든 선택에 일장일단이 있다면, 선택은 내가 하면 되는 것이다. 그저 부모님과 자신에게 당당하기만 하다면 훗날 후회할 일은 없다.

내 성적은 이미 예상했기에 겸허히 결과를 받아들인다. 나는 학생 운동을 했기 때문에 성적이 낮아진 게 아니라, 항상 말했던 것처럼 학생 운동에 참여하지 않았다 해도 성적이 나아졌을 거라 생각하지 않는다.

선생님과 학교와 교회 친구, 학민사조의 동지, 네티즌의 관심과 말씀에 감사하다. 그리고 오늘 하루 종일 나를 따라다녀 고생했을 기자 분들에게도 감사하다. 준학사든 학사든, 조슈아 웡은 조슈아 웡이다. 나는 변함없이 학생 운동을 할 것이고 정치개혁까지 남은 1년 동안 시민 지명을 추진하고 시민 불복종을 지속할 것이다. 학생 운동에 뛰어들었던 3년 전 결단에 지금도 후회는 없다.

마지막으로, 나는 방금 성적을 받은, 여전한 학생이다. 상당히 지친 상태에서 여러 기자들의 날카로운 말과 표정을 대했다. 그 과정에서 내 태도가 여러분들에게 불쾌했다면 사과의 말씀을 전한다. 내게 조금만 쉴 시간을 허락해주길 부탁드린다. 잠시 쉬고 내일은 입법회에 가야 한다. 캐리 람 정무사 사장을 기다렸다가 대화를 요청하기 위해서다. 시민 지명 방안의 지지자가 72만 명이라는 투표 결과에 응답해달라고 요구할 것이다.

갈 길이 멀다. 변함없이 우리를 지지해주시길.

그저
환상일 뿐

2014년 7월 26일

후기 이 관점은 사실 지난 2년간 수차례 반복되어왔다. 중국 공산당이 우리의 상대인 것은 의심할 여지없는 사실이며 상대에게 아무런 압력이 없는 이상 홍콩인들에게 자주란 없다. 2년 전부터 지금의 정치개혁안 표결 직전까지도 정치인들은 왜 중국 공산당에게 허황된 환상을 품고 있는지 아직도 이해할 수가 없다.

중국 공산당이 발표한 백서의 강경한 태도에 비해, 홍콩 정부의 정치개혁 3인조가 발표한 '정치개혁 조사 보고'는 언사가 비교적 온건하다. 캐리 람 역시 시민 지명의 합법성에 대해서는 직접적인 응답을 내놓지 않고 있다. 여전히 과반수의 시민이 "지명위원회만이 특수행정장관을 추천할 수 있다"는 데에 동의했다고 말하며 민의를 왜곡하고 있긴 하지만. 캐리 람은 그저 이 뜨거운 감자를 중앙정부가 처리하도록 미루는 것이다. 그리고 전인대가 8월에 최후의 결정을 내릴 것이라고 예고하고 있다.

보고서가 발표된 지 일주일도 지나지 않아, 중국공산당중앙위원회 산하의 홍콩마카오 특수행정지구 조정부장인 장더장이 광둥성 선전에 와서 건제파를 만났다. 그는 로버트 차우, 엘시 렁과는 급이 다른 인물이다. 사실 보수적인 중앙정부가 시민 지명과 센트럴 점거를 거부하리란 것은 예상했지만, 장더장이 현 시점에서 "중앙정부는 '일당 독재를 끝낼' 인사의 행정장관 경선 참가를 받지 않는다"라고 강하게 주장할 줄은 전혀 예상치 못했다.

이 말은 곧 민주파의 어떤 정치인도 경선에 참가할 수 없다는 말과 같음을 중앙정부는 매우 잘 알고 있다. 이들에게는 로니 통이든, 청먼쿵이든, 에밀리 라우든 마찬가지다. 아무리 정치개혁에 대한 입장이 온건하고 보수적인 사람이라도, 해마다 빅토리아공원에서 외치는 홍콩시민지원애국민주운동연합회의 5대 강령은 장더장의 마음속에서 여전히 금기와도 같은 구호로 느껴질 것이다.*

정치적 견해가 다른 인사들의 경선 참가를 허락한다 치자. 하지만 학술적 시각으로 봤을 때 시민 지명이 아니라면 이는 국제 투표 기준을 벗어난다. 온건 민주파의 앤슨 찬과 18학자가 허심탄회하게 인정했던 것처럼, 시민 지명을 사수하지 않는 또 하나의 이유는 중앙정부가 이를 받지 않으리라 짐작하기 때문이다. 왜 시민 지명이 이야기될 수 없는 걸까? 장더장이 이야기했던 것처럼 중앙이 이미 한 발 앞서 선거를 조종하

---

* 톈안먼 사태의 시위 희생자를 추모하는 연례 집회가 빅토리아공원에서 해당 시민단체의 주최로 열린다.

고 있으며, 안전계수를 최대치로 높이는 셈으로 홍콩인들에게 '1인 1표'를 주되, 민주파는 사전에 거르는 작업을 한 것이다. 많아봤자 두 명의 건제파 후보를 세우고 이 중에서 행정장관을 택일하게 만들 것이다.

장더장이 민주파의 경선 참가를 막았을 때마저도, 민주파는 관리들과의 비공개 면담 기회나 노리고 있었다니 정말 아이러니가 아닐 수 없다.

나는 묻고 싶다. 민주파는 고작 세 치 혀로 홍콩과 마카오의 사무를 맡고 있는 최고책임자의 마음을 돌릴 수 있다고 생각하는가? 정말 그렇게 해서 단숨에 언론의 이목을 끌고 경선 참여의 권리를 돌려받을 수 있다고 믿는가?

'중앙정부에게 양보하면 협상의 공간을 얻을 수 있다'는 말은 그저 환상일 뿐이다.

다시 현실로 돌아가자, 홍콩인이여.

사회에 관심 있는 일류대 학생 모델

2014년 8월 13일

후기 사방팔방에서 비판과 평가가 빗발친다. 홍콩의 대학생, 그러니까 홍콩 꼴찌 대학교의 학생 신분으로 나는 거짓된 어른들의 세계를 두 눈으로 목도했다. 적잖은 민주파의 인사들이 나의 공개대학교The Open University of Hong Kong 입학에 이를 갈며 분개했던 것을 기억한다. 그들은 내심 엘리트를 추앙했고, 홍콩대학교나 중문대학교 출신의 젊은이야말로 사회의 미래라고 생각한 것이다. 민주파의 슬로건이 '인간은 모두 평등하다'라니, 실로 아이러니하다.

나의 성적에 보내준 관심에 감사를 표한다. 페이스북 댓글과 홍콩골든HKGolden(유명 인터넷 게시판)의 글을 거의 다 읽었다(비록 답글까지 달진 않았지만). 악의적인 비방글도 보이지 않았다. 모두들 말을 할 때에 내게 어느 정도의 여지를 남겨주는 듯했다.

한편 뉴스에서는 "중문대학교 정치행정학과가 조슈아 웡을 파격적으로 우선 선발했다"라고 하는가 하면, 신문에서는 "침례대학교가 조건부 오퍼를 내줬다"라고 하며 엉망으로 보도를 해댔다. 친중 단체는 페이스북에 자기들끼리 괜히 흥분해 "무고한 대학들이 '울며 겨자 먹기'로 조슈아 웡 하나를 받아준다"라는 글을 올렸고, 친중 인사는 홍콩대와 중문대의 학생회에 협박 편지를 보냈다. 이러한 상황은 바꿀 수 없다. 하지만 전혀 상관없는 학교나 사람들에게 영향을 주고 싶지는 않다. 반복되는 바로잡기에 지친 나는 오늘 각종 매체의 기자들에게 전화를 받았다. 어떤 신문사는 여덟 시간에 걸쳐 네 번 전화를 했으며, 〈대공보〉의 기자는 내게 전화를 걸어 성적에도 좀 '관심'을 가지라는 말을 했다.

부모님과 상의한 뒤 나는 '조슈아 웡의 공개시험 성적' 전반에 관해 허심탄회하게 털어놓았다. 내 성적은 분명 시민의 이익과 무관한 사건이다. 나는 공개시험에서 19점을 받았고(중문 4점, 영어 3점, 수학 3점, 일반교양 5점, 기업 회계와 재무 개론 4점) 성적 심사 뒤에도 점수는 같았다. 마침내 지원자 사이에서 우수한 성적으로 공개대학교 사회학과 학사 과정에 입학했다.

"조슈아 웡은 사실 외국 유명 대학을 가야 했을 인재다"라는 말, "상위 세 개 대학에서 조슈아 웡을 스카웃하지 않은 것은 그들의 손실이다"라는 짤, "조슈아 웡을 스카웃하지 않는 것은 정치적 고려에 접어들었다는 것을 의미한다"라는 상태 메시지. 여러분이 이런 것들을 올리지 않길 바란다. 점수도 높지 않은데 날 굳이 스카웃할 이유는 없다. 홍콩의 교육제도는 다시 점검해야 할 필요가 있지만, 제도라는 건 어느 한 사람을 위해 만들어지는 것이 아니다.

이른바 '사회에 관심 있는 훌륭한 학생 모델'을 내게 대입하지 않길 바란다. 사회 운동을 하는 사람은 일류 대학 출신이라는 편견이 있다. 물론 학민사조에는 중문대학 보험계리학과나 침례대학 언론학과 소속도 있고, 일반교양이나 영어 과목에서 최고 등급을 받은 친구들도 있다. 하지만 그와 동시에 유급생, 준학사생, 전문대생도 있다. 그 누구도 자신이 사회나 학생계의 엘리트라고 생각하지 않고, 여태껏 그런 목표를 표방하지도 않았다. 그저 사회에 관심 있고 행동을 하는 학생일 뿐이다. 우리는 신화도, 폄하도 필요하지 않은 학민사조의 구성원들이다.

애초에 나는 1등 학생인 적이 없었다. 그러니 여러분도 내가 공개대학교에 들어갔다고 실망하거나 즐거워할 필요가 없다. 성적 공개 당일에 "내 성적은 내가 책임지겠슈니다"고 말했듯, 19점의 성적으로는 이 수순이 적당하다. 시간도 넉넉지 않은 상태에서 열심히 준비한 시험이고 후회는 없다.

공개대학교가 부정적인 평가를 받고 있다는 것도 다 안다. 공개대학교를 '고래대학교'*라고 부르는 등 친중 언론이나 공산당 매체가 나에 대한 인신공격을 끊임없이 해도, 여러분들이 그저 웃고 넘기며 나를 생각해주는 것에 감사하기만 하다. 하지만 당부하건대, 공개대학교의 친구들은 끌어들이지 말아주길. "조슈아 웡은 정치하면서 이상한 책만 읽더니 결국 공개대

---

*고래는 물고기가 아닌 포유류이듯, 고래대학들은 대학도 아니라는 의미.

학교나 가는구나"라는 말도 한다나. 어쨌든 홍콩에서는 17퍼센트의 수험생만이 대학에 진학하며 대학생의 생활이란 것도 녹록치 않다. 이 수치는 몇 년이 지나도 바뀌지 않는다.

  이제는 다들 내 성적에 관심을 가지지 않았으면 좋겠다. 그 시간에 정치 형세에 관심을 가졌으면 좋겠다. 중국 전인대에서 "행정장관 후보자에 지명되려면 지명위원회 투표에서 과반수를 넘어야 한다"라고 밝혔을 때, 그것은 곧 훗날 홍콩인의 유일한 선택지는 오직 국가를 사랑하고 당을 사랑하는 후보자라는 것을 의미한다. 1인 1표의 보통선거라 하더라도, 사실상 투표권이 없는 것과 마찬가지다. 그런 투표에 대체 무슨 의의가 있겠는가.

정권의 팔뚝을 꺾어나가자

2014년 9월 6일

후기 사회 운동의 규칙이란, 이 글의 제목처럼 있는 힘을 다해 팔씨름을 겨루는 것이다. 점점 커지는 힘으로 꺾기만 한다면 권력자들도 차츰 양보를 할 것이다. 하지만 총동원을 해서 며칠을 점거해도 정부가 양보하지 않았다는 것이 우산운동의 교훈이었다. 만약 점거 행위로도 부족하다면 앞으로 행동은 점점 위험해지고 확대될 것이다. 그러면 행동에 참여할 사람들은 갈수록 줄어들 것이다. 홍콩 전역에서 긁어모아 수천 명에 불과하다면, 수백 명의 '속룡速龍소대'*를 막아내는 것은 상당히 어려워진다. 점거의 효과도 충분치 않고 사람도 없다면 그런 난국을 어떻게 돌파할 수 있겠는가?

전인대 상임위원회는 민주건항협진연맹**의 보수적인 보통선거 프레임을 통과시켰다. '6·4 진상 규명'을 외치던 민주파는 국가의 안전을 위협하는 단체가 되었고, 그렇게 건제파만

---

* 시위에 긴급 투입해 점거 행위를 막는 홍콩 당국의 특별 전술 소대.
** 民主建港協進聯盟. 홍콩의 실질적인 집권 여당. 줄여서 '민건련'이라고도 한다.

이 후보자 등록이 가능해졌다. 정부가 홍콩인들에게 준 것은 북한과 다를 바 없는 '선거'였다. 센트럴 점거를 위한 충분한 준비를 하도록 부추긴 꼴이 되었다. 그렇다면 우리는 남은 시간 동안 센트럴 점거가 발생하기를 마냥 기다려야 할까? 어떻게 해야 정치개혁 운동이 달궈질지는 모든 시민들이 고민해봐야 하는 문제다.

정치개혁 운동은 중국 공산당과 홍콩인 사이의 게임에 끼어드는 것이라는 말이 있다. 센트럴 점거 전후에 어떻게 해야 정권과 홍콩인 간의 협상 기회를 늘릴 수 있을지 궁리했던 과정은 '팔씨름'에 비유할 수 있다. 홍콩인의 팔뚝이 된다는 것은 중국 공산당의 팔뚝에 더욱 많은 압박을 가한다는 것과 같다. 저들은 죽어라 버티다가 손목이 나가거나 손등이 먼저 책상에 닿거나, 둘 중 하나의 결과로 대결의 승패가 갈릴 것이다.

사회 운동의 '링'을 메타포로 삼자. 2003년 50만 명이 거리로 나왔고 재작년에는 12만 명이 밤낮없이 정부 청사를 점거했다.* 정부의 일상 업무는 어그러졌으며 사회의 온도도 달라졌다. 실로 효과적으로 행정에 타격을 입혔다. 가두 항쟁이 확대되었으며 여론도 꾸준히 달궈지면서 이 '팔씨름'에서 정권 쪽의 팔이 기울었다. 홍콩 기본법 23조와 국민교육을 보류할지언정(어쩔 수 없이 팔뚝이 책상으로 고꾸라졌다) 얼마 남지 않은 통치의 위신만은 고수해야 했다(손목은 나가면 안 돼). 마침내

---

* 각각 홍콩 기본법 23조 관련 보안법 시위와 국민교육 반대 운동을 가리킨다.

시민과의 타협이라는 것을 정권이 직접 배우게 되었다.

이런 이유로 학생들은 이 결정적인 6개월에 결단을 내려야만 했다. 즉 '수업은 거부하나 공부는 거부하지 않는다'라는 것이었다. 학생들은 학교가 아닌 광장에 집결해 대학 교수들의 강의를 듣고 시민 교육을 실천하면서, 전국인민대표대회의 불통에 대해 분노를 표했다.

솔직히 말해 중고등학생의 수업 불참석은 대학생보다 대가가 훨씬 큰 게 사실이다. 그렇기 때문에 나 역시 아주 많은 중고등학생들이 동맹 휴학에 참석할 거라고 바라지는 않는다. 하지만 수가 적다고 열세인 건 아니다. 2년 전, 교육부에서 검은 끈만 봐도 화들짝 놀랐던 개학날을 기억한다. 당시 교육부는 국민교육 반대를 표시하는 검은 끈을 달고 등교한 학생과 교사가 몇 명인지 학교 측에 쉴 새 없이 물을 지경이었는데 동맹 휴학은 오죽하겠는가.

중고등학생의 능력을 얕잡아보지 말라. 이들은 일상을 벗어난 이 정국에서, 다시 한 번 정부의 일상적 운영을 흔들 수 있다. 보통선거가 존망의 위기에 처한 이 시간, 나는 역사적 순간이 열리기만을 고대하고 있다. 홍콩에서 이제껏 없었던 중고등학생의 자발적 동맹 휴학, 그것이 중국 공산당 정권이라는 팔뚝을 꺾어나가는 순간을.

내가 믿는 것과
믿지 않는 것

2014년 9월 6일

후기 2014년 9월 7일이 중고등학생 동맹 휴학 대회의 시작이었다. 대회 전날 썼던 이 글에는 이렇게 적혀 있다. '앞으로의 반년은 정치개혁에 결정적인 시기가 될 것이다. 중고등학생은 더 이상 윗세대에게 우습게 보여서는 안 된다.' 오늘 돌아봐도 후회는 없으며 역사는 새로운 세대에 의해 새로 쓰일 것이다.

아침 7시부터 일어나 TV 인터뷰에 갔다가 다른 인터뷰에 응했다. 오후 3시 회의는 내리 11시까지 진행됐고, 그 후에 라이치콕 팩토리 구區에 있는 집에 들어갔다.

집으로 가는 차를 기다리면서 며칠 전 중고등학교 동학들을 만난 일이 생각났다. 그들은 내게 신입생 오리엔테이션 캠프나 프로그램에 가지 않느냐고 물어봤다. 내가 "안 가"라고 대답했더니 깜짝 놀라며 다시 물었다.

"신입생은 다 가는 거 아니야?"

나는 멋쩍어 대답했다.

"1일 프로그램에 가면, 그동안 대책회의도 열릴 테고 인터뷰도 하러 올 텐데. 그리고 캠프에 가면, 그사이에 리페이가 홍콩에 올 거야."

캠퍼스 라이프가 환상이라는 건 둘째 치고, 쉴 시간이 없다는 것이 더 비극이다. 일주일 전에 전국인민대표대회 상무위원회가 보통선거를 짓밟고 중국 공산당이 선발한 사람들만 후보로 등록이 가능하게 해 전쟁의 서막을 올렸다. 일주일 동안 아침부터 저녁까지 시민 교실, 공격, 회의, 글쓰기, 거리 점거까지…. 모든 것이 학생 동맹 휴학을 위한 준비다.

저녁에 집으로 돌아오니 가족들은 전부 잠들어 있었다. 그리고 다음 날 아침 10시에서 11시 사이에 일어났더니 가족들은 모두 출근했다. 이건 마치 집이라기보다는 기숙사에 돌아온 것 같은 느낌이다. 피곤하고 고되고 낯설고 집밥도 멋쩍은…. 이런 생활을 대체 언제까지 버텨야 하는 걸까?

내가 미련하다고 농담처럼 말하는 사람도 있다. 이렇게 고될 것을 알고도, 대학생들보다 중고등학생들의 동맹 휴학이 훨씬 힘들 것을 알고도 벌인 일이다. 호응해주는 학생들이 1만 명도 되지 않는데도 말이다. 다음 주에는 얼마나 많은 리포트와 수업이 있을지. 지금이 입시 때보다 훨씬 힘들다. 그야말로 스스로 고생을 자처하는 꼴인데 왜 더욱 강행해야 하는지. 밀어붙이기 어려운 걸 알면서도 강행하는 이유는 뭘까?

배포 좋게 이렇게 말할 수도 있다.

"학민사조는 어렵지도 않은 건 하지도 않습니다!"

하지만 내 속마음은 이렇다. 중학교 3학년 때에 시위에 참여하기 시작해 지금에 이르렀다. 그리고 사람들이 중고등학생의 학생 운동을 믿어주지 않는다는 것을 직접 겪었다. 모두들 그러한 풍조를 당연하게 여겼다. 그런 인식이 서서히 변하는 것을 꼬박 4년에 걸쳐 지켜보았다. 이제 나는 더 이상 중고등 학생 신분이 아니지만, 여전히 중고등학생들을 믿는다.

학생은 책이나 읽고 기출문제나 풀어야 한다는 말은 믿지 않는다. 학생은 일류 대학, 일류 학과, 대학입학시스템JUPAS에만 신경 써야 한다는 말도 믿지 않는다. 학생은 학생회 활동과 문구용품 판매에 만족하라는 말도 역시 안 믿는다. 학생은 3년 뒤에 투표권이 주어지거든 자신을 대표해주지 못하는, 연세가 반백이 넘은 어르신네들에게 기껍게 그 표를 바치라는 말도 안 믿는다.

앞으로의 반년은 정치개혁에 결정적인 시기가 될 것이다. 중고등학생은 더 이상 윗세대에게 우습게 보여서는 안 된다. 적게는 열두 살, 많게는 열여덟 살인 우리지만, 우리도 똑같이 자신의 미래를 짊어질 능력이 있다.

학교 연합 학생들이여, 우리가 사회에서 할 수 있는 일은 많다. 클럽에 춤추러 가거나 할인 행사를 찾아다니는 것보다 사회에 더 많은 일들이 기다리고 있다.

오늘
하지 못하는 일은
평생 못한다

2014년 9월 25일

후기 동맹 휴학 전, 학민사조는 9월 26일 동맹 휴학의 학생 참가자 수를 자체적으로 '최소 100명, 낙관 300명, 기적 500명'으로 예측했다. 결과는 무려 1,500명이었다. 동맹 휴학에 참여했지만 지금은 학교로 돌아가 일상적인 생활을 하는 학생도 있지만, 역사를 다시 쓴 9월 26일 저녁은 그들도 평생 잊지 못할 장면이 되었을 것이다. 1989년 6월 4일이 윗세대 학생의 계몽이었다면, 2014년 9월 26일은 이 세대 학생의 시작점이다.

밤이 깊었으니 대부분 자고 있을 것이다. 다들 잠에서 깨어나면 나는 그제야 잠을 청할 것이다. 이 글이 올라가고 24시간 뒤면 홍콩 역사상 최초로 학생 동맹 휴학이 시작될 것이다.

마음이 정말 복잡하다. 생각지도 못한 일들이 상당히 빨리 전개됐고 여러분들과 알게 된 지도 벌써 3주다. 이제 내일이면 학생 동맹 휴학의 날이 밝아온다.

쏜살같고 기세등등했던 3주는 모든 것이 갑작스러웠다. 생각지도 못하게 18일 전 여러분과 만났고, 우리가 함께 이 길을 걷게 되었다.

전단지와 리본을 나눠주고, 교장에게 설명하고, 동맹 휴학을 유세하고, 매주 회의에서는 형세를 가늠하고, 가족에게 양해를 구하고, 갑작스러운 인터뷰에 응하고…. 원래 일상에 없던 일들이 하교 뒤에 여러분의 개인 시간을 잡아먹었다면, 그리고 학업 스트레스로 이미 고생하던 중이었다면, 더더욱 이런 일들은 아무리 해도 좋은 소리를 들을 리 없다.

다들 어떤 마음일지 모르겠다. 이렇게 하면 좋을 게 뭐가 있을지 회의감이 들었을 수도 있고, 친구들의 차가운 눈초리를 받았을 수도 있다. 예고 없이 닥쳐오는 변화에 적응하지 못하고 기까지 죽는 것이 가장 짜증났을 것이다.

전우인 나는 비록 여러분을 한 명 한 명 알지는 못하지만 학생들이 조직되는 것을 내 두 눈으로 똑똑히 봤다. 여러분은 교내에서 분위기를 살리기 위해 더 많은 시간과 힘을 들였을 것이다. 첩첩이 겹친 장애물들 속에서도 돌파구를 찾고자 했을 것이다. 학생 여러분이 쏟는 힘에 비해 나 대학생이 쏟는 힘은 훨씬 보잘것없다.

학민사조에서 아무리 적극적으로 활동했더라도 교정으로 돌아가면 여러분은 외톨이로 싸워야 한다. 생판 모르는 교장이나 엄격한 교사들을 마주하고 동맹 휴학에 참가한 이념을 설명하거나 리본을 나눠준 이유를 진술해야 한다. 선생님이나 친구들의 비웃음을 받아내는 것이야말로 정말 못할 짓이다. 하지만 여러분은 자기 자신을 돌파하는 법을 깨달았고 어른이 부여한 학생의 스테레오 타입을 벗어나는 방법을 체득했다. 학생의 본질을 되찾고 미래를 짊어진다는 것. 그것 자체로 여러분의 불만은 증명되었다.

여러분의 불만에는 '현재의 화합하는 상황에 만족하지 않겠다'는 의지가 자리 잡고 있다. 그간의 3주는 학생들에게 소중한 수업 시간이었으며, 앞으로도 다시없을 나날이었다. 이 추세가 그대로 가야만 우리의 수업은 지속될 것이다. 여러분들이 일어날 때 전면 정치화의 시대가 도래할 것이며, 이때 소년의 엄격한 질책이 있을 것이다. 어른들은 무슨 근거로 그들의 것도 아닌, 오직 우리에게 속하는 미래를 결정한단 말인가? 역사에 여러분의 이름이 기록되리라는 보장은 없지만, 여러분은 틀림없이 역사를 쓰는 사람들이 될 것이다.

앞으로 반년 동안 수업은 끊이지 않을 것이다. 종강은 언제일지 모른다. 역사의 홍수가 우리를 이 시대에 살도록 했으니 우리는 응당 이 시대에 발붙여 살아가야 한다. 이 시대의 외침을 위해, 이 붕괴의 시대를 위해 확고한 진지를 마련해야 한다. 더 나은 앞날을 되찾자. 이 모든 것을 이룩하자.

우리 세대의 미래는 우리가 되찾아와야 한다. 내일이 바로 앞서서 나아가야 할 순간이다. 학생이 빨간 단추를 누르면, 대중은 사회가 어떤 지경이 되었는지 경각심을 가지게 될 것이다.

오늘 하지 못하는 일은 평생 못한다.

내일 정부 청사에서 만나 거리의 수업을 들읍시다.

맞습니다
지금 돌격하자는
호소입니다

2014년 9월 26일

후기 9월 26일 해질 무렵, 학민사조와 학련은 연합 비밀회의를 가졌다. 이날 밤 집회를 끝내고 '공민광장 재탈환'을 다음번 행동 목표로 삼았다. 대학생과 중고등학생의 동맹 휴학을 지속하는 한편, 홍콩 정부가 학생들의 요구를 무시한 것에 대해 불만을 표현하기 위해서다. 선두 부대가 공민광장으로 돌진하는 것이 원래의 계획이었다. 무대에서 마이크를 쥔 학민사조와 학련의 대표가 사람들에게 참여를 호소했다. 하지만 선두 부대는 먼저 앞서가지 않은 상태였고, 군중은 집회를 마친 뒤 떠날 생각들이었다. 형세가 불리해질 것이 뻔해 보였다. 어디서 났는지도 모르는 마이크를 들고 시간을 끌어 군중들이 현장에 남게 유도했다. 발언을 하기는 했지만 사실 생각나는 대로 말해버려 현재의 행동과는 전혀 관계가 없는 내용이었다. 하지만 기묘하게도 내가 선동자가 되어 얼마 지나지 않아 3미터 넘게 사람들에게 둘러싸였다(정말 조슈아 웡이 어느 사이에 그렇게 대단한 인물이 되었는지 모를 일이다). 그리고 나는 세 개 규정 위반으로 경찰에 체포되었다.

어떻게 당일 공민광장 돌진이 가능했을까? 어떻게 공민광장 대문을 처음부터 돌파할 수 있었을까? 선두 부대는 어떻게 조직되었을까? 하하. 모든 것이 기밀인데 어떻게 누설하나. 다만 원래 계획은 그저 공민광장을 며칠간 점거한 뒤 애드미럴티에서 대열을 이끌고 센트럴 점거 행동에 참여하는 것이었다. 사회 운동의 도화선은 전혀 예상치 못한 곳에서 발생했다. 그날 밤 계획대로 행동했거나 다른 실수가 있었다면 역사는 달리 쓰였을 것이다.

시민 여러분 안녕하십니까. 저는 학민사조의 조슈아 웡입니다. 오늘의 집회는 끝났지만 일단 제 허심탄회한 발언을 듣고 자리를 떠주시길 부탁드립니다.

조금 전에 제가 무대에서 말하길 "우리의 민주주의 쟁취를 다음 세대까지 미루고 싶지 않습니다"라고 했습니다. 그 말대로 우리 학생들은 지난 3주 동안 정말 엄청난 압박감을 느꼈습니다. 동맹 휴학을 처음 준비했을 때가 생각납니다. "학생 동맹 휴학이 성공하겠어? 학생들이 얼마나 나오는지 보면 알거야"라고 말한 사람도 있었죠. 학민사조가 고작 300명이라는 것도 사실이긴 합니다. "동맹 휴학을 한다고? 사람들(대학생)은 만 단위나 단위로 치지." 그때는 정말 찬물을 몸에 끼얹은 듯했습니다.

9월 8일, 학민사조는 중고등학생 정치개혁 대회에 시동을 겁니다. 100명 정도 참여한 자리에서 제가 물었습니다. "동맹 휴학을 하고 싶은 사람이 있나요?" 그랬더니 60퍼센트의 학생이 손을 들더군요. 그때 저는 "60명이 뭘 할 수 있을까?"라고 스스로 물었습니다. 이 60명의 사람들을 통해서 정말 홍콩 역사상 최초로 아래로부터의 중고등학생 동맹 휴학이 탄생할 수 있을지. 행동의 실패를 두려워하며, 부작용을 걱정하며, 시위가 약해지는 것에 대해 걱정하며, 그렇게 끊임없이 자신에게 물었습니다.

3주 동안 저는 세상에는 바뀌지 않을 것 같던 것도 바뀔 수 있다는 걸 알았습니다. 이 자리에는 학교 연합의 정치개혁팀 소속 친구들도 있겠습니다만, 9월 8일 대회를 마친 뒤 학민사조에서도 딱히 밀어붙일 이야기가 없을 때가 있었습니다. 하지만 그때 여러분들이 페이스북에 이런저런 페이지와 왓츠앱 그룹을 자발적으로 개설했던 일이 생각납니다. 한 시간 정도 휴대폰을 껐다 켰더니 500~600개의 알림이 떠 있더군요. 채팅방에서는 "어떻게 해야 친구들에게 1인 1표가 진짜 선거가 아니라는 걸 알릴 수 있을까"를 주제로, 주변 친구들의 마음에 각인시켜보자는 이야기를 나누고 있었습니다. 저는 말을 아꼈지만 학생들은 자발적으로 참여하며 적극적으로 학민사조에게서 전단지를 받아가기도 했습니다. 9월에 접어든 우리는 이틀에서 사흘 꼴로 각 학교로 찾아갔습니다. 적어도 3만 장의 전단지를 뿌렸어요. 그렇게 동맹 휴학을 온라인에서 현실 세계로 끄집어냈습니다.

페이스북에서 정치 뉴스를 보는 사람이 얼마 안 된다는 것을 잘 압니다. 홍콩 내에서 10퍼센트도 채 안 될 거예요. 우리는 10퍼센트를 100퍼센트로 늘리기 위해, 10퍼센트가 대다수의 주류 의식이 되도록 하기 위해, 설령 지지를 받지 못하더라도 대중이 학생들의 동맹 휴학을 이해해주길 원했죠. 조직적인 업무가 우리가 비빌 언덕이었습니다. 9월 중순이 지나 학교 수가 100곳을 넘었습니다.

(공민광장에서 소란스러운 소리가 들려온다.)

맞습니다. 지금 저와 함께 공민광장으로 돌격하자는 호소입니다!

(조슈아 웡은 공민광장으로 진격했으며 이내 붙잡히고 만다.)

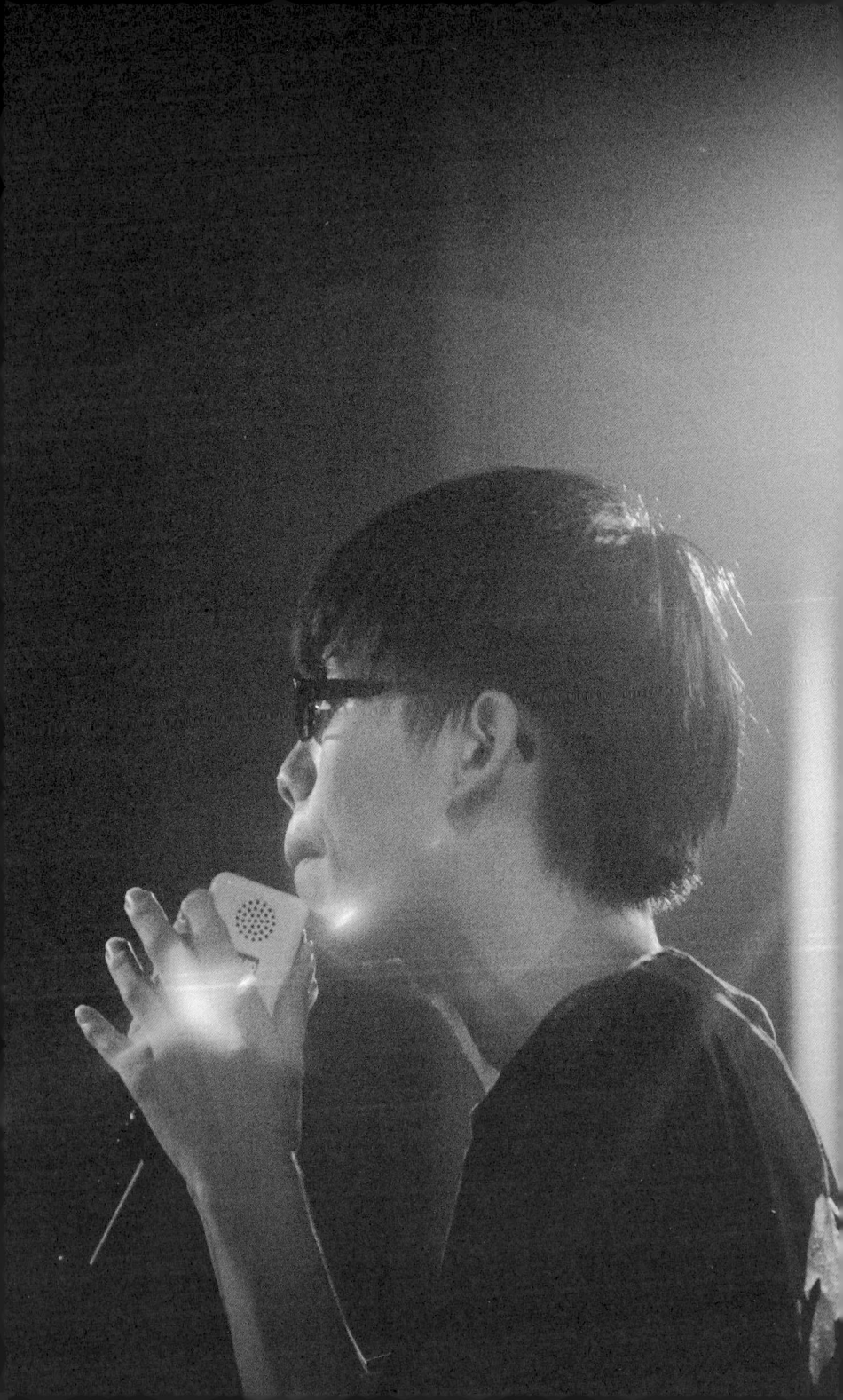

제3부

우산운동의 시작

/ 2014년 9월부터 12월까지 /

우리는 우산운동에 앞서 국민교육 반대 운동에서 열흘간의 점거를 겪어봤다. 그러나 2012년의 소중한 경험에도 불구하고, 70여 일간 이어지는 점거 앞에서 하나하나가 큰 난제로 다가왔다. 어떻게 전략을 짜고 어떻게 홍콩 정부와 중국 공산당에 맞설 것인지, 어느 때에 어떤 조치로 상대편의 계획을 흐트러뜨릴지, 아울러 급진파와 온건파의 입장에 어떻게 응답할지까지.

같은 길을 가는 동지에게서 비판을 받을 때, 특히 무대 철거나 행동 수위에 관한 논쟁이 벌어질 때면, 나 역시 이에 대해 수많은 분석을 했고 여러 관점들에 귀를 기울였다. 이것이 우산운동에서 가장 나를 지치게 한 부분이기도 하다. 그저 나 자신이 모든 사람을 만족시킬 수 없다는 것을, 또 다른 사람을 만족시키기 위해 살아선 안 된다는 것을 되뇌었다. 70일이 넘는 이 시간이 미래의 운동을 준비하기 위한 경험치가 되길 바란다. 사회 운동 조직은 책을 읽고 지식을 얻어 준비할 수 있는 일이 아니기에.

미래에 홍콩에서 우산운동보다 더 큰 거리 점거가 일어날 것임을 나는 굳게 믿는다.

저희는
조슈아가
자랑스럽습니다

2014년 9월 27일

후기 체포된 뒤 새벽이 되자 전우들은 한 사람씩 보석으로 경찰이 풀어주기를 기다리고 있었다. 나 혼자 경찰서에서 두 번째 밤을 보내리라고는 미처 예상하지 못했다. 일반적으로 유치장에 구금되면 한 방에 갇히는데, 나는 혼자 별도의 방에 떨어져 있어야 했다. 수십 시간 동안 아무와도 말을 하지 않고 있으려니 정말 괴로웠다. 나 말고 구속된 뒤 경찰서에 40시간 이상 억류된 사람은 그동안 없었을 것이다. 결국 고등법관에 의해 '경찰이 조슈아 웡을 억류하는 것은 타당치 않다'는 판결이 내려졌다. 그제야 그들은 46시간 만에 나의 보석과 인신의 자유를 허용했다(경찰의 용의자 억류 제한시간은 최대 48시간이다). 경찰서를 나서는 순간 자유의 소중함을 온몸으로 느낄 수 있었다. '이제 화장실에서 경찰의 감시를 받으며 볼일을 보지 않아도 되겠구나.' 그런데 지금 돌아보면 그보다 더 중요한 점이 있다. 경찰은 나를 풀어주면 내가 더 많은 사람들을 동원해 거리로 나설 기회를 주는 꼴이라고 판단했다고 한다. 그래서 풀어주지 않았다는 것이다. 하지만 전반적 운동의 흐름을 보면, 결과적으로 경찰의 비합리적 구금이야말로 사람들이 애드미럴티로 나서게 된 원인 중 하나였다. 영상에서 사람들이 애드미럴티의 하커트 로드에 모여 "조슈아 웡을 석방하라"라고 외치고 있는 모습을 다시 보고 있자니, 어떤 면에서는 흑경*들이 나를 비합리적으로 억류한 것에 대해 '감사'를 해야 할 듯하다.

• 조슈아 웡 부모의 공개서신

오늘 저녁 우리 아이 조슈아의 변호사로부터 소식을 전해 들었습니다. 조슈아가 경찰서에 구금된 채 두 번째 밤을 보내야 한다더군요. 조슈아는 지금 25시간 넘게 구류되어 있습니다. 하지만 경찰 측에서는 여전히 아이가 언제쯤 석방될지에 대한 확답을 거부하고 있습니다. 변호사는 조슈아의 기소 사유나 나이, 그리고 형사 기록이 전혀 없다는 점을 볼 때, 조슈아가 계속 구금되어 있는 것은 아무런 법률적 이유가 없는 일이라고 말합니다. 그렇기 때문에 우리는 조슈아가 계속 붙잡혀 있는 것은 정치적 이유라고, 심지어는 정치적 박해라고 보고 있습니다.

우리는 조슈아가 어릴 때부터 가르치기를, 진심으로 타인을 생각하고, 보살피고, 원칙과 충직함을 지닌 사람이 되라고 했습니다. 더 아름다운 홍콩을 위해, 그 아이의 세대와 우리 세대를 위해, 조슈아가 한 모든 일들이 자랑스럽습니다. 우리는 조슈아를 매우 아끼고 사랑합니다. 경찰 측에 권력 남용을 멈

---

* 黑警. 경찰을 낮잡아 부르는 멸칭.

출 것을 요구합니다. 겨우 열일곱 살 된 우리 아이 조슈아를 즉시 석방하십시오.

조슈아의 아빠, 엄마

석방 후:
해야만 했던 말들

2014년 10월 1일

후기 만약 학련과 학민사조가 대중에게 10월 1일 행동 수위를 높일 것을 호소했더라면 역사가 어떻게 바뀌었을까? 아무도 알지 못한다. 책을 출판하려는 시점에 이 글을 다시 읽었다. 오늘의 나는 그날의 판단에 100퍼센트 동의하지는 않는다. '역사에는 만약이 없다'고 하지 않는가. 다만 지난 일을 회고하고 미래를 전망하며, 경험을 축적해갈 뿐이다. 국민교육 반대 운동을 거치고 우산을 들고 난 후, 다음번 운동에서는 내 판단이 좀더 빠르고 정확해지기를 바랄 뿐이다.

46시간 넘게 구류되어 있던 끝에 풀려나서 시민들이 있는 거리로 갔다. 애드미럴티, 센트럴, 코즈웨이 베이에서 본 광경은 내 예상을 완전히 뛰어넘는 것이었다. 어느 누구도 상상하지 못한 방향으로 운동이 전개되고 있었다. 몹시 복잡한 마음이 들었다. 기쁘기도 하고, 걱정스럽기도 했다. 이토록 만감이 교차하는 이유들을 아래의 글에 담아본다.

홍콩인 한 사람 한 사람의 힘으로

구류되었다가 석방된 때문인지, 많은 시민들이 나를 향해 "홍콩이 당신에게 의지하고 있어요"라고 말하거나, 심지어는 "영웅"이라고 부르는 것을 들었다. 마음이 정말 편치 않았고, 사실 반감마저 들었다. 그사이 시민들은 후추 스프레이를 맞고 최루탄 공세에 맞서며 국가 기관의 탄압 속에서 버티고 있었다. 같은 시각, 정작 나는 하등 쓸모없이 밥그릇을 앞에 두고 유치장의 벽을 멍하니 바라보며 하염없는 무력감을 느꼈다. 시민들은 스스로 나서서 도로를 평화적으로 점거했다. 모두의 고생에 나는 정말 부끄러워졌다.

이번 자발적 점거 운동은 정말 그 누구의 리드도 없이 이루어졌다. 학련과 학민사조, 혹은 '센트럴을 점거하라' 3인방이라도 이런 운동의 발발을 저지할 수 없다. 주인공은 한 사람 한 사람의 홍콩 시민이었다. 행여나 '센트럴을 점거하라' 측이 렁춘잉 행정장관의 바람대로 점거 운동 중지를 선포한다고 해도(물론 이는 100퍼센트 불가능한 일이다) 시민들은 계속 거리로 나설 것이라고 확신한다.

요구를 또렷이 할 것

시민들은 '센트럴을 점거하라' 3인방 때문에 점거 행동에 나선 것이 아니다. 학련과 학민사조 때문에 도로를 막아선 게 아니다. 근본적으로는 자신이 품고 있는 정치적 요구가 있기에 거리로 모여든 것이다. 시민들이 "어울려서 놀려고" 거리에 나오는 게 아니냐고 묻는 이들도 있다. 하지만 나는 모든 홍콩인에게 말하고 싶다. 집회에 참여한 이 시민들은 또렷한 정치적 요구를 갖고 있다고 말이다. 시민의 자주적 시위가 열렸다는 것은 참여자 개개인의 정치적 판단을 전제로 한다. 그 판단이 꼭 내가 외치는 요구와 완전히 일치할 필요는 없다. 나의 요구는 다음의 세 마디로 요약할 수 있다. '시민 지명을 쟁취하라. 전인대의 결정을 철회하라. 렁춘잉은 하야하라.'

다시 한 번 나의 요구를 간략히 꺼내든 것은, 여러분이 집회 현장에서 설령 분위기가 그리 뜨겁지 않을지라도, 혹은 대중들의 사기가 그리 고조되지 않을지라도, 심지어 어떤 경우에는 이게 무슨 '축제'냐는 비판을 들을지라도, 자신의 또렷한 요구를 기억하기를 바라는 마음에서다. 집회에 나간 것이 페이스북에 인증을 하기 위해서는 아닐 것이다. 인스타그램에 태그해 스스로 괜찮은 사람이라고 느끼기 위해서도 아닐 것이다. 나는 집회 참여자의 자주성을 존중한다. 집회의 분위기가 24시간 내내 그렇게 엄숙해야 하는 것도 아니다. 다만 한 가지를 기억해주길 바란다. 당신이 참여한 것은 그냥 정치 집회가 아니라 시민 불복종이라는 것을.

모두에게 죄송하다는 말씀을 드리고 싶다. 집회 참여자 수가 우리의 예상을 뛰어넘었다. 마지막 점거 규모가 이 정도로 말도 안 되게 확대될 거라고는 전혀 예상하지 못했다. 절정기 인원이 20만 명을 넘긴 것으로 보고 있다. 그러다 보니 피케팅 및 물자관리 인원이 턱없이 부족했다. 센트럴에서 코즈웨이 베이에 이르는 범위를 현장 중계할 수 있는 음향 설비를 홍콩에서 구할 수도 없었다. 나와 학생계의 전우들 역시 방법을 찾고 있다. 부족한 점이 있더라도 널리 양해해주시길 부탁드린다.

___ 점거 운동의 방향에 대해서

운동의 방향에 관해 하고 싶은 말이 있다. 여러분께선 자신이 거리에 앉아만 있는 것이 아무런 효과도 없는 일이라고 생각하지 말았으면 좋겠다. 경찰 측에서 며칠간 움직임이 없다고 해서 집회를 하는 의미가 없다고 여기지 말길 바란다. 사실 사람들의 집결이 바로 홍콩인의 가장 큰 패다. 렁춘잉 행정장관의 입장이 되어보라. 관저인 예빈부에서 창문을 열어 아래를 바라보았는데, 센트럴에서부터 코즈웨이 베이까지 새까맣게 인파가 몰려 있다면, 더군다나 그들이 자기더러 하야하라고 요구하고 있다면, 당신이라면 무섭지 않겠는가? 홍콩인이 대중 동원의 패를 극대화하고 동원력을 선보여야 할 때다. 이 패로 중앙정부의 손에서 보통선거를 되찾고, 렁춘잉에게 가짜 보통선거와 최루탄 사건의 책임을 지고 하야할 것을 요구하는 것이다.

이것이 10월 1일의 목표다. 현재 경찰도 그리 많이 배치되어 있지 않고 휴일이기도 한 만큼, 오늘 인원 수는 최대치를 기록할 것으로 보인다. 안전이 어느 정도 확보된 상황인 만큼 주변의 친구들을 불러 함께 3대 점거 현장인 애드미럴티, 코즈웨이 베이, 몽콕으로 모여주시길 간절히 바란다. 와서 전선을 지켜달라. 10월 1일 국경절에 10만인이 거리를 점거한다면, 렁춘잉도 분명히 응답할 것이다.

대중이 오히려
리더를 이끈다

2014년 10월 8일

후기 어쩌면 온건파 입장에서는 우산운동이 일어나지 않았더라면 좋았을지도 모르겠다. '센트럴을 점거하라' 측은 며칠간 점거를 하고 체포된다는 속셈이었다. 갑자기 예상치 못하게 우산운동이 일어나면서 모두의 시나리오가 흐트러지고 말았다. 한때 점거운동을 지지했던 여론 지도자라도 자신이 상황을 통제할 수 없게 되자 "좋게 물러나자"고 호소했다. 여론 지도자 역할을 하기 전에 먼저 겸손을 배워야 할 거라는 생각이 든다. 모든 일이 자신의 뜻대로 될 수 없다는 사실을 말이다. 나의 경험상 리더 직을 맡을 때는 다방면을 두루 고려하는 것이 필요하다. 리더가 대중을 리드한다는 것은 사실 정확한 표현이 아니다. 오히려 전환점이 마련되는 지점에서는 대중이 리더를 이끌 때가 많았다.

10월 8일 추기경 할아버지께서 애드미럴티로 학생들을 보러 오셨다. 와서 오랫동안 자리를 지키느라 지칠 대로 지친 학생들을 지지해주실 줄 알았는데 그게 아니었다. 할아버지는 대형 언론들을 통해 학생들에게 "어리석다"고 말하며, 학련은 즉시 거리에서 철수하라고 엄정하게 요구했다.

나는 조지프 젠 추기경이 학생들을 위하는 마음에서 그랬다는 것을 추호도 의심하지 않는다. 그는 학생들이 중립적인 다수 시민들의 지지를 얻고, 이를 통해 운동이 성과를 얻을 수 있기를 바랐던 것이리라. 그러나 만약 우리가 '시민의 각성'과 '국제 여론의 주목' 때문에 현재 상황에 안주하고 곧 현장을 철수한다면, 이는 결국 정부와 담판할 수 있는 가장 중요한 패를 버리는 것이다.

추기경의 말대로 즉시 점거를 중지한다면, 정치제도 개혁상의 어떤 실질적인 성과도 얻을 수 없다. 이뿐만이 아니다. 앞으로 시민 사회가 더욱 피로하고 무력해지는 결과를 불러올 것이다. 이번 운동에서 시민 사회가 총동원되었다. 절정기에는 20만 명이 센트럴, 애드미럴티, 완차이, 코즈웨이 베이, 몽콕을 점거했다. 만약 이 정도의 힘을 들이고도 아무런 성과를 얻지 못한다면 어떻겠는가. 이제 막 정치적으로 각성한 시민들은 앞으로 시민 사회의 거리 행동에 대해 멀찍이 응원만 할 뿐, 다시는 적극적으로 운동에 참여하지 않게 될 것이다. 힘을 쏟아부어도 성과가 없을 것 같기 때문이다.

실질적인 성과를 얻기 전에는 절대로 점거를 중지할 수 없다. 이 지구전을 견디겠다는 것이 나의 선택이다. 오늘 철수한다면 87발의 최루탄을 맞아가며 힘겹게 애드미럴티를 지킨 '우산인'에게 면목이 서지 않을 것이다. 신문을 보고 더욱 마음이 아팠던 점이 있다. 추기경이 학련, 학민사조 등 학생계 친구들과 의견이 달랐다면 사실 우리와 따로 토론을 할 수도 있었다. 그랬더라면 설령 입장이 달라도 서로 이해할 기회가 있었을 것이다. 그런데 왜 꼭 공개적으로 학생들에게 의문을 제기하고, 심지어는 "어리석다"는 말로 자신의 동지를 질타한 것일까? 운동에 대한 생각이 다를 수 있다. 하지만 공개적으로 동지를 비판하는 것은 일반 시민들에게 민주파 내부에 다시 분열이 생겼다는 인식을 줄 수 있어 걱정스럽다.

모처럼 학련, 학민사조, 3인방, 정당, 민간단체가 하나가 되어 각자의 위치에서 이번 점거 운동을 위해 역할을 했다. '학련이 센트럴 점거를 가로챘다'*고 분개하는 모습은 아마 많은 시민들이 보기에 좋은 광경은 아닐 것이다. 단결의 힘이 얼마나 중요한지 알고 있다면, 공개적으로 거센 비판을 하거나 심지어는 학련을 향해 정치적 판단을 하는 것은 운동에 아무런 도움이 되지 않는다. 오히려 해를 끼치게 된다.

지금 운동은 이미 누가 누구의 것을 가로챘다거나 누가 누구를 이끈다고 할 수 없게 되었다. 내가 종종 강조했듯이 이번 점거 운동은 결코 학생계에서 일으킨 것이 아니다. 홍콩인들이 애드미럴티 하커트 로드로 모여들던 그 순간, 나와 알렉스 차우(학련 비서장)와 레스터 셤(학련 부비서장)은 사실 유치장 안에 우두커니 앉아 있었을 뿐이다. '센트럴을 점거하라' 3인방과 의원들 역시 공민광장 바깥에서 자기 역할을 하고 있었

---

* 당초 '센트럴을 점거하라' 측은 10월 1일 센트럴을 점거하겠다고 예고했다. 그런데 9월 학련과 학민사조 등의 시위로 사태가 급진전되며, 학생계가 시위를 주도하는 양상을 띠게 되었다.

다. 이 점거 운동은 어떤 오피니언 리더, 학생, 단체가 일으킬 수 있을 만한 것이 아니었다.

나는 조지프 젠 추기경이 알아주기를 바란다. 시대가 달라졌다는 것을, 그리고 운동을 누가 주도하는가는 이제 그리 중요하지 않다는 것을. 20년 전 전통적인 민주파가 집회 활동을 할 때에 비해, 오늘날의 대중은 더욱 높은 자주성과 독립적인 사고를 지니고 있다. 추기경 할아버지께 간청한다. 대중이 점거를 계속할지 말지는 결코 학련 혹은 그 어떤 소수의 사람이 결정하는 것이 아니란 걸 알아주셨으면 한다.

우리가 늘 하던 말이 있다. '대중 운동은 대중을 믿어야 한다.' 그 말대로 대중의 역동성과 자주성은 이미 우리의 상상을 초월했다. 학련이 잘못된 길을 가고 있는 게 아닌지 의문을 던지거나, 심지어는 알렉스 차우 등과 같은 이들이 내린 결정이 매우 어리석다고 질책하며 동지에게 압박을 주는 것보다는, 무대에 올라가 마이크를 들고 이렇게 묻는 게 나을 것이다. "만약 학련과 학민사조가 오늘 저녁에 현장을 떠난다면, 여러분은 철수하시겠습니까?"

대중의 반응을 들어보라. 그 묵직한 외침이 바로 점거자들의 생생한 민의다.

참을 수 없는
흑경의 폭력

2014년 10월 15일

후기 점거 운동이 끝나기 전, 한 참가자가 비 오는 날에 경찰에게 우산을 씌워주었다. 이 행동은 많은 사람들의 찬사를 받았다. 그러나 점거가 끝난 후 이제 좌익도, 본토파도, 노란 리본*도 다시는 그런 역겨운 행동을 하지 않을 것이다. 점거 운동이 성과를 내지 못했다고들 하지만, 이 운동을 거치며 그전까지 대중이 경찰에 대해 가지고 있던 좋은 이미지가 산산조각 났다. 어떤 공개 활동으로도 대중의 뇌리에 박힌 '흑경'의 인상을 바꿀 수 없기 때문이다. 경찰이 폭도처럼 시민을 잡아 때리는 장면, 그 어두운 상은 쉽게 지워지지 않는다.

언젠가 나는 집회 현장에서 마이크에 대고 이렇게 말한 적이 있습니다. "일선 경찰들은 모두 월급을 받고 일을 하는 것일 뿐입니다. 그들이 하는 일은 모두 상부의 지시를 수동적으로 따르는 것입니다. 우리 시위자들은 경찰의 무력 사용을 일

---

* 2014년 우산운동 기간 동안, 학생들의 수업 거부와 뒤에 이어진 점거 운동을 지지하는 사람들을 말한다. 반대파는 '파란 리본'을 달아 이에 맞섰다.

선 경찰들의 책임으로 돌려서는 안 됩니다."

안타깝게도 오늘 새벽, 경찰이 사회 활동가 한 명을 체포해 갔습니다(공민당 당원이자 선거위원회 1,200명 중 한 명인 켄 창). 경찰들은 그를 타마르공원의 어두운 구석으로 끌고 가서 4분간 가차 없이 구타했습니다. 나는 더 이상 집회 현장에서 위와 같은 말을 내 입으로 다시는 할 수 없게 되었습니다.

누군가 물었습니다. 다음 스텝에서 우리가 어떤 일을 할 수 있을까요?

솔직하게 말하자면, 월요일에 일어났던 강제 해산부터 시작해서 오늘까지 발생한 일들도 미처 다 소화하지 못하겠습니다. 친구들이 생일에 보내온 축하 메시지에 답장할 마음과 시간의 여유도 없었습니다. 그런데 오늘 아침 경찰 측에서 뻔뻔하게도 언론을 통해 "행동 중에 시위자의 부상은 없었다"고 밝히는 것을 보았습니다. 우리는 곧 사진과 영상으로 주변의 이모, 고모, 친지, 친구들에게 폭력을 사용한 것이 누군지, 누가 '폭도'라는 이름에 어울리는지 알려야만 했습니다.

문득 이런 말이 생각납니다.

어릴 때 나는 엄마아빠에게 말했죠. "여기 경찰이 많아요. 나는 안전해요!"

자라서 나는 엄마아빠에게 말하죠. "여기 경찰이 많아요. 나는 위험해요!"

경찰의 폭력을 절대 용인하지 않겠습니다. 오늘 저녁 애드미럴티에서 만납시다.

매와 비둘기
레퍼토리

2014년 10월 18일

후기 점거가 거의 3주에 접어들었을 때 관과 민이 가진 패는 솔직히 비등비등했다. 역사상 있었던 여러 도시들의 체제개혁 사례를 분석한 글을 읽은 적이 있다. 정부 내의 온건파와 재야 세력의 소통을 통해서 계기가 마련되고 기적이 일어날 수 있었다고 했다. 그러나 공산당 통치 아래서 그러한 집권 세력과 재야 세력 간의 각축을 홍콩에 적용하는 것은 그다지 적절하지 않은 것으로 보인다.

당 중앙에서는 점거 운동을 색깔 혁명으로 규정한다. 매체에서는 멋대로 학생들을 한도 끝도 없이 욕심을 부리는 폭도로 묘사하며, 학생들이 시민의 생계와 삶을 담보로 게임을 한다고 말하고 있다. 그러는 사이 점거자들이 이미 대중에게 최대의 선의를 내밀었다는 사실을 아는 사람은 아무도 없다.

공무원은 출근을 위해 애드미럴티 다리를 개방해주길 원했다. 점거자들은 이를 받아들였다. 경찰들은 교대 근무를 할 수 있도록 행정장관 집무실 외부에 설치된 바리케이드를 치워달라고 했다. 점거자들은 이를 받아들였다. 시민들은 교통 혼잡을 줄이기 위해 퀸즈웨이를 개방해달라고 했다. 해당 구역을 지키고 있던 사람들은 공동으로 결정을 내렸다. 이들은 정부가 원래 공공 공간에 해당하는 공민광장을 개방하면 즉시 퀸즈웨이에 차가 다닐 수 있도록 길을 터주기로 했다.

   3주 동안 정부와 경찰은 철저하게 학생들을 우롱했다. 10월 2일에 정부가 처음으로 학련의 요구를 받아들였다. 학련이 동맹 휴학을 시작할 때부터 줄곧 제기했던 요구였다. 학생과 정부 간의 공개대화를 진행해달라는 것이다. 그런데 바로 다음 날 경찰은 폭력 조직을 종용해 몽콕에서 시위자를 구타하도록 했다. 정부는 민심을 모두 잃었고 대화는 보류되었다.

   대화가 보류된 이후 점거자들은 위에서 말한 것과 같이 몇 번이고 거듭해서 중도파의 지지를 얻기 위해 노력했다. 그리고 일곱 명의 '흑경'이 켄 창을 4분간 무자비하게 폭행했다는 혐의를 받고 있다. 정부는 민의가 끓어오르는 것을 의식한 듯 10월 16일에 학련에게 대화를 다시 진행하자고 제시했다. 그들은 이것으로 대중의 분노를 누그러뜨리고자 했다. 그런데 다음 날 몽콕에 경찰을 보내고는 레미콘과 크레인을 동원해 바리케이드를 밀어버리고 점거자들을 내쫓았다.

   민의가 들썩일 때마다 정부의 강경책과 회유책 레퍼토리가 연출된다. 비둘기파인 정치개혁 3인조는 대중에게 담판을 전개하겠다고 선언한다. 이것으로 운동에서 돌출된 모순을 냉각시키고, 학생계의 행동이 다음 단계로 나아갈 가능성을 봉쇄한다. 이때 매파는 재빨리 무력을 동원해 점거자들을 몰아낸다. 심지어는 피를 내서라도 점거 구역을 줄이고 점거자의 사기를 꺾으려고 한다.

매파와 비둘기파의 분업은 눈에 훤히 보이는 수법이다. 달마다 같은 레퍼토리를 반복해 연출하면서 학생계를 딜레마에 빠뜨리려고 한다. 학생계에서 대화 중지를 선언하면 학생계는 '소통하려는 마음이 없다'는 비판을 들을 것이다. 그렇다고 계속 정부와 대화를 하겠다고 하면, 대중으로부터 '정부의 강제해산을 내버려둔다'는 비판을 받게 될 것이다.

학생계는 어찌할 바를 모른 채 정부의 매와 비둘기 레퍼토리가 거듭 상연되는 것을 지켜보고 있다. 정부가 대화를 요청한 뒤 다음 날 무력을 사용하는 일이 반복되다가 운동이 다시 교착 상태로 빠지지는 않을지 우려된다. '대화'와 '행동' 중 한 가지를 선택할 것인가, 아니면 두 가지를 병행할 것인가? 무한 루프의 시나리오에서 돌파구를 찾을 수 있는 실마리가 여기에 있다.

새로운
시민투표가
필요하다

2014년 11월 3일

후기 온건파와 급진파가, 또 싸우는 자와 살아가는 자가 병존할 때 비로소 일이 성사되는 것이리라. 점거 운동이 지난 후 '평화, 이성, 비폭력, 비저속어'의 4대 가치는 비웃음을 샀고, 선전교육 업무는 언제나 사람들에게 무시를 당했다. 이런 상황에서 어떤 이는 스스로 도덕적 우월감에 젖어 다른 사람들을 '홍콩 돼지'라고 욕하고, 행동을 할 때는 다른 사람들이 대가를 치르려 하지 않는다고 원망하기도 한다. 그러나 그럴 시간에 옆 사람을 감화하기 위해 노력하는 편이 나을 것이다. 잊지 말자. 우리 역시 각성하기 전에는 개돼지였다. 단지 우리는 좀더 일찍 깨어났을 뿐이다.

캐리 람 정무사 사장을 필두로 한 정치개혁 3인조와 학련 간의 공개대화가 진행되었다. 대화가 끝난 뒤 온건파는 관료들이 제시한 '민정 보고'와 '다양한 장'이 효과적으로 점거자들의 분노를 해소할 수 있을 거라고 여겼다. 그런데 어찌된 일인지 대화가 끝나고 지금까지도 정부는 '민정 보고'에 기재된 준칙들이나 '대화의 장' 마련 방법을 제대로 지키지 않고 있다.

이와 관련해 정해진 일정이나 노선 역시 허술하다. 대중들은 정부의 두 가지 건의가 유명무실한 술수에 불과했던 게 아닌지 의심하게 되었다. 정부에 대한 우산운동 중견 인사들의 반감은 오히려 더욱 커져갔다. 이는 현재 단계의 점거자들이 공통적으로 '장기전'을 각오하게 되는 결과를 야기했다.

— 한없는 점거만으로는 결코 성과를 낼 수 없다

점거 운동이 한 달 넘게 지속되고 있지만, 사회의 유지들은 계속해서 '좋게 물러나자'고 강조하고 있다. 그러나 정치제도 개혁에 관해서는 추호의 성과도 얻지 못했다. 이런 상황에서 만약 우리가 저자세를 취하며 정부에게 무조건적인 양보를 한다면, 정부는 전인대의 8·31결정*을 철회하라는 우리의 요구를 실질적이고 단호한 요구가 아닌 단순히 떠보는 행위로 오인할 수 있다. 따라서 '좋게 물러나자'는 이유로 현장을 떠나는 것이야말로 가장 정치 현실에서 이탈한 방법이다.

그러나 또한 모두들 알고 있다. 우산운동이 언제까지나 세 개 구역 점거를 유지하는 데에만 전념할 수는 없다는 것을. 우리는 유토피아 같은 그 공적 공간에 심취해 있을 수는 없다. 운동의 방향에 대한 숙고가 없다면 운동이 교착 상태에 빠질

---

* 중국 전인대 상무위원회는 2014년 8월 31일 홍콩 정치개혁안을 공포했다('8·31결정'). 2017년 행정장관 '보통'선거를 실시하되, 후보자로 나서려면 반드시 지명위원회에서 '과반수 이상'의 지지를 얻어야 한다는 내용이 포함되어 있었다. 이는 사실상 민주파 의원의 행정장관 후보 진출 가능성을 차단해 많은 시민들의 반발을 샀고, 결국 우산운동으로까지 이어졌다.

수 있다. 그뿐 아니라 소리 없는 대다수의 지지를 점차 상실하게 된다. 더군다나 내년 3, 4월 전에 중국 전인대의 결정이 철회될 것으로 보이지 않는다. 따라서 그 전까지 우리의 요구, 즉 시민 지명 실시와 직능 분야 폐지를 달성하는 것 역시 어려울 것으로 보인다.

이런 이유로 "크리스마스까지 점거할 기세"라며 농담 삼아 이야기하면서도, 학생계는 최근 적극적으로 돌파구를 찾고 있다. 학생계는 권력자가 운동을 교착 국면에 몰아넣는 것을 저지하기 위해 '사임을 통한 시민투표'를 고려하자고 제창한다. 물론 이 구상이 우산운동 지지층의 광범위한 찬성을 받고 있는 것으로 보이진 않는다. 그 점은 나 역시 알고 있다. 그런데 〈빈과일보〉에서 그제는 분명 A3면을 할애해 사임 시민투표를 "피할 수 없는 추세"라는 말로 형용해놓고, 어제와 오늘은 또 A1 제1면에서 "악법 조장"이라느니 "민의를 기회로 하는 도박"이라느니 말하는 것을 보았다. 심지어는 급커브길이라도 만난 듯 "각계는 이를 그냥 내버려두라"고도 썼다. 도무지 영문을 모르겠다.

물론 운동이 이 정도 단계에 진입한 이상 어떤 새로운 방향을 제시하더라도 모든 참여자의 지지를 이끌어낼 수는 없다. 심지어는 위에서 말한 바와 같이 매체의 맹렬한 비판을 받을 수도 있다. 그러나 학생들이 '가만히 있으면 반은 간다'는 정무관 식의 마음가짐으로 현재 상황에 안주할 수는 없다. 점거를 우산운동의 유일한 노선으로 간주한다면, 2047년*까지 점거를 한다고 해도 보통선거가 시행되는 모습을 볼 수 없을 것이다. 그래서 학민사조는 민주파의 초급구의회** 사임을 통한 또 다른 시민투표를 추진하자고 건의한 것이다. 이는 홍콩 시민이 중국 전인대의 8·31결정에 대해 목소리를 낼 수 있는 방법이다. '번복 불가'라는 전인대의 결정에 대해 홍콩인의 입장을 투표로 보여줄 수 있을 것이다. 그리고 앞으로 정치개혁을 단계적으로 다시 한 번 추진할 가능성을 시사할 수 있다.

왜 초급구의회 사임을 주장하는가

물론 시민투표를 초급구의회 사임으로 할지, 아니면 다섯 개 구역*** 사임으로 할지는 아직 결정이 나지 않았다. 다만 학민사조는 초급구의회로 일종의 변형된 시민투표를 유도하자고 강조하는 바다. 민주파는 이미 의회에서 소수파에 해당한다. 지역구에서 직접선거를 실시한다고 해도 건제파보다 한 석 더 많은 정도다. 그런데 다섯 개 구역 사임으로 민주파의 의석 다섯 개를 줄여놓으면, 사임 후 보궐선거를 기다리는 몇

---

* 중국이 약속한 홍콩의 자치 시한. 홍콩 반환 50주년이 되는 2047년에 일국양제 적용이 끝난다.
** 超級區議會. 홍콩 입법회 선거의 하나로, 구의회 의원들에게 출마 자격이 주어진다. 총 70석의 입법회 의석 중 다섯 석을 초급구의회 선거로 뽑는다(2012년 기준). 일반 유권자들이 직접 뽑는 방식으로, 홍콩 민심을 가장 잘 대변하는 선거라는 인식이 있다.
*** 홍콩의 다섯 개 입법회 선거구를 말한다. 홍콩 섬, 카오룽 이스트, 카오룽 웨스트, 산카이新界 이스트, 산카이 웨스트.

개월 동안 공백기가 생길 수밖에 없다. 그렇게 되면 범민주파의 지역 직선의원이 분조계표*에서 가지던 부결권을 잃게 된다. 그렇기 때문에 건제파가 의사 규칙이나 각종 악법을 개정하지는 않을지 우려될 수밖에 없다.

그런 반면 초급구의회 사임은, 직능 분야에서 민주파의 의석 하나가 줄어들 뿐, 앞에서 서술한 부결권이나 공백기 같은 기술적 문제는 해결이 가능하다. 만약 초급구의원 사임 기간에 어떤 악법이 스멀스멀 고개를 들고 올라오더라도, 초급구의회에 속하지 않은 급진파 의원들이 남아 있기 때문에, 이 경우에는 의사 진행을 저지하는 데에 영향을 받지 않는다.

___**지난 선거보다 지금이 유리한 까닭**

물론 초급구의회 의석을 보유하고 있는 민주당에서 문제시하는 지점이 있다. 민주파의 2012년 초급구의회 선거 득표수가 87만 표뿐이라는 것이다. 건제파보다 겨우 2만 3,000명 더 많은 유권자의 지지를 더 받은 것이다. 이에 더해 민주파 지지층이 주류인 직능 분야 유권자들(가령 교육계, 사회복지계, 법률계 유권자)은 초급구의회 보궐선거에서 투표를 할 수 없다는 점도 있다. 그래서 이들은 초급구의회 총사임에 대해 유보적 입장을 취한다.

---

* 分組點票. 의원 개인이 발의한 법안, 의안, 수정안은 지역 직선의원과 직능 분야 의원 각각 과반수의 동의를 얻어야 통과된다.

그러나 우리가 문제의 근원을 찾으려고 노력한다면 곧 발견할 수 있는 게 있다. 민주파 유권자는 지난 선거에서 기존 직능 분야 민주파 후보에게 약 9만 표를 주었다. 이로써 이 후보들은 당선되었다. 하지만 기존 직능 분야의 유권자 기반이 20만여 명인데도 민주파가 초급구의회에서 단 87만 표를 얻어 2만여 표 차이로 건제파를 이겼다는 점을 지적하지 않을 수 없다. 이 아슬아슬한 승리의 원인은 사실 2년 전 초급구의회의 후보자들이 민주파의 전반적인 스펙트럼을 대변하지 못했다는 데에 있었다.

그해 유권자들은 앨버트 호, 제임스 토, 프레드릭 펑, 이 셋 중 한 사람을 선택해야만 했다. 그리고 이 세 사람의 공통점은 민주파에서 비교적 보수적인 위치에 있다는 것이었다. 이들이 속한 정당들은 2010년 공민당-사회민주연선 양당이 발기한 다섯 개 구역 시민투표에 반대하기도 했다. 더욱이 오드리 유 등의 인사는 투표를 두고 정치개혁 방안이 "잘못된 길로 가는 것"이라고 말하기도 했다. 민주당과 민협은 그해 사람들의 뭇매를 맞았다. 나머지 정당들 역시 초급구의회 선거 과정에 전혀 참여하지 않았다. 그러고도 87만 표를 얻은 것은 어쩌면 양호한 성적이라고 할 수도 있겠다.

민주당과 민협은 그해 "홍콩을 버리고 공산당의 품에 안긴다"는 말을 듣고도 초급구의회에서 87만 시민의 지지를 받았다. 그런데 이번에 범민주 전체가 초급구의회 시민투표 선거 기획에 참여한다면 어떨지 상상해보자. 게다가 우산운동에서 많은 시민들의 지지를 받았던 학련과 학민사조 역시 지원군으로 나선다면 어떻겠는가. 학련과 학민사조가 대학생과 중고등학생들로 구성된 선거 보조단을 꾸려 각 지역에서 선거 운동에 참여하고 일곱 자리 수에 달하는 선거 비용을 분담하겠다고 한다면 말이다. 민주파가 2년 전보다 더 나은 결과를 얻을 거라고 믿어도 좋을 근거가 생긴다. 지난번 초급구의회에서의 민심, 정치적 스펙트럼의 변화, 당시 득표수 등은 현재 초급구의회 시민투표를 추진할지를 결정하는 데에 적절한 참고 대상이 아니라는 것이다.

⎯⎯건제파를 두려워할 이유가 무엇인가

그리고 또 한 가지, 모두들 건제파 역시 초급구의회 시민투표에 후보로 참여해, 장심뢰*와 여행 버스** 기술을 써서 장년층의 지지를 확보하는 것은 아닌지 우려한다. 혹은 중앙인민정부 연락판공실 네트워크를 동원해 수를 쓰거나 표 심기***로 대량의 표를 제조해내지는 않을까 염려하기도 한다. 그렇게 되면 민주파는 당과 국가 차원의 동원 기구가 부족하기 때문에 속절없이 의석을 건제파에게 내어주게 될 것이기 때문이

---

* 掌心雷. 노인들의 손에 특정 후보자의 번호를 적어주고, 누구에게 투표할지 모르겠으면 그 숫자를 보고 투표하라고 말하는 것.
** 무료로 시민을 여행 버스에 태워 투표 장소로 데려다준 다음, 버스를 탄 시민에게 자기 쪽 후보자에게 투표하라고 유도하는 것.
*** 표를 심는다는 것은 특정 후보에게 표를 주기 위해서 거짓으로 해당 지역의 유권자로 등록하는 것을 말한다.

다. 이런 두려움 때문에 우리는 건제파의 2010년 다섯 개 구역 시민투표 보이콧의 원인을 잊는다.

4년 전, 공민당-사회민주연선 양당이 다섯 개 구역 시민투표를 촉발시켰을 때 처음에는 건제파가 만반의 준비를 하고 이에 응했다고 들었다. 특히 범민주와 건제의 승패 확률이 반반이었던 카오룽 이스트 선거구에서는 앨런 렁과 의석을 다투기 위해 공회연합회 원로인 찬완한을 보내기도 했다. 그러나 중국 국무원의 홍콩 대변인이 시민투표가 홍콩의 "법률적 지위에 부합하지 않는다"고 발언하고 또한 기본법에 위배된다고 말한 뒤부터, 건제파는 시민투표에 냉담한 반응으로 일관했다.

그러니 국무원 홍콩마카오판공실의 입장에 뚜렷한 변화가 있지 않는 한, 건제파가 앞으로 발생할지도 모르는 초급구의회 총사임 선거에 참여할 가능성은 없어 보인다. 건제파가 선거에 참여한다면 분명 전인대의 8·31결정을 지지하는 쪽에 설 테고, 지지냐 반대냐의 대치 국면을 형성하게 될 것이기 때문이다. 이는 변형된 시민투표의 정당성을 높이는 결과를 가져올 것이다. 따라서 건제파가 4년 전 중앙정부의 논조를 거역하고 선거에 참여하는 것은, 제임스 티엔이 면직된 뒤로 불가능한 일이라고 할 수 있다.*

---

* 제임스 티엔 홍콩 정협위원은 2014년 대규모 시위에 직면해 렁춘잉 행정장관의 사퇴를 요구하는 발언을 했다가 중국 정협 상임위원회에 의해 직위를 박탈당했다.

시민투표는 논점을 정치개혁으로 모아준다

물론 많은 우산운동 지지자들은 민주적 보통선거를 갈구하고 있다. 하지만 솔직하게 말하자면 그들이 거리에 나서도록 등을 떠민 것은 상당 부분 최루탄 87발, 그리고 일정한 간격을 두고 발생하곤 했던 경찰의 폭력이다. 하지만 점거가 한 달 넘게 계속되고 있는 만큼, 경찰의 폭력에 대한 분노와 짧은 격정만으로는 운동의 사기를 유지하기가 어렵다.

그렇기 때문에 지금은 운동이 원점으로 돌아갈 때다. 문제의 근원이 어디에 있는가를 정확하게 조준해보자는 것이다. 결국 전인대의 8·31결정이 바로 오늘날 수천 개의 텐트가 세 개 점거 구역에 늘어서게 된 이유다. 투표에 부친 안건이 '어머니는 여성이다'만큼 당연하다고 할 수 있지만, 우리가 늘 되뇌던 '첫 마음을 잊지 말자'는 말대로 우산운동의 참여사에게 다시 한 번 일깨워주고 싶다. "우리는 최루탄 때문에 나왔습니다. 아니, 진정한 보통선거를 위해 이 거리에 섰습니다." 정치제도 개혁이야말로 전체 운동의 핵심 과제다. 참여자, 일반 시민, 홍콩과 중앙의 정부가 알았으면 한다. '8·31결정 철회'와 '정치개혁 재추진'이야말로 관-민 모순의 핵심을 풀어내는 길이라는 것을.

이제는 민심을 얻어야 할 때

거리를 점거하고 작은 공동체를 조성하는 것이 운동의 핵심을 응결시키는 과정이라고 한다면, 사임 시민투표는 프롤레타리아 대중들에게 이념을 확인시켜줄 수 있는 가장 좋은 방법이다. 세 개 구역을 지키는 멤버들이 안정되기 시작했다. 이는 운동 중견들의 의지가 견고해졌음을 의미한다. 그렇다면 이제는 새로운 전선을 개척할 때다. 안으로 뭉치는 것에서 밖으로 뻗어나가는 것으로, 민심과 지지를 얻는 것으로 운동의 방향 전환을 시도하는 것이다.

초급구의원 사임으로 변형된 시민투표를 추진할 경우, 더 많은 사람들이 투표에 참여해야 중앙정부의 8·31결정 철회에 대한 압력을 높일 수 있다. 여기에는 이 운동에 관여하고 있는 참여자들의 역할이 중요하다. 자신이 있는 곳, 자신이 몸담은 공동체에서 교육과 전파 활동을 할 수 있어야 한다. 가족, 친구, 지인들과 함께 밥 먹고 차 마실 때 점거 중에 있었던 이야기를 나눈다거나, 동네에서 이웃들에게 민주와 민생의 관계를 설명해준다거나 하는 일들이다. 민심이 운동을 양해하고 납득할 수 있도록.

군중 속으로 들어갈 때는 많은 손가락질과 악담을 받아야 할 것이다. 하지만 교통과 일상에 지장이 생긴 이웃에게 사과를 하는 것 또한 우산운동의 진심을 보여줄 수 있는 기회다. 전단지, 문자, 부스 활동, 방문 역시 침묵하는 대다수에게 전인대의 8·31결정이 얼마나 심각한 사안인지 알리는 길이 될 수 있다. 시민투표에서 더 많은 이들의 표를 얻기 위해 지역 사회로 들어가는 것, 이웃의 지지를 구하고 그들이 정치제도를 더욱 깊게 이해할 수 있도록 돕는 것, 여기에는 운동 후 각성한

한 사람 한 사람의 역할이 필요하다. 지구전에 접어들고도 언제까지나 점거 구역에 머물기만 한다면, 이번 운동에서 발생한 정치적 에너지를 헛되이 낭비하는 게 될지도 모른다. 민주 운동을 전쟁에 비유한다면 이번 전투는 행동하는 사람들 소수의 결연한 사기만으로 치를 수 있는 싸움이 아니다. 민심의 힘이 필요하다. 그래야 운동 자체에 대한 상대 진영의 공격을 견뎌낼 수 있다.

민의 대결이다, 민심을 되찾자

사임을 통한 시민투표가 시행되면 정부에서 용인하는 선거사무소에서 주요 업무를 담당하고 개표를 하게 된다. 때문에 홍콩대학의 여론조사 투표처럼 정부에 의해 '민간 활동'이라고 평가절하될 일이 없다. 동시에 로버트 차우의 거품과 허위 자료로 점철된 서명 운동 같은 것들을 무력화할 수 있는 쉬운 길이기도 하다. 사임 시민투표는 정치개혁과 전인대의 결정을 둘러싸고 홍콩인들의 선명한 대치를 형성한다. 어찌 보면 노란 리본과 파란 리본 사이의 민의 대결이라고 할 수도 있을 것이다. 그래서 이번 투표는 중국 중앙정부의 정치개혁안이 의회에서 표결되기 전에 민심을 수치화해서 보여줄 수 있는 기회다. 중앙정부가 송달한 방안이 입법회에 도착해 의원들이 의사당에서 찬성 버튼을 누를지 반대 버튼을 누를지 결정할 때, 거리 세 곳으로 밀려들었던 20만 시민의 분노 말고도 생각해야 할 점이 하나 더 생기는 것이다. 산처럼 쌓인 100만 장에 달하는 투표지를 못 본 척할 수는 없을 테니 말이다.

우산운동이 중앙정부에게 더 많은 정치적 압박을 주려면, 세 개 구역을 점거하는 동시에 사임을 통한 시민투표를 추진하는 것은 피할 수 없는 일이다. 홍콩인들은 과거 중국-영국의 연합 성명에도, 2005년과 2010년 정치개혁안 토론에도 참여할 수 없었다. 30년 동안 자기 터전의 미래를 저 높은 데 계신 기득권자와 집권자에게 넘겨주었다. 심지어는 이 땅에 살지도 않는 이들이 결정하게 놔두었다. 점거 운동이 계속되는데도 권력자는 지금까지도 8·31결정 수정에 관해 조금도 양보하지 않으려고 한다. 그렇다면 권력자가 홍콩인에게 투표지를 나눠주기 전에, 홍콩인이 먼저 사임을 통한 시민투표의 기회를 얻는 것이 어떠한가. 지역 사회 곳곳으로 돌아가 이 거대한 선거전에서 민심과 지지를 얻고, 실질적인 민의를 수치화함으로써 정치개혁의 방향을 홍콩인이 결정하겠다는 굳은 결심을 보여주자. 8·31결정이 흔들림 없을 거라는 이 정치 현실을 바꿔보자.

이기겠다는 생각이 아닌, 질 수 없다는 생각으로

초급구의원 시민투표를 실시한다면 공백기나 부결권 상실 등의 기술적 문제를 해결할 수 있다는 것은 둘째 치자. 건제파는 중앙의 지시에 따라 선거를 보이콧할 것이고, 그렇게 하지 않는다면 학생계와 범민주의 총동원에 패전할 가능성이 높다. 마지막으로, "이기겠다는 생각이 아닌, 질 수 없다는 생각으로"

라는 영화 〈카노〉의 대사로 초급구의원 시민투표의 추진을 바라는 이유를 총괄하고자 한다.

끓는 마음으로 '승리'만 생각할 때, 우리는 운동 초기에 점거를 통해 정부와 경찰을 상대로 한 차례 '승리'한 것에 만족하게 될 것이다. 만약 현재에 안주하고 새로운 전선의 개척을 멈춘다면, 이는 사실 오판에 불과하다. 장기적으로 자리를 지키면 정치제도 개혁의 성과를 얻을 수 있을 거라고 여기는 것은 너무나 천진한 생각이다. 장기적인 교착 국면은 운동의 지지도를 잃게 만든다는 것을 간과한 것이다.

그렇기 때문에 우리는 끊임없이 우산운동의 원점으로 돌아가야 한다. 초급구의원 시민투표로 다시 한 번 우리의 창끝을 8·31결정에 조준해야 한다. 운동 참여자들은 자신이 몸담은 지역 사회로 돌아가 교육과 선전을 하고, 이들의 노력으로 민심을 되찾아야 한다. 링 위에 올라 권력자와 대치하기 전에, 먼저 전인대 프레임을 지지하는 파란 리본 측과 우위를 가리는 것이다. 광장의 정치 에너지를 투표로 전환하자. 100만 장의 투표로 민의를 보여주자. 지금은 직접행동의 공세도 필요하지만 무엇보다 민심을 지키는 것이 중요하다. 그래야 정부를 향해 한 발 한 발 나아갈 수 있다. 그래야 우산운동의 끝에 정치제도 개혁의 과실을 맺을 수 있다.

정치개혁안 부결 이후에 대한 구상

2014년 11월 8일

후기 결국 정치개혁이 막을 내렸고, 사임을 통한 시민투표는 일어나지 않았다. 책임의 소재를 추궁하고 싶지는 않다. 찾아내봐야 아무런 의미가 없기 때문이다. 다만 내가 말하고 싶은 것은, 범민주가 다음 선거에서 대대적으로 인원 교체를 하고 젊은 세대가 의회에 진입한다고 해도, 그들의 일하는 방식이나 사고는 당 내의 기존 범민주와 다르지 않을 거란 점이다. 혹은 직접적으로 그들의 말에 제약을 받거나. 결국 그 어떤 새로운 행동이나 새로운 강령도 시민투표처럼 도외시될 것이다.

우산운동에 대한 중앙정부의 강경한 입장이 앞으로도 바뀌지 않는다면, 향후 정치개혁안은 분명 의회에서 민주파에 의해 부결될 것이다. 이를 두고 '제자리걸음을 할지언정 딴 길로 가지는 않겠다'고 하던가. 가짜 보통선거를 부결하는 것은 실로 피할 수 없는 선택이다.* 다만 문제는 정부가 '관행적으로'

---

*실제로 정부의 정치개혁안은 2015년 홍콩 입법회에서 부결되었다. 하지만 그 결과 2017년 행정장관 선거는 기존대로 간접선거 방식으로 치러져 캐리 람이 당선되었다.

5년마다 정치개혁을 진행하곤 한다는 것이다. 따라서 2015년에 정치개혁안이 부결되면 2020년까지 기다려야 보통선거를 입법 및 실시할 수 있는 계기가 마련된다. 보통선거 쟁취를 위해 애쓰고 있는 홍콩인들에게 결코 달가운 일은 아닐 것이다. 우산운동으로 2003년 7월 1일*을 넘어서는 각성이 있었다. 새로운 세대가 시민 사회의 일원이 되는 데에 우산운동이 촉매제 작용을 한 것이다. 앞으로의 정치 동원에 있어 다수의 신예부대가 합류된 셈이다. 그런 만큼 지금 우리는 소 잃기 전에 외양간을 고쳐야 한다. 정치개혁안이 부결된 후의 계획을 세워야 한다. 정부의 '관행'으로 인해 방안 부결 후에 운동이 구심점을 잃고 심지어는 계속되지 못하는 사태를 피하기 위해서다.

이런 이유로 학민사조는 초급구의원의 사임을 통해, 변형된 시민투표를 발동하자고 제안한다. 물론 시민투표는 전인대의 결정과 보통선거 프레임을 벗어날 수는 없을 것이다. 하지만 '정치개혁 재추진' '초급구의원 사임 시민투표'라는 의제에 초점이 맞춰진다. 이렇게 하면 범민주파가 정치개혁안에 대한 부결권을 지키면서 건제파의 의사 규정 수정을 저지할 수 있다. 뿐만 아니라 선거 과정을 통해 전 홍콩 18개 지역에서 우산운동에 대한 지지를 이끌어낼 수 있다. 지역 사회와 군중 속

---

* 홍콩 시민 50만 명이 기본법 23조 입법을 반대하며 나선 '보안법 시위'를 가리킨다.

으로 깊숙이 들어가, 점거로 인해 민주파에 반감을 갖게 된 이웃들에게 양해를 구하는 시간을 가질 수 있기 때문이다. 또한 선거사무소에서 '정치개혁 재추진'을 요구하는 민의가 수치화되어 나타나면, 이것이 일종의 압력으로 작용할 수 있다. 관행대로 2020년이 되어서야 다시 정치개혁안 표결이 진행되는 것을 막고, 정치개혁안 부결 후에 우산운동이 지속될 수 있는 힘이 된다.

어떤 이들은 학생들이 지레 비관하고 있는 것이 아니냐고 우려할 수도 있다. 내년 입법회에서 진정한 보통선거안을 통과시킬 가능성이 그리 크지 않다고 생각하기 때문에 이렇게 시민투표를 제시하는 게 아니냐면서 말이다. 하지만 이런 방식으로 정치개혁 재추진을 외치는 까닭은, 정부에게 우산운동은 정치개혁안이 표결된 후에도 절대 멈추지 않을 것임을 알리기 위함이다. 정치개혁안 부결 후에 정부가 '뒷일을 걱정하지 않아도 될 것'이라는 착각은 하지 말라는 의미다. 이로써 정부가 마주해야 할 압력을 늘리려는 것, 궁극적으로는 보통선거가 실시될 가능성을 높이는 것이 우리의 의도다.

우산운동은 다원적 전략이 병행되어야 하는 운동이다. 반드시 점거 외의 새로운 전선도 구상해야 한다. 세 개 구역 점거의 원리가 '더 큰 규모의 행동을 통해 정부에 더 큰 정치적 압력을 가한다'라면, 초급구의원 시민투표는 강경하고 직접적인 행동이 아닌 교묘한 전략으로 정부의 뒷길을 봉쇄하는 것이다. 즉 정부가 정치개혁안 부결 혹은 폭력적인 강제 해산 후에 관-민의 각축이 벌어지던 경기장을 빠져나갈 경우를 대비한다. 그리고 100만 장의 투표지로 우산운동의 생명력을 이어나가도록 한다.

단상 무대를
둘러싼
갈등에 대하여

2014년 11월 9일

후기 집회나 시위의 책임자 혹은 대변인이 되면 '왜 ○○에서 행동 수위를 높이는데, 사람들에게 참여를 독려하지 않느냐'는 비판을 받곤 할 것이다. 본래 이런 상황은 보통 본토파가 아닌 다른 곳에서 조직한 행동일 경우에 일어났다. 하지만 본토파 역시 합법적으로 시위를 신청할 때면 마찬가지로 '단상과 일반인' 논쟁을 마주하게 된다. 가령 2014년 5월 30일 본토파가 시위의 주최 측이 되었을 때가 그러했다. 주최 측과 상충하는가 여부, 혹은 성원할 것인가 여부는 좌익이냐 본토냐의 문제가 아닌가 보다. 모두가 운동의 조직자에게 바라는 바가 다르기 때문에 생기는 문제다.

오늘 저녁 20여 명의 네티즌이 애드미럴티센터 다리에 모였다. 이들은 다리를 점거해 공무원들의 출근길을 막고자 했다. 행동의 수위를 한층 높여 민의를 경시하는 정부에 대한 불만을 드러내고자 했다. 나중에 들으니 그들은 일정 시간 집결한 뒤 천천히 흩어졌다고 한다. 나는 여느 때처럼 9시 30분에 맞추어 하커트 로드에서 발언할 준비를 했다. 학민사조의 자원봉사자 학생들이 중국 대륙의 세관에서 '국가 안전에 반하는 활동에 참여했다'는 이유로 홍콩으로 송환되었던 점을 말하려고 했다. 또한 점거자들에게 경찰의 폭력에 익숙해지지 말라고 호소할 참이었다. 엊그제 한 시민이 충돌도 일어나지 않은 상황에서 경찰에게 폭행당해 오른쪽 다리에 감각이 없어질 정도가 되었는데, 모두들 여기에 무덤덤하게 반응하면 안 된다고 말이다.

단상 무대에 올라서 막 첫 마디를 말하려고 하는데, 무대 왼쪽에 있던 한 남성이 큰 소리로 발언을 가로막았다. 그가 무슨 말을 하는지 잘 들리지 않았고, 그래서 마이크에 대고 "제게 묻고 싶은 게 있으면 무대 아래서 얘기해주세요. 제 발언을 끊지 말아주세요"라고 말했다. 그러고 나서 약 10분 동안 순조롭게 발언을 마쳤다. 누군가 말을 가로막거나 야유하는 상황 없이, 나는 하고 싶은 말을 끝내고 단상을 내려왔다.

그런 뒤 애드미럴티의 바리케이드팀 형제들이 내게 한 가지 사실을 알려주었다. 원래 20여 명의 네티즌이 무대에서 발언을 하게 해달라고 요청했는데, 나중에는 다시 나와 질의응답 시간을 갖고 싶다고 했다는 것이다. 왜 내게 질문을 하겠다는 것인지는 의아했지만, 나 또한 오는 사람을 막지 않고, 그간 광장에서 만난 벗들과 의견을 주고받곤 했던 터다. 그래서 곧 네티즌들 측에 현장은 다소 소란스러워 토론을 이어가기가 어려우니, 그들 중 몇 명의 대표를 보내 이야기를 나누는 게 어떻겠냐는 말을 전했다. 그리고 20여 명의 사람들이 나와 대화할 한 남성을 뽑았다는 소식을 전해 들었다.

그 남성을 만났을 때 나는 그에게 '애드미럴티 다리 봉쇄' 행동의 발의자인지 물었다. 그는 이런 표현을 거부했다. 자신은 네티즌 20여 명의 추천으로 온 대표일 뿐이라고 말했다. 그와 이야기를 나누는 사이에 언론사 기자들이 모여들었다. 내가 들은 바로, 그의 요지는 대략 세 가지였다.

1. 자신이 단상 무대 근처에서 50여 명의 이름 모를 사람들에게 포위되어 움직일 수 없었던 이유가 무엇인가.
2. 학민사조는 '애드미럴티 다리 봉쇄' 행동을 지지하지 않고 있다.
3. 일부 사람들이 자신들을 '귀신' 혹은 '공산당 간첩'이라고 부르는 것이 실망스럽다.

그가 자신의 생각을 말하는 동안, 나는 그가 조금 전 단상에 있을 때 나의 발언을 잘랐던 그 남성이라는 점을 깨달았다. 그리고 그가 홍콩대학교 학생회지 《학원》의 편집자와 〈본토신문〉 기자를 지냈던 잭 리라는 점도. 4년 전 그가 홍콩중등학생대연맹香港中學生大聯盟 주석으로서, 홍콩TV의 〈성시논단〉에서 정부의 국민교육 과정 추진에 대해 논하는 것을 본 것도 기억이 났다.

다소 직설적으로 말하자면, 나와 잭 리는 일면식의 친분이 있는 정도다. 그러니 무대 근처에 있던 사람들이 (〈열혈시보〉에서 말한 노동당 규찰대원처럼) 그가 나와 대화하려는 것을 저지한 연고를 정말 모르겠다. 그리고 그는 내 연락처를 알고 있다. 만약 그가 나와 대화할 기회를 찾고 있었다면, 그는 페이스북이나 왓츠앱으로 연락을 할 수 있었다. 그런데 그는 '애드미럴티 다리 봉쇄' 행동에 참여하기 전에도, 행동 중에도, 행동 후에도, 심지어는 무대 앞에서 '포위'되었을 때도 내게 아무런 연락을 하지 않았다. 그러다가 내가 단상에서 발언을 하고 내려왔을 때 '조슈아 웡과 대화하고 싶다'는 요청을 듣게 되니, 조금 이상하긴 하다.

그는 학민사조가 왜 여태껏 '애드미럴티센터 다리 봉쇄' 행동을 지지하지 않았는지 물었지만, 20여 명의 네티즌 중에서 추천된 대표인 그는 나의 전화번호도 가지고 있으면서 행동 전에 내게 알리지 않았다. 사전에 학민사조에게 통지도 해주지 않고 나중에 학민사조가 행동을 지지하지 않은 이유를 묻는 것이 합당한가?

잭 리는 그를 '귀신' 혹은 '공산당 간첩'이라고 부르는 사람들이 있다고 말했다. 그가 이런 이름으로 불리고 있다는 이야기는 들어보지 못했다. 나 역시 단상에서 마이크를 잡은 사람 중에 자발적인 활동가를 향해 그런 비난을 하는 이는 아직까지 보지 못했다. 어찌 되었건 나는 그 자리에서 잭 리에게 허리 굽혀 사과했다. 그런데 오늘은 또 어떤 이가 학민사조에 '평화, 이성, 비폭력, 비저속어' 프레임을 씌웠다. 우리가 행동을 일으킬 의사는 없으며, 운동의 돌파구를 찾을 뿐이라는 것이다. 운동 노선에 대해서는 사람마다 각자의 생각이 있다. 의견을 나누고 토론을 하는 것이 좋다고 생각한다. 어쨌거나 학생계는 결코 더 강력한 행동에 대한 구상을 배제하지 않는다.

다만 솔직하게 말해서 나는 지금까지 네티즌들이 일으킨 모든 진격 행동을 지지하지는 않는다. 유동적인 점거에는 특히 유보적 입장이다. 예전에 한 번 렁워 로드에서 있었던 일 때문이다. 경찰이 점거자를 쫓을 때 인도에 있던 미성년 학생이 무고하게 경찰에 붙잡혔다. 도망칠 때를 놓쳤거나, 아니면 시위자만큼 빠르게 도망칠 수 없었는지도 모른다. 경찰은 그 역시 점거자의 일원이라고 오해했고, 그는 붙잡혀서 경찰차에 타야 했다. 유동적인 점거는 부득이하게 행동에 참여하지 않는 일반인을 어렵게 할 수 있다.

그럼에도 불구하고 그간 진격 행동이 있을 때 사전에 소식을 접하면, 학민사조는 어느 정도 시민 불복종 행동의 위험을 감당할 수 있는 학생들을 보내곤 했다. 자발적 행동에 대한 여러 의견들이 있었지만 그렇게 했다. 시위자의 안전 보장을 최우선으로 생각했기 때문이다. 보안경 등의 물자를 렁워 로드로 운반하기도 했고, 켄 창이 폭행을 당하던 그날 밤 타마르 공원에도 사람들을 대피시키는 이들 중에 학민사조 학생이 있었다. 그리고 '네티즌들의 자발적 행동에 빨대를 꽂는다'는 비판을 피하기 위해 조용히 물러나 있을 때도, 나는 몽콕과 렁워 로드의 시위 가까이에서 조용히 밤새워 자리를 지켰다. 그러니 오늘 저녁 시위자들 사이에서 다른 의견이 있었다고 해서 학생계가 타협을 고수한다고 말하거나, '우산운동의 공로를 조슈아 윙 무리에게 빼앗겼다'고 단정하고 행동 전선에 있는 시위자들과 소통하지 않는다면 이는 불합리하다.

　사실 지금 모두의 화살이 진행자와 규찰대원에게 향하고 있는 만큼, 나는 굳이 발언을 하지 않고 편하게 모른 척할 수도 있었다. 하지만 우산운동이 오늘날에 이르고 다양한 의견이 분출하는 시점에, 여러분이 동의하든 그렇지 않든 모두에게 나의 의견을 나눌 의무가 있다고 생각했다. 무대는 음향 시설과 단상 구조물로 이루어진, 말을 전하기 위한 수단일 뿐이다. 누군가 애드미럴티, 혹은 코즈웨이 베이, 혹은 몽콕에 음향 설비를 하나 더 설치한다고 해서 이를 저지할 단체는 없다. 계단 위에서 확성기를 들고 무대의 존재 가치를 부정하며, 동시에 대중이 자신의 연설에 귀 기울이도록 하는 것은, 사실 객관적으로 말하자면 또 하나의 무대를 설치하는 것이다. 우리가 해야 할 일은 다른 사람의 무대를 부정하고 자신의 무대를 세우는 것이 아니다. 여러분이 비판해야 할 것은 '왜 점거 구역에 무대가 있어야 하는가'가 아닐 것이다. '각종 무대가 어떤 메시지를 전달하고 있는가'를 생각해보아야 한다.

　각 사람에게는 무대에서 흘러나오는 메시지와 내용을 비판할 절대적인 자격이 있다. 또는 '귀빈 프로그램' 등의 안배에 있어 부족한 점을 지적할 수도 있다. 나 역시 초급구의원 시민투표에 관한 의견을 대할 때와 마찬가지로 네티즌들의 댓글을 하나하나 읽는다. 다만 무대를 통해 메시지를 전달할 때는 사실 상당 정도 운동에 참여한 단체의 영향을 받을 수밖에 없다.

그렇다고 규찰대원이나 사회자의 무능함을 탓하고 문제 삼을 것이 아니다. 나는 여러분이 초점을 향후 학생계의 운동 방향에 두었으면 한다. 그리고 비판은 현장의 실무자들이 아닌 학생들을 향했으면 한다.

분열 혹은
난처한 상황

2014년 11월 10일

후기 1989년 학생 운동에서 있었던 학생 조직 간의 갈등부터 몇 년 전 국민교육 반대 운동 당시 학민사조에게 동맹 휴학을 호소해달라고 요구했던 것, 그리고 작년 우산운동 때 학련과 학민사조에게 더 높은 행동 수위를 요구했던 일까지, 학생 운동은 언제나 노선 다툼을 마주하게 된다. 윗세대에서는 운동의 노선 다툼을 받아들이기 힘들어했지만, 이는 사실 역사상 흔히 있었던 일이다. 지난 세기 흑인인권 운동 때도 마틴 루터 킹의 비폭력 항쟁과 말콤 엑스의 무장 혁명을 둘러싸고 적지 않은 논쟁이 있었다. 그래서 나는 자신과 다른 노선을 주장하는 맹우를 비판하는 데에 시간을 낭비하는 것보다는 자신의 노선이 왜 더 나은지를 드러내는 것이 낫다고 본다. 그래야 운동이 영원히 무한한 내부 갈등에 빠져들지 않을 수 있다.

어떤 이들은 제게 묻습니다. 운동이 분열하는 게 아니냐고. 하지만 건제파조차 '어르신'의 지시를 100퍼센트 따르지 않는데, 민주파라고 우산운동에 대해 의견이 다양하거나 때로는 고집이 생기는 걸 피할 수 있을까요? 그래서 저는 이번 논쟁을 운동의 분열로 보는 견해에 동의하지 않습니다. 어떤 운동에 아무런 논쟁도 발생하지 않는다면 저는 그게 더 걱정스러울 것 같습니다.

구속되었다가 풀려난 뒤 40여 일이 지나는 동안 저는 수많은 걱정스러운 표현들을 들었습니다. 누군가는 '대륙 귀신'이라고 불리고, 누군가는 '파란 리본'이라는 비판을 받거, 혹은 몽콕과 애드미럴티 점거 구역을 구분해야 한다는 말도 있었습니다. 몽콕은 용감하고 투쟁적이며, 애드미럴티는 '평화, 이성, 비폭력, 비저속어'라는 원칙을 지키는 분위기라는 겁니다. 전 여러분의 생각을 통제할 수도 없고 통제해서도 안 됩니다. 다만 저는 단 한 번도, 전인대에게 결정 철회를 요구하는 것을 목표로 싸우는 전우를 '대륙 귀신' 혹은 '파란 리본'이라고 낙인찍은 적이 없습니다.

지금 인터넷에서, 또 거리에서, 어떤 이들은 제가 공산당과 다를 게 없다고 말합니다. 또 어떤 이는 우리가 '굳어져버렸다'고 비판하기도 합니다. 혹자는 우리가 무대와 함께 순장될 거라고 말하기도 하고요. 여러 가지 비판들을 저는 모두 마음에 새기고 있습니다. 학생단체는 어떤 면에서 이번 운동의 조직자라고 볼 수도 있습니다. 그렇기 때문에 이 논쟁에서 여러분이 언짢은 점이 있었다면 우리 학생들을 질책했으면 좋겠습니다. 그게 현장의 실무자들을 탓하는 것보다 훨씬 나은 방법일 겁니다. 이 자리를 빌려 어제 애드미럴티 다리에서 진격 행동을 한 전우들, 그리고 애드미럴티에서 자리를 지킨 분들께 사과의 말씀을 전하고 싶습니다.

렁워 로드를 점거한 사람들이 '말썽'을 냈다고 보느냐는 질문을 많이 들었습니다. 당연히 저는 그런 말에 동의하지 않습니다. 유동적 점거에는 유보적인 입장이긴 합니다만. 렁워 로드에서 두 번째 충돌이 발생했을 때 한 학민사조 동학이 인도에서 사태의 진전 상황을 살피고 있었습니다. 점거자들은 움직임이 매우 빨랐습니다. 양측에 추격이 벌어졌을 때 그 학생은 구호를 외치거나 참여하지도 않았는데, 관찰하는 동안 미처 도망을 가지 못해 경찰차로 잡혀갔습니다.

유동적 점거가 모든 점거자들의 기대 혹은 생각에 부합하지는 못합니다. 하지만 그럼에도 제가 '렁워 로드를 점거한 사람들이 말썽을 냈다'고 말할 일은 결코 없습니다. 렁워 로드에서 충돌이 일어났을 때, 여러분은 무대에서는 그걸 아랑곳하지 않을 거라고 여겼지만(여러분이 무대라고 쳐줄지는 모르겠지만요) 저는 그곳에 갔었습니다. 렁워 로드 가까이에 있었어요. 그곳에서 밤새 자리를 지키며 여러분에게 힘이 되기를 바랐습니다. 유동적 점거에 동의하지 않는 친구도 있었지만 우리 모두 마스크와 눈가리개를 준비해 그곳에 갔습니다. 여러분과 함께 나아가고, 여러분과 함께 물러나고 싶었습니다. 일곱 명의 흑경이 그곳에 왔을 때, 우리 학민사조와 학련은 모두 현장에서 시민들의 대피를 도왔습니다.

제가 이번 운동에서 일어나는 모든 자발적 행동에 찬동할 수는 없습니다. 그래도 저는 모두의 안전을 최우선으로 생각하며 운동에 지지를 보내고 싶습니다. 당연히 여러분은 이렇게 물을 수 있습니다. "여기에 유보적일 이유가 뭐가 있나요?" 하지만 저는 여러분이 전략적인 부분을 좀더 고민을 해야 한다고 생각합니다.

가령 애드미럴티 다리를 봉쇄할 때 바리케이드가 필요할 겁니다. 그런데 여러분이 방어선을 지킬 때 쓰는 펜스를 옮겨 쓴다면 어떻게 될까요? 예를 들어 만약 우리가 정식으로 센트럴 점거 혹은 애드미럴티 다리 봉쇄를 하게 되었는데, 팀메이 애비뉴 혹은 시틱타워의 방어선 펜스를 옮겨갔다고 가정해봅시다. 점거 구역을 개척하고 확대할 수는 있겠지만 팀메이 애비뉴 근처에서(혹은 시틱타워 부근에서) 해당 구역을 지키는 시민들은 방어선을 지키던 펜스를 내어주고 신변의 안전을 걱정해야 할 겁니다.

렁워 로드에서 진격 행동이 있을 때, 우리가 가서 지원을 해야 한다는 점은 부인하지 않습니다. 하지만 만약 모든 인력과 물자가 다 렁워 로드로 집중된다면 어떻게 되겠습니까? 만에 하나 경찰이 후방의 로드니 거리에서 기습을 해온다면 우리가 애드미럴티를 지킬 수 있을까요? 경찰이 성동격서聲東擊西의 유인책을 쓴다면 경찰에게 틈을 내주게 되지 않을까요?

무엇보다 중요한 문제는 따로 있습니다. 우산운동에서 점거를 할 때, 우리는 지리적 확장을 매우 중시합니다. 그러나 만약 어떤 지역에서 진격만 펼치고, 그곳을 점유한 후에 아무도 지키지 않는다면 결국 인력과 물자를 헛되이 소모한 것이 됩니다. 진격 행동으로 점거 범위를 확장하는 것에 반대하지는 않습니다. 하지만 진격 후에는 반드시 그 공간을 지키는 사람이 있어야 합니다. 진격 행동이 끝나고 자리를 지키지 않으면 안 됩니다.

지난번 렁워 로드에서 경험한 게 있지 않습니까. 렁워 로드에서 진격 행동을 하고 점거한 지 두 시간 만에 인원이 부족해 결국 경찰에게 렁워 로드를 다시 빼앗겼을 뿐만 아니라 행정장관 판공실까지 다시 내어줬죠. 우리 쪽 수십 명의 인원이 구속되었고, 사람들은 다시 흩어졌습니다. 그리고 행정장관 판공실 차량은 자유롭게 드나들게 되었고요. 진격 행동 자체는 문제될 것이 없습니다. 다만 어떤 운동에서든 전진과 후퇴에는 충분한 근거가 있어야 합니다. 무턱대고 점거 구역만 계속 확장할 수는 없습니다. 우리의 인력이 그리 많지 않기 때문이죠.

제가 늘 고민하는 한 가지를 여러분과 나누고 싶네요. 여러분은 종종 큰 단체들이 참여하지 않는다고, 무대가 주어지지 않는다고 말하곤 합니다. 여러분이 저를 무대 축에 끼워줄지 모르겠지만, 저는 렁워 로드에서 또 몽콕에서 진격 행동이 있을 때, 제가 현장에 가야 할지 말아야 할지, 최전선에 가서 지원을 해야 할지 말아야 할지 생각하곤 합니다. 만약 제가 현장에 가서 최전선으로 나아간다면, 학민사조는 공공연히 시민들의 점거 운동을 가로챘다는 비판을 받을 겁니다. 혹은 현장에만 가고 최전선에는 나서지 않는다면, 모두들 제가 강 건너 불구경하듯 보고만 있다고 비판할 겁니다. 그렇다고 만약 제가 현장에 아예 가지 않는다면, 시민들의 운동에 나 몰라라 하고 관여하지 않는다고 비판받을 것입니다.

저는 이런 상황이 무척 난처하게 느껴집니다. 모두들 단체들이 참여하기를 바라는 걸까요, 아니면 단체들 없이 자신들의 행동을 진행하고 싶은 걸까요? 조슈아 웡이 최전선에 나섰으면 하는 걸까요, 나서지 않았으면 하는 걸까요? 여러분은 단체가 나서지 않기를 원하면서, 동시에 단체의 인원들이 현장에 나와 시민의 자발적 운동에 참여하기를 바란다는 점을 생각해보셨으면 합니다. 우리가 어떻게 받아들여야 할까요? 어떻게 여러분의 비판을 대해야 할까요?

운동에 참여하는 사람은 아주 많습니다. 그중에는 진격을 택하는 사람도 있고, 진격의 위험을 감내할 수 없는 상황에 놓인 사람도 있습니다. 각 사람이 가진 리스크는 모두 다릅니다. 전 개인적으로 사람들이 몽콕과 애드미럴티를 비교하는 것을, 그러는 사이에 또 코즈웨이 베이의 전우들을 잊어버리는 것을 지양하는 바입니다. 여러분은 노란 리본을 만들고 노래를 부르는 모습만 봐도 '평화, 이성, 비폭력, 비저속어'냐며 비판합니다. 하지만 우산운동에는 진격 행동을 하는 시민만 참여하는 것이 아닙니다. 진격의 위험을 감당할 수 없는 시민들도 참여하고 있습니다. 여러분이 이 점을 염두에 두었으면 합니다.

예, 오늘 이 자리에 앉아 있고 서 있는 사람들 중에는 진격을 원하는 분들도 있을 겁니다. 하지만 5년 전을 생각해보십시오. 장발*이 시민투표 기간 동안 코넛 로드에서 길을 막고 있었습니다. 그때 저는 땅콩이나 까서 먹으며 그걸 보고만 있었습니다. 그렇습니다. 몇 년 전 장발 한 사람이 센트럴을 '점거'하고 수많은 경찰들에게 포위되었을 때, 우리 중 많은 사람들은 그저 방관자였습니다. 그때 장발이 우리를 질책했던가요? 사회민주연선이 우리를 '견유犬儒'라고 비난했던가요? 그러지 않았습니다!

한 운동에 언제나 다른 지향들이 공존합니다. 제가 공민광장에 진격해 들어갔다가 경찰들에게 포위되었을 때, 당시 저는 1,000명의 사람들이 운동에 참여해주기를 바랐습니다. 하지만 실제로 모인 사람들은 100여 명이었습니다. 이에 대해서 전 아무런 비판을 하지 않았습니다. 비판을 하는 것보다는 곁에 있는 전우들을 독려해 함께 나란히 싸워야 합니다. 이것이 기깅 좋은 방법입니다.

마지막으로 제가 하고 싶은 말이 있습니다. 이 운동을 처음 시작했을 때, 40퍼센트의 지지와 30퍼센트의 반대와 30퍼센트의 중립 의견이 있었지요. 그리고 지금, 물론 이공대의 민의조사가 직접적인 비교 대상이 될 수는 없겠지만, 70퍼센트의 시민이 우리가 퇴장하기를 바란다는 것을 통계가 보여주고 있습니다. 여러분이 이 점을 생각해보셨으면 좋겠습니다. 우산 운동은 단지 세 개 구역에만 국한되어 있지 않습니다. 그리고

---

* 렁쿽훙 사회민주연선 주석. 머리가 길기 때문에 별명이 '장발'이다.

만약 세 개 구역에 있는 사람들이 계속 서로 손가락질을 한다면, 점거 구역 밖의 시민들과 연대하는 건 기대조차 할 수 없겠지요.

무엇보다, 여러분이 진격을 원한다면 저는 진격 이후를 묻고 싶습니다. 그 후에 우리는 어떻게 진격 행동에 반감을 갖는 시민들에게 지지를 구할 수 있을까요? 진격 후에도 점거 범위는 그대로라면 우리는 어떻게 정부에게 압력을 가할 수 있을까요? 도로를 막고 구역을 점거하는 것은 물론 중요합니다. 도로 봉쇄와 점거 행동이 없으면 우산운동도 없었을 겁니다. 하지만 도로 봉쇄와 점거 행동이 우산운동의 전부일 수는 없습니다. 나는 여러분이 이 점을 분명히 인식했으면 좋겠습니다. 우리가 길 하나를 더 점거하고 민심을 몽땅 잃는다면, 그건 가장 어리석은 방법입니다.

저는 학민사조의 학생들이 네티즌의 자발적 행동과 분리되어야 한다고 말하는 게 아닙니다. 전 인터넷 게시판 홍콩골든을 잘 보고 있습니다. 제 페이스북의 상태 글을 홍콩골든에도 공유할 때면, 전 거기에 달리는 모든 댓글을 다 읽습니다. 다만 저는 여러분이 이 점을 생각해보길 바라는 겁니다. 이번 운동에서 어느 길 하나를 얻어낸들 민의를 잃는다면 그게 과연 가치 있는 일일까요? 거리를 쟁취하고 민심도 얻는 것이야말로 가장 좋겠지요!

진격 행동을 하든, 거리를 지키든, 애드미럴티 다리를 봉쇄하든, 혹은 또 다른 행동을 일으키든, 여러분께 이 두 가지를 말씀드리고 싶습니다.

첫째, 행동이 끝나고 나면 떠나는 것이 아니라 그 자리를 지켜야 합니다.

둘째, 우리는 점거 구역 밖에 있는 시민들의 지지를 구해야 합니다.

이것이 우리가 우산운동에 참여하는 목표입니다. 학생들의 행동이 여러분께서 보기에 만족스럽지 않고 미덥지 못하더라도 널리 양해해주길 바랍니다. 우리는 잘못이 있으면 인정하고 정직하게 매를 맞겠습니다. 우리에겐 분열할 만한 본전이 없지 않습니까? 여러분과 학생들이 함께 어깨를 맞대고 싸워 나갈 수 있었으면 좋겠습니다.

청춘을 안고
두려움을 버리네

2014년 11월 15일

후기 '민주 운동의 가장 큰 적은 강권 정부'라는 것이 틀린 말은 아니다. 다만 4년이 넘는 시간 동안 사회 운동에 참여하면서, 여러 전우들이 각종 전선에서 권력자와 싸우는 모습을 목격했는데, 나는 때로 가장 큰 적은 바로 우리 자신이라는 것을 발견했다. '행동이 진취적일수록 정부가 받는 압력은 더 커진다'는 것은 모든 운동 조직자들이 익히 알고 있는 원칙이다. 하지만 우리는 종종 앞으로 한 발 더 내딛기를 꺼리곤 한다. 혹은 한 번 정해진 행동 방식을 잘 바꾸려 하지 않는다. 그건 사실 우리가 이미 갖고 있는 영향력을 잃을까봐, 원래 갖고 있었던 대중의 지지가 떠나갈까봐 걱정하기 때문이다. 운동에 실패하는 것은 괜찮지만, 과거로 연명하다가 성공이 두려워지고 실패에 익숙해지면, 결국 시대에 의해 도태될 것이다.

캐리 람은 학련과 2차 대화를 진행할 뜻이 없다고 밝혔다. 관료와 세력가들은 즉시 줄지어 그 말을 따랐다. 홍콩 정부는 대화의 문을 닫았다. 어쩌면 당연한 일이겠다. 학생들은 이 곤란한 국면에서 빠져나가기를 간절히 바라고 있지만, 홍콩 정부는 문제를 해결할 의사가 없다. "홍콩의 문제는 홍콩에서 해결하기 어렵다"고 말해주는 이 상황 속에서, 결국 유일한 선택지는 베이징으로 가는 것이 되었다. 실낱같은 희망을 품고 중앙 관료와의 면담을 요청한다.

__길 잃은 양을 호랑이 입속으로?

전인대의 홍콩 대표인 리타 판은 최선을 다해 홍콩 학생들과 의견을 조율하고 대화의 공간을 마련해야 마땅하다. 관-민 갈등을 해결하기 위해서라면 말이다. 그러나 건제파 중 한 사람인 그가 학련의 베이징행을 소리 높여 반대하는 것은 이미 예상한 일이었다. 다만 그가 학련을 향해 이런 멘트를 날릴 줄은 몰랐다. "길을 잃었으면 돌아오세요. 청춘을 낭비하고 있군요."

여기서 길 잃은 어린 양은 학생들이다. 목자가 양을 치다가 그만 잃어버린, 무서워하며 떨다가 결국 목자의 품으로 돌아가는 양 말이다. 현실의 관-민 관계를 보여주기에 적절한 비유는 결코 아니다.

리타 판에게 묻고 싶다. 자신을 목자로 비유한다면 직무능력 불충분이 아닐까 싶다. 8월 31일에 연거푸 환호하고 호응하고 박수치던 모습은 그가 양을 호랑이 굴로 들여보내는 목자임을 잘 보여주는 것 같다. 리타 판의 지팡이를 따라 되돌아가는 길은 곧 셰퍼드의 품으로 들어가는 길이다. 양들의 목자 역할을 하는 이가 민심을 얻지 못하고, 정치에 참여한 후 줄곧

"영국령 홍콩의 낡은 건전지"라는 칭호를 달고 있는 것도 이상하지 않다.

___그가 알지 못하는 청춘

다시 본론으로 돌아와서, 리타 판이 만약 학생들의 베이징행을 '청춘의 낭비'라고 규정하고 싶다면, 먼저 '청춘'이 무엇인지 분명히 정의해주길 바란다. 작년 공개시험과 학생계 방안의 추진으로 눈코 뜰 새 없었던 작년(마치 100년은 지난 일처럼 느껴진다), 공부를 하다가 어떤 글귀를 보았다. 그때 그 글을 적어두었는데, 지금 소개하기에 꼭 들어맞겠다는 생각이 든다.

'사람이 마음을 정하면 하늘을 이긴다人定勝天'가 문신처럼 몸과 마음에 새겨지고, 우리 청춘의 좌우명이 되었다. 우리는 운명에 고개 숙이지 않겠다. 냉혹하고 무자비한 운명에 청춘의 열정을 꺼뜨리지 않겠다. 청춘은 이렇게 쓰는 것이라고 굳게 믿기에.

결론을 말하자면 청춘이란 곧 운명에 대항하는 것을 선택할 수 있는 이들이다. 모든 일은 하늘에 맡기고 운명을 따라야 한다고 믿고 싶지 '않은' 이들, 늘 그래왔다는 이유로 어른들 세계의 암묵적 규칙을 무조건 따르기 '싫은' 이들 말이다. 사회생활에 도가 튼 세도가들은 학생들의 생각을 이해할 수 없을 것이다. 우리 학생들은 늘 무언가를 계산하지 못하기 때문이다. 또 자원의 득과 실을 따지지도 않기 때문이다.

학생계는 '청춘'이라는 두 글자를 붙잡고 오늘까지 싸워왔다. 힘든 길이고 잠시 회의가 들 때도 있었지만, 청춘의 참뜻이 우리를 지탱했다. 물길에 역행해가며 우리의 자주적 미래를 바라보게 해주었고, 아무도 말하지 않지만 모두가 느끼는 그 두려움을 애써 이겨낼 힘을 주었다. 청춘을 겪어보지 못한 사람은 두려워하며 권세의 그늘 아래 숨을 줄만 안다. 그리고 오히려 다른 사람들을 "청춘을 낭비한다"고 비판한다. 실로 우스운 일이다.

──두려움에 지배되지 말라

베이징행 계획에 관해 말해보자. 사실 이건 두려움과 마음가짐에 관한 문제다. 오늘 우산운동을 지지하는 한 친구가 사회 현인들처럼 베이징행에 대해서는 매우 조심스러운 입장이라고 말했다. 학련이 지금 취하는 방식이 "폼이 실제에 비해 지나치다"고, 아니 "소용없는 일"이라고 보았다. 왜냐하면 그 행동이 실질적인 성과를 얻을 것으로 보이지 않기 때문이다.

사실 운동의 방향에 대해 다양한 의견이 존재하는 것은 이상할 것이 없다. 하지만 조금 더 깊게 들어가면 나는 곧 마음이 침울해진다. 일부 점거자들이 하는 말은 이렇다. "공산당이 이렇게나 강경한데, 베이징에 가도 크게 달라지는 건 없을 거야." "중앙이 수를 쓰면 베이징에 가는 학생들을 어떻게 할지도 모르잖아." "베이징에 갈 수 있다고 해도 중앙의 심기만 건드리는 게 될 거야. 그럼 보통선거를 쟁취하기가 더 어려워져."

우선 모두들 왜 학생들이 베이징에 가지 못하는 게 정상이라고 생각하는지, 왜 무의식중에 그곳에 들어가지도 못하는 게 당연한 일이라고 여기는 것인지는 차치해두겠다. 앞의 의견 중 '베이징행' 자리에 '점거'를 넣어도 사실 모두 말이 된다(예를 들어 베이징에 가지 않고 계속 점거를 해도 중앙의 심기를 건드리는 건 마찬가지다). 하지만 베이징행에는 반대하는 이들이 점거는 계속하고 있다. 그들의 기저에 있는 의식 때문일 것이다. 근본적으로 이들은 중앙과의 교전을 두려워한다. '공산당은 이길 수 없다'는 두려움이 존재한다.

홍콩인이 마주한 악마 팀

행정부서, 법률 집행 기관인 경찰, 정부를 감찰해야 하는 입법회, 여론의 통로 역할을 하는 언론 기관, 그 밖의 각종 업계까지, 모두 중앙에 의해 침투되고 통일전선을 구성하게 됐다. 이를 보면 영화 〈소림축구〉에서 셰셴이 연기했던 악마 팀 감독의 대사가 연상된다. "심판, 선심, 축구협회, 축구총회, 축구위원회, 전부 내 사람인데 나랑 붙어보겠다는 건가?"

홍콩인과 중앙정부가 겨루는 그라운드에서, 중앙정부는 한 번도 우리를 대등한 관계로 대하지 않았다. 공평한 경기는 이루어지지 않았다. 따라야 할 규칙도 없었다. 직설적으로 말하자면, 이 축구경기에 임하는 홍콩인들은 〈소림축구〉에서의 주성치 같다. 독보적인 기예와 결심을 갖추고 있지만(한 팀과의 경기에서 40 대 1로 대승을 거두었던 장면을 기억하는가?) 상대편이

꼼수를 사용해 처음부터 끝까지 모든 규정을 좌우한다. 규칙을 무시하는 악마 팀을 만나면 사실 낙담하고 기가 꺾이는 것이 사람 마음이다. 내가 묻고자 하는 것은 따로 있다. 이 악마 팀을 마주했을 때, 두려움과 무력감 말고 또 우리에게 남은 게 있지 않은가? 그 두려움과 무력감을 버틸 수 있게 해주는 것.

사실 민주 운동에는 필승의 비결 같은 것이 없다. 100퍼센트 쟁취를 보장하는 성공의 방정식도 없다. 지금 누구라도 승리에 이르는 길을 그려내기란 어렵다. 흠결 없이 완벽한 운동의 전선을 구상해내는 것은 불가능한 일이다. 사회 운동은 투자하고 회수하는 투기 게임이 아니라, 정권과 인민의 교전 과정에서 일어나는 상호작용들을 실질적으로 반영하기 때문이다. 그때그때 결정을 내리며 나아가든 혹은 신중하게 계획하며 나아가든, 우산운동의 방향은 우리의 태도에 달려 있다. 그렇다면 행동 전략에 대해 유보적인 입장을 취하는 것은 별일이 아니라 하더라도, 운동의 중견들이 두려움을 품은 채 민주를 쟁취하려는 것은 중요하게 볼 일이다. 우리는 다른 무엇보다 먼저 중국 공산당 정권에 대한 두려움을 내려놓을 줄 알아야 한다. 그렇지 않으면 우산운동은 계속될 수 없다.

두려움을 없애기 위해 우리가 기댈 것은, 나이에 상관없이 청춘을 간직할 줄 아는 그 마음이다. 찰나의 생각이나 감정에 흔들리지 말자. 다른 사람들이 수동적으로 정세를 받아들일 때, 우리는 먼저 능동적으로 정세를 만들어나가자. 방관자가 정해진 운명에 안주할 때, 행동하는 자는 운명을 거스르기로 결심한다. 현재 전인대의 8·31결정이라는 거대한 산이 40여 일간의 점거에도 끄떡없는 것을 우리는 보고 있다. 〈소림축구〉의 악마 팀 같은 중앙정부는 자원을 장악하고 인심을 매수하며 게임의 규칙을 좌우한다. 하지만 영화의 결말이 결국 악마 팀의 패배라는 것을 잊지 말자. 싸워보지도 않고 지는 것, 혹은 중간에 기권하는 것은 우산운동의 선택지에 없다.

'싸운다고 이길 것이라는 보장은 없지만, 싸우지 않으면 반드시 진다'는 말처럼, 중앙정부와 홍콩인 사이의 경기에서 가만히 앉아만 있으면 결과는 중앙의 백전백승이다. 성공의 확률을 통계로 산출해낼 수는 없지만, 우리는 물러나거나 도망갈 수 없다. 학련의 베이징행을 열두 시간 앞두고 이 글을 쓰고 있다. 중앙의 관료는 학련 세 사람을 어떻게 대할까? 송환일지, 공항 구류일지, 아니면 호텔 연금일지, 그건 누구도 알 수 없다. 그저 홍콩 사람들이 베이징행을 앞둔 이 밤, 그들을 조금 덜 비난하고 조금 더 격려해주기를 바란다. 청춘의 마음을 안고, 학생들과 함께 난관 속에서 승리를 바라보자. 온 힘을 다해 운명의 키를 돌리자.*

---

* 결국 학련 지도부의 베이징행은 홍콩 정부에 의해 좌절되었다. 항공사 측은 당국이 중국 여행 허가를 취소했다며 학련 세 사람의 비행기 탑승을 거부했다.

단식으로 미뤄진
엄마의 생신상

2014년 12월 2일

후기 학민사조 전우들이 종종 하는 말이 있다. "학민사조가 풀타임이고, 인생은 파트타임이다." 사회 운동에 참여하는 대가로 인생의 청춘기를 공적 영역에 바친다. 그러다 보니 가족들과 모이는 시간은 희생되어야 한다. 시위나 집회 행동 전에는 일주일 내내 집에 가서 밥 한 끼 먹지 못한다거나, 새벽에야 집에 들어가는 일이 다반사가 되었다. 젊고 치기 어린 날들이기에 우리가 이렇게 모든 것을 뒤로 하고 이상을 향해 질주할 수 있는 것인지도 모른다. 하지만 때로 아린 마음이 드는 것은 어쩔 수 없다. 문득 자신이 너무 많은 것을 잃어버렸음을 탄식하게 된다. 부모님께 이런 편지를 쓰지 않아도 되는, 가족들을 생각하며 마음의 가책을 느끼는 일이 없는, 그런 날이 왔으면 좋겠다.

11월 30일(일요일)은 엄마의 생신이었습니다. 생신 전날 저녁에 엄마에게 말했습니다. "엄마, 미안해요. 생신날 같이 축하도 못해줘서. 내일 행동 수위를 더 높일 거라 집에 못 들어가요. 애드미럴티에서 밤을 새워야 하거든요. 생신 축하는 12월 1일에 해요." 하지만 단식 때문에 엄마의 올해 생신상은 미뤄

저야 했습니다.

사실 우산운동이 시작된 뒤로 가족들 얼굴을 몇 번 보지 못했습니다. 애드미럴티의 텐트가 제2의 집이 되고, 원래 집은 오히려 낯설어졌습니다. 옷을 갈아입으러 집에 가면 부모님은 주무시고 계시거나 출근하신 뒤일 때가 많았습니다. 어쩌다 얼굴을 볼 수 있을 때도 너무 피곤한 나머지 두세 마디 말도 나누지 못하고 쓰러져 잠들곤 했지요. 그래서 부모님과는 대부분 왓츠앱으로 간단한 연락을 주고받는 게 다입니다. 늦은 저녁 가족들과 함께 야식을 먹고 밀크티를 마시던 일이 많이 그립습니다. 온 가족이 식탁에 둘러앉아 밥을 먹던 시간이 희미하게 떠오르네요.

이렇다 보니 회의에서 단식할 사람을 누구로 할지 논의할 때, 마음에 걸렸던 건 단 한 가지였습니다. '엄마 생신이라 같이 밥 먹어야 하는데.' 이 생신상을 함께하지 않으면, 언제 또 식탁에 마주 앉아 밥을 먹을 수 있을지 몰랐습니다. 점거가 시작되고 지금까지 가족들과 밥을 먹은 게 한 손에 꼽을 정도입니다. 단식으로 인한 배고픔이 걱정되는 게 아니라, 단식 때문에 가족들과의 관계가 멀어질까봐 그것이 걱정되었습니다.

그럼에도 결정을 내렸습니다. 나와 프린스 웡, 벨라 로우가 함께 단식을 합니다. 조직의 소집자로서 책임을 져야 한다는 생각도 있었습니다. 두 여학생만 단식을 하게 둘 수는 없었습니다. 직위나 신분에 상관없이 조직의 모든 동학들과 함께하는 것이 마땅합니다. 하지만 그보다 더 중요한 이유는, 우산운동이 이대로 끝나서는 안 된다는 마음 때문이었습니다.

단식의 효과가 그렇게 크지 않음에도 저는 그렇게 하기로 했습니다. 단식으로 정권을 동요시킬 수 없다는 것, 전인대의 결정을 철회할 수 없다는 것은 저도 잘 압니다. 하지만 우산운동이 빈손으로 끝나도록 그냥 있을 수는 없었습니다. 단 하나의 성과도 얻지 못한다면 사람들은 무력감을 느끼게 될 겁니다. (국면 전환의 한 도구로서) 다시 체포될 가능성도 없는 상황입니다. 무기한으로 점거를 계속할 수는 없습니다. 이제 그만 철거하라는 목소리가 점점 커지는 지금 이 순간, 제가 할 수 있는 것은 제 몸을 다해 정권을 향해 소리치는 것입니다. 한때 함께 우산을 들었던 전우들에게 외치는 것입니다. '우리가 잃어버린 첫 마음을 기억하십시오. 경찰의 공권력에 대한 논쟁이 아닙니다. 파란 리본과 노란 리본의 싸움도 아닙니다. 리본 끈과 경찰의 곤봉 너머에 있는 권력자가 야기한 정치 문제입니다. 협상 테이블로 돌아가 정치를 통해 해결할 문제입니다.'

정치개혁의 즉각적인 재추진을 두고 관-민 대화를 진행하라는 것은 결코 터무니없는 요구가 아닙니다. 이 요구는 전인대의 8·31결정과 직접적인 상관이 없습니다. 홍콩 기본법을 위반하지도 않습니다. 정치개혁 재추진 요구는 홍콩 정부 관할 내에 있습니다. 홍콩 정부가 그저 전인대의 결정을 들먹이며 '시민 지명'과 '직능 분야 폐지' 등의 요구를 막아내고 있는 시점에, 이 요구를 통해 관료들이 홍콩의 문제를 직시하기를 바라는 겁니다. 지나간 자문·결정·절차를 무효로 하고 다시 시작할 때, 우산운동도 비로소 전환점과 희망을 갖게 됩니다.

대화를 하자는 것은 아주 소박한 요구입니다. 모든 것을 걸고 이 운동에서 여러분과 함께 성과 하나를 얻어갈 수 있기를 바라며 단식을 합니다. 엄마가 저의 결정을 너그럽게 봐주기만을 바랍니다. 전화로 단식을 하려 한다고 말했을 때, 엄마는 별 다른 말씀을 하지 않으셨지요. 아무것도 묻지도 않으셨습니다. 그저 담담하게 "알겠어, 조슈아. 돌아와서 생일 때 못 먹은 밥 같이 먹자. 기다릴게." 마음의 가책을 느껴 거듭 죄송하다고 말했습니다. 엄마는 제게 단식하는 동안 인터넷 너무 많이 하지 말고 쉬라고 하셨지만, 이렇게 공개적인 자리에서 엄마와 아빠에게 감사하다는 말씀을 드리고 싶었습니다. 이해해주시고 지지해주셔서 감사합니다. 이 말만 하려고 하면 입이 잘 떨어지지 않습니다. 늘 직설적이고 이성적인 저는 이런 말을 하는 게 익숙하지 않습니다. 하지만 그제 생신을 맞으신 엄마께 말하고 싶습니다. 사랑합니다.

렁춘잉 행정장관이 학생들과 대화를 하겠다고 하는 날이 바로 제가 집으로 돌아가 엄마와 생신상을 함께하는 날이 될 겁니다. 단식하는 동안 휴식 잘 취하고 기도를 많이 해야 한다고 하신 말씀 기억할게요. 끝으로 이 말을 하고 싶습니다. 부모님 은혜에 감사합니다. 두 분의 아들인 것이 자랑스럽습니다.

조슈아
단식 23시간째에 씀

| 당신이
| 이 아름다운 도시의　　　　　2014년 12월 3일
| 수장이라면

후기 단식으로 중앙정부가 전인대의 결정을 철회할 리 없다는 것은 바보천치라도 모두 알고 있다. 그러나 나는 모든 행동이 다 정권을 대상으로 해야 한다고 생각하지 않는다. 어떤 행동은 대중을 향해 있다. 우산운동 후반에는 이미 행동 수위를 높이는 것만으로는 정권에 동요를 일으킬 수 없었다. 솔직히 대책이 서지 않았다. 그래서 나는 어쩔 수 없이 두 명의 전우와 함께 단식을 시작했던 것이다. 서로를 비난하고 불신하던 당시의 분위기에서, 단식을 통해 운동의 본래 요구인 '정치개혁 재추진'으로 대중들을 모으고자 했다.

렁춘잉 귀하:

점거자들은 길 위에서 노숙을 하고, 우리는 음식 먹는 걸 중단하고 있습니다. 그동안 당신은 아랑곳없이 권력이 가져다주는 모든 좋은 것들을 계속 누리고 있는 것 같습니다. 하지만 뜻을 이루고자 고생하는 우리들이 오히려 진수성찬을 마주하고 앉은 당신보다 더 잘 지낸다고 믿습니다. 당신은 권력 독점

적이고 착취적인 정치제도와 폭력적인 경찰 조직에 기대어 당신의 이익을 수호하고 있습니다. 그러나 우리 마음을 따뜻하게 해주는 것은 오직 자유로운 세계에 대한 무한한 갈망, 그리고 전우들과 함께 꿈꾸는 공통된 이상입니다. 그리고 지금 우리는 당신에게 이 편지를 보냅니다. 정부가 즉시 대화의 장을 회복하고, 정치개혁 재추진에 관해 공개대화를 진행할 것을 요구하는 바입니다. 무력 철거를 너무 믿지 마십시오. 지연 전략이 효과가 있을 거라는 생각은 더욱 하지 마십시오. 인민들은 단식의 호각 소리를 들었습니다. 만인의 광장은 반드시 돌아옵니다. 그리고 청년을 단 한 사람이라도 잃어버렸을 때, 특별행정구 정부 역시 그 엄중한 대가를 감당할 수 없을 겁니다.

    지난 수년간 비민주적인 특별행정구 정부는 이미 심각하게 홍콩의 자유를 훼손했고, 심지어는 약자의 생존을 위협했습니다. 그리고 지금, 광란의 폭력 진압은 사회를 다시 돌이킬 수 없는 지경을 향해 한 걸음 한 걸음 끌고 가고 있습니다. 도시의 수장이라면 적극적으로 대중의 부름에 응답하고, 정치 문제에 대한 해결 방법을 모색해야 합니다. 행정장관께선 그와 정반대로 하고 있습니다. 오랫동안 누적된 시민들의 원성을 회피하고, 점거자들의 정당한 요구에는 무시와 냉대로 화답했습니다. 게다가 어떤 항쟁이든 헛수고가 될 것이라고도 말했습니다. 그야말로 세력을 믿고 시민을 업신여겼으며 안하무인이었습니다. 지금 우리는 모든 것을 던져두고 단식으로 대화를 요구합니다. 부디 책임을 다하시기 바랍니다. 인심을 얻지 못했던 지난날의 태도를 바꿔, 대화로 학생과 시민들의 진실하고 소박한 요구에 응답해주길 바랍니다.

찬바람 속에선 거리를 지키는 것만도 쉽지 않습니다. 저온 속에서 단식을 하는 것은 더욱 큰 난관이 따릅니다. 하지만 우리는 단식에 나선 이 진심이, 점거에 대한 대중들의 모든 의문과 불신을 끊어낼 것이라고 믿습니다. 사회는 누가 진짜 잔혹한 폭력자인지, 누가 굽히지 않고 꿈을 좇는 사람인지 보게 될 겁니다. 우리는 다시 한 번 표명합니다. '정치개혁 재추진'은 특별행정구 정부의 권한 및 책임 범위 안에 듭니다. 행정장관께서는 직무를 유기해선 안 됩니다. 가능한 빠른 시일 내에 '정치개혁 즉각 재추진'에 대한 공개대화에 응해주길 요청합니다. 우리에게 고생스런 단식을 중단하라고 권하지 않으셔도 됩니다. 그 전에 홍콩인들의 부자유, 그리고 어압의 고난을 해소해주기 바랍니다.

단식자
프린스 웡, 벨라 로우, 조슈아 웡
2014년 12월 3일

's
의원들은
강 건너
불구경입니까

2014년 12월 4일

후기 단식할 때 나는 이런 말을 한 적이 있다. 학생들은 현재 상황을 고려하지 않고 터무니없는 행동을 하는 게 아니다. 정부가 학생들과의 대화에 응하기만 하면 단식은 자동으로 중단될 것이었다. 하지만 단식이 3일차에 접어들 때까지 정부 관료들은 계속 학생들의 요구를 모른 척했다. 2012년 국민교육 반대 운동과 대비해보면, 학민사조는 마찬가지로 세 명의 대표를 선정해 단식에 돌입했다. 당시 렁춘잉 행정장관은 학생들의 단식이 24시간 차에 접어들기도 전에 즉각 현장으로 학생들을 보러 왔다. 오늘날 정부의 태도와는 하늘과 땅 차이다. 권력자는 국민교육 반대 운동에서 학생들에게 양보를 한 후 '자기 수정'이라는 것을 했는지도 모른다. 민정을 굽어 살피는 척하는 보여주기식 수단을 포기하고, 차라리 적군과 아군 사이의 갈등을 일으키는 것이다. 이것이 지금 당과 관료와 비즈니스계의 전반적인 관리 방침이 된 듯하다.

• **건제파 의원들에게 보내는 공개서신**

점거 운동이 교착 국면에 빠져들었다. 정부는 여러 번 학생들에게 "대화의 문은 항상 열려 있다"고 말했지만 현실은 정반대다. 지금 학생들은 자신의 신체를 목소리 삼아 호소하고 있다. 우리는 단지 정부와 '정치개혁 재추진'에 대해 대화할 수 있기를 바란다. 정부가 정치개혁의 2단계인 자문을 미룰 수 있었던 것처럼, '정치개혁 재추진' 역시 전적으로 홍콩 정부의 관할에 속한다. 우리는 당장 학생들의 요구에 응하라며 단식으로 정부를 협박하는 것이 아니다. 하지만 정부는 있지도 않은 법률적 절차를 들먹이며 학생들과 정부·사회가 이 의제에 대해 대화할 기회를 즉각 말살해버렸다. 학생들은 좋은 뜻으로 대화를 요청했으나 렁춘잉은 강경한 태도를 바꾸지 않았다. 그는 사회가 극단적으로 분열하고 있는 상황을 개선할 의사가 전혀 없다. 더욱이 어떤 항쟁 행위도 헛수고가 될 거라고 말했다.

학생들이 대화를 하자고 요구했으나 정부는 여기에 무관심으로 일관하며 꿈쩍도 하지 않는다. 학생들의 희생을, 심지어는 생명을 아무것도 아닌 것으로 취급한다. 많은 시민들이 우리에게 단식을 중단하라고 권하며 했던 말처럼, 이 정부는 결국 이토록 냉혹하다. 하지만 점거 운동이 시작된 후 지금까지 건제파 의원들 역시 옆에서 '평론'과 '질책'만 해댔다. 그들은 점거 운동이 제대로 끝나기 위해서는 반드시 정부가 점거자들의 정치적 요구를 해결해야 한다는 걸 잘 알고 있다. 하지만 이 의원들은 일방적으로 점거자들에게 퇴거하라고 외칠 뿐이다. 당연히 많은 시민들을 설득하기에는 어려움이 있다. 시민들이 원하는 것은 정치에서 떡고물을 건지는 것이 아니라 사회의 모순을 진심으로 해결하는 것이기 때문이다.

학생들이 선의를 가지고 '정치개혁 재추진'에 관해 대화하자고 제안했을 때, 렁춘잉은 학생들이 단식으로 호소하는 이야기를 무시하고 대화를 봉쇄했다. 건제파 의원들이 사회의 분열을 막고 싶다면, 허위적인 빈말로는 되지 않는다. 그들이 입법회 의원으로서 진심으로 점거가 아닌 대화를 통해 문제를 해결하는 사회를 바란다면, 렁춘잉 정부처럼 냉담하게 강 건너 불구경을 해선 안 된다. 학생들과 함께 정부와의 대화를 성사시키기 위해 노력해야 한다. 우리는 모든 입법회 의원들에게 촉구한다. '정치개혁 재추진'에 관한 학생과 정부 간의 대화를 촉진해달라. 그리고 공개적으로 이 사안에 대한 입장을 밝혀주길 요청한다.

        프린스 웡, 벨라 로우, 조슈아 웡 : 단식 68시간째
        글로리아 쳉, 에디 웅 : 단식 20시간째

| 아들과 벗들의
신념을 위하여 | 2014년 12월 4일 |

후기 가족들의 지지가 없었다면 나는 이 길을 그렇게 오래 걷지 못했을 것이다. 많은 전우들이 부모님의 의구심과 비판을 감당하고 있으며, 집에 돌아가면 가족들과 한 판 싸움을 벌이곤 한다. 그렇기에 나는 행운아다. 이런 아들을 둔 것은 엄마에게 결코 좋기만 한 일은 아닐 것이다. 그런 나에게 엄마는 무조건적인 사랑과 격려를 보내주었다. 그것은 나, 조슈아 웡이 꿋꿋하게 나아갈 수 있는 힘이었다.

• **조슈아 웡 어머니의 공개서신**

열 달을 품은 끝에 아이가 세상에 나왔습니다. 더운 자리를 내어주고 마른자리에 재우며 키웠습니다. 엄마로서 아이가 고생 않고 한평생 평탄하게 살기를, 저라고 바라지 않을까요? 21세기 홍콩이라는 이 격동의 조류 속에 태어난 이상, 쉽게 이루어질 수 없는 바람인 걸까요?

지난 수년 동안 아들과 벗들은 신념을 견실하게 지켜왔습니다. 홍콩인은 공평하고 공정한 선거, 진정 시민의 뜻을 반영할 수 있는 선거, 보편적이고 평등한 선거를 가질 만한 가치가 있는 사람들이라고요. 그리고 이를 위해 몸과 마음과 시간을 바쳤습니다.

사람마다 정치적 견해가 다를 수 있다는 건 저도 잘 압니다. 그들의 행동이 많은 의견 다툼을 일으켰다는 것도요. 하지만 왜 그들이 온갖 비방과 모함을, 악의적인 저주와 모욕을 감내해야 하는 거죠? 10년도 더 전에 살던 셋방이 우리 소유의 부동산이라고 알려졌습니다. 제 개인 전화는 난리통이 된 탓에, 쓰던 번호를 어쩔 수 없이 정지시켜야 했고요. 가족들은 각종 장례용 화환을 받았죠. 있지도 않은 루머가 날조되어 퍼지기도 했습니다. 가족들이 미국 여권을 보유하고 있다느니, 아들이 외국 대학에 뽑혔다거나 장학생이 됐다느니, 해병대 격투 훈련을 받은 적이 있다느니, 가족들이 정당 활동을 한 적이 있다느니, 외국에서 자금 지원을 받는다느니…. 흠집을 내기 위해 수단을 가리지 않았습니다. 어쩌면 인간의 본성이 이 정도까지 추악해질 수 있는 걸까요?

10월 초 정부와 학련이 회담을 가진 후, 정부에서 말했던 '민정 보고'며 '다양한 장'은 사실상 공중누각에 불과했으며 유명무실한 것이었습니다. '문은 항상 열려 있다'고 말하던 정부는 어떤 대화의 가능성도 모두 덮어버렸습니다. 학생들이 정부 청사 바깥에서 단식을 한 지 100시간이 되어갑니다. 오직 정부와 소통하고 대화를 이어가기를 바라며.

홍콩 사회의 각종 분열과 모순은 단지 진압하고 입을 다문다고 해서 능사가 아닙니다. 이에 대해 책임이 있는 정부는, 젊은 학생 세대의 보통선거 요구를 직시해야 합니다. 물론 당신은 학생들의 견해에 동의하지 않을 수도 있겠죠. 하지만 그렇다면 무시와 냉대가 아니라 교육과 소통으로 길을 터야 합니다. 그렇지 않으면, 이들 세대는 더욱더 정부에 저항하고 마음을 돌리게 될 테니까요.

 결자해지結者解之입니다. 정부에게 대화와 소통의 문을 다시 개방할 것을 호소합니다!

조슈아 엄마,
아들의 단식 90시간째에 씀*

---

* 조슈아 웡은 108시간 동안 단식을 지속하다가 의사의 강력한 권유로 단식을 중단했다.

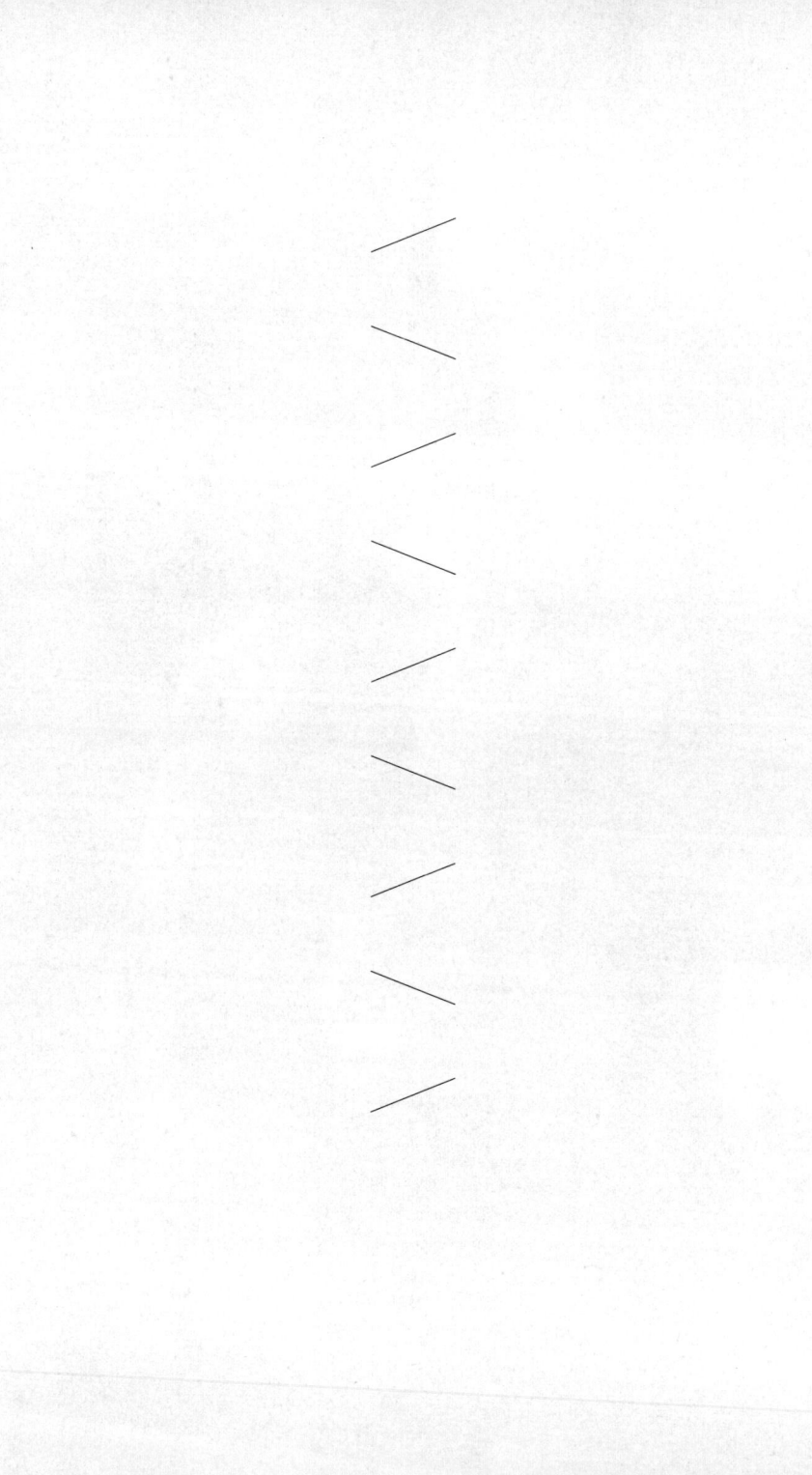

제4부

점거가 막을 내린 후

/ 2014년 12월에서 2015년 6월까지 /

점거 이후, 학민사조는 적지 않은 시간 동안 진용을 가다듬었다. 어떤 이들은 떠났고, 어떤 이들은 합류했다. 나는 변함없이 학민사조의 조슈아 웡으로서, 다시 한 번 소집인(주최자)으로 당선되었다.
이 시기에 외부 매체들로부터 끊임없이 타이틀을 얻게 될 줄은 예상도 못했다. 게다가 항쟁에 참여한 일개 학생이었던 내가 어느덧 국제적으로 주목받는 지명도 있는 젊은이로 탈바꿈했음을 알게 되었다. 그로 인해 당 기관지로부터 오명도 얻고, 말레이시아 정부로부터 귀국 송환을 당하는 일도 있었다. 더욱이 70여 일의 점거에서 일상생활로 돌아와 적응하기까지 어느 정도 시간이 걸렸다. 다행히 내게는 별다른 트라우마가 없었고, 전우들과 계속해서 새로운 방향을 찾아나갈 수 있었다.
점거가 끝난 후부터 정치개혁이 막을 내리기까지, 머릿속에는 여러 생각이 있었다. 비록 원칙은 바뀌지 않았으나 2013년과 비교해볼 때 방법과 임하는 마음에는 약간의 전환이 있었다. 홍콩 사람들이 민주주의로 가는 출구를 찾는 데에 내가 점거 전야에 쓴 글들이 그저 도움이 되길 바랐다. 또 정치개혁안이 부결된 이후, 우리 범민주 운동 인사들이 다음 정권에서 동일한 운명을 다시 마주할 필요가 없길 간절히 바랐다.

내가 뽑은 '올해의 인물', 불복종자

2014년 12월 25일

후기 점거가 끝난 후, 처음으로 지난 1년간의 운동을 글로 정리했다. 당시에는 시간이 많이 없었던 탓에, 글에 특별한 분석이나 관점을 담지 못했다. 아마도 강제 철거 후 돌아간 일상에 아직 적응을 못했던 탓이었을 거다. 이 책이 판매가 되면, 불복종자는 미래를 역전시키는 데 성공할 수 있을까? 아니면 다음번에야 가능할까? 내가 더 중요하게 생각하는 것은 '대체 미래를 바꿀 의지를 가진 불복종자가 아직 몇이나 남았는가?'다.

연초만 해도 '센트럴 점거'가 사람들에게 '미친놈이 하는 잠꼬대'로 치부되었던 것을 기억한다. 현실주의자를 자처하는 무수한 사회의 명망 있는 인사들은 기존의 법칙이나 논리에 따라, 센트럴 점거는 실현될 수 없다고, 비현실적이라고 여겼다. 보통선거를 위한 시민들의 항쟁에 사망 선고를 하듯 말이다. 결국에 가서 마지못해 실현이 되더라도 몇 사람 모이지 않을 거라고. 그러나 학련의 전우들은 이런 비아냥에도 불구하고 신념을 포기하지 않았다. 7월 2일 시민 불복종을 발기하고, 모두 511명의 불복종자가 처벌을 감수하고 연행되었다. 연

초에 학생들을 비웃던 중년의 시민들도 이런 결과는 예상하지 못했으리라. 바야흐로 시민 불복종의 항쟁 모드가 서막을 올렸다.

봄과 여름 사이, 영문을 알 수 없는 백서 한 권이 북쪽에서 내려왔다. 중앙정부가 홍콩에 대해 전면적인 통치관리권을 갖는다는 점을 명시했고, 나아가 홍콩 행정장관과 법관은 반드시 나라와 홍콩에 '애국'해야 함을 말하고 있었다. 법조계는 국무원이 고의적으로 '삼권 분립'의 가치를 '삼권 공조'로 바꾼 것에 대해 비난했다. 당시 교수들은 종일 시민투표일의 투표율에 온 신경이 몰려 있었고, 각계에서는 '일국'이 '양제'보다 우위에 있음*을 피력하는 것에 우려를 표하며, '홍콩은 홍콩인이 다스려야 한다는 명제는 유명무실해졌다'고 외쳤다. '투표를 해도 소용없다' '정부는 당신을 신경 쓰지 않는다' 등의 논조가 모두를 맥 빠지게 하고 의기소침하게 했다. 10만 명이 투표하는 것도 다들 불가능한 일이라 여겼는데, 80만 명이 투표를 통해 중앙정부에 항의를 한다는 아이디어는 더 말해 무엇할까. 그러나 백서는 진정한 보통선거를 향한 우리의 고집을 꺾지 못했다.

8월 31일, 전인대가 공포한 내용은 민건련(홍콩 집권 여당)보다 더 보수적이었다. 공회연합회(친중 성향 정당)랑 비교해서

---

*중국은 일국양제, 즉 '한 국가, 두 체제'의 원칙 아래 홍콩을 관리해왔다. 그런데 이전까지는 '두 체제'가 '한 국가'보다 강조되어 홍콩의 자율성에 방점을 찍었다면, 백서에서는 '한 국가'가 '두 체제'보다 강조되어 중국과의 통합성에 무게를 두었다.

도 더 형편없는 결정이었다. 행정장관 후보로 나서려면 위원회에서 지명 과반수를 넘겨야 한다는 원칙을 적용해, 국제 기준에 부합하는 20여 개 방안을 일괄 부결시켰다. 환상이 깨진 온건파 학자들은 '민주적 반환은 이미 죽었다'고 외쳤다. 의회 의원들은 방안을 부결시키겠다는 입장을 표명하는 것 말고는 별다른 대책이 없는 것 같았다. 하지만 민중은 늘 리더를 뛰어넘는 법, 그들은 정치적 현실을 받아들이는 것이 아니라 정치적 이상을 실현하기로 택했다. 9월 28일, 시민들은 최루탄 87발에 맞섰으며 세 개 점거 구역에서 '자애로운 어머니'의 손에 들린 쇠곤봉에 80일 넘게 두들겨 맞으면서도 세상을 향해 발언했다. "우산을 드는 이유는 단 하나, 민주를 향한 우리의 다짐이 전인대의 결정으로 인해 희석되는 것을 보고 싶지 않기 때문이다."

홍콩 보통선거에 대한 중앙정부의 제약은 1년간 늘었으면 늘었지 전혀 줄지 않았다. 힘없는 자들이 권력자가 쳐놓은 장벽을 넘어선다는 것은 매번 갈림길에 서는 것과 같다. 아등대다가 낙담하다가 많은 사람들이 운명에 순응하는 쪽을 택하곤 한다. 전인대의 결정이 인민의 뜻과 다름을, 가짜 보통선거가 실제로 문제투성이임을 명백히 알면서도, 자기도 모르게 혹은 세간의 계산과 뒷생각들로 인해 그냥 참고 견디는 것이다. 하지만 그와 반대로, 쇠로 만든 방에서 끊임없이 외치는 소수의 사람들도 있다. 이들은 불복종자의 역할을 맡아 이미 정해진 '복종'의 운명에 따르길 거부한다. '하면 안 되는 걸 알면서도 한다'는 마음가짐으로, 불가능을 가능으로 바꾸려 한다. 매번 장벽에 맞닥뜨릴 때마다, 이를테면 6·22시민투표에서, 학련과 학민사조의 7·2 센트럴 점거 예행연습에서, 최루탄을 저지하려는 9·28시위에서, 그들은 '그럼에도 불구하고' 불가능을 가능으로 바꾸어냈다.

올해 내가 뽑은 '올해의 인물'은 바로 이 불복종자들이다. '각오' '견지' '신념', 이것이 그들의 키워드다. 비록 권력자들은 불복종자들의 미래에 가짜 보통선거만을 주었지만, 불복종자들은 이를 잠자코 받아들이는 것과 미래를 바꿔내는 것 사이에서 후자를 택했다.

2015년, 끝내 상황이 역전되어 불복종자들이 기대하던 미래가 우리 품으로 오기만을 바란다.

정부를 뛰어넘는
어젠다 세우기

2015년 1월 10일

후기 사실 당시 홍콩이 맞닥뜨린 곤란한 상황이란 건 이렇다. 즉, 당신의 요구가 얼마나 온건한지 급진적인지 상관없이, 모조리 중앙정부에게 거절과 문전박대를 당한 상황에서 어떻게 중앙정부가 양보하도록 할 수 있겠는가? 만약 홍콩 사람들 앞에 중앙정부를 무릎 꿇게 할 수 있는 필승의 전략이 있었다면, 우산운동은 그렇게 아무 소득 없이 끝나지는 않았을 것이다. 어떻게 출구를 찾을 것인가? 큰 난제다. 하지만 만약 점거 12개월 내에 노란 리본 진영이 노선상의 별다른 개선을 보이지 못한다면, 우리의 최후는 중앙정부에 의해 결정될 수밖에 없을 것이다.

캐리 람은 '진입장벽을 낮추는' 방안을 들고 나왔다. 그녀 말로는 100명의 지명위원이 지명만 하면 예비 후보로 등록될 수 있다는 것이다. 정부가 깨어 있으며 공정하다고 어필하려는 의도다. 하지만 본질로 돌아가 생각하면, 결국 이 작은 후보 지명위원회에서 600명의 지명을 얻어야만 이 장벽을 넘어 정식 후보자가 될 수 있다. 그렇다면 민주파 정치인들은 예비 후보로 나설 수 있되, 정식 후보자가 될 수는 없게 된다. 마치 식당에 와서 착석은 할 수 없는 자리를 예약하는 것과 같다. 직설적으로 말하자면 친정부 인사들만 승리할 수 있고, 범민주 인사들은 선거에서 들러리 역할만 하는 것이다.

앨버트 첸 교수가 제안한 '기권표로 뒷문 사수' 방안은 기존 투표용지에 한 가지 선택사항, 즉 '위의 후보자 모두 부결'이라는 항목을 추가하는 것이다. 이로 인해 선거의 경쟁구도는 더욱 뜨겁게 달아올랐다. 이 일로 인해 나는 혹시 대중이 선거의 본질을 망각하고 있는 건 아닌가 하는 의구심이 들었다. 선거의 본질이란 지지하는 후보자들에게 'say yes'라고 표를 던짐으로써 현명하고 유능한 인재를 뽑는 데 있지, 소극적으로 어쩔 수 없이 지지하지 않는 후보자에게 'say no'를 선택하는 데 있지 않다. 이런 방식이라면 유권자들에게 진정한 의미에서는 투표권이 없는 것과 마찬가지다. 설령 이 제안이 실행된다 해도, 선택권이 없는 정치 현실을 바꿀 수는 없다. 실제적으로 도움이 안 되는 것이다.

사회의 현자들은 대중이 번잡하고 사소한 세부 조율에 초점을 두도록 만들고 있다. 정치개혁 문제의 핵심을 직시하지 않으려는 것은 사실 예상한 일이었다. 그러나 홍콩인들은 이런 사소한 일에 매몰되어 홍색 진영의 노선 전환이 진정 무엇 때문인지를 잊어선 안 된다. 이는 사실 대규모 사회 운동이 출현할 때마다 홍콩의 정치 판도에 일정한 지각 변동을 초래하기 때문이다.

2003년의 7·1시위 이후 건제파는 직능별 투자 자원을 통합하는 작업을 진행했다. 그리고 2012년 좌파는 국민교육 교과를 보류하고, 이어서 '애愛' 자로 시작하는 이름의 단체와 친정부 인터넷 매체를 만들었다. 세계의 이목을 끈 우산운동으로 인해 젊은이들은 더 이상 정권을 신뢰하지 못하게 되었다. 공산당은 내내 점거가 위법이라고 비판하는 것 외에도, 노선상의 변화가 있었다. 천줘얼 중국 전국홍콩마카오연구회 회장은 점거를 "교육의 혼란 상태"로 정의했을 뿐 아니라, 중국 헌법과 현지 교육 사이의 괴리가 발생하지 않도록 현지 교사들이 학생들을 교육시켜야 한다고 말했다. 라오거핑 베이징대 법학 교수는 홍콩 교사들에게 반反식민화 교육을 촉구했고, 홍콩 반환 후에 태어난 청소년들이 대영제국에 미련을 못 버리고 있다는 터무니없는 발언을 했다.

　이러한 이유로 정치개혁은 절대로 단순히 헌정개혁의 문제가 아니다. 중국과 홍콩의 권력 범위를 경계짓는 문제일 뿐만 아니라, 나아가 홍콩 이데올로기의 전환에 직접적으로 영향을 미친다. 제일 안타까운 점은, 어떤 이들은 아직도 중앙정부에 환상을 갖고 있다는 점이다. 그만큼 겪어보고도 전인대의 8·31프레임 아래에서 정부 어젠다를 따라 아무 소용없는 소소한 논의만 하고 있으니, 참 어이가 없다.

'분노한 학부모들'에게 묻는다

2015년 1월 29일

후기 나는 중고등학교에 초청을 받아 강연을 할 때, 그 학교 이름을 공개하지 않을 것이다. 이는 학교 측이 불필요하게 '파란 리본'의 방문을 받지 않도록 하기 위해서이다. 다만, 학교에 가서 내 경험을 나눌 기회는 많기 때문에, 만약 이렇게 해서 조슈아 웡의 입을 막을 수 있겠거니 생각한다면 아주 크게 착각하는 것이다. 대체 누가 사회 운동에 참여하고 정부를 지지하는 중고등학생이 없다고 건제파에게 이야기한 건가? 만약 건제파가 파란 리본을 달고 정부를 지지하는 시위를 하는 중고등학생을 찾아낸다면, 그때야말로 내가 학교에 와서 발언할 기회가 대폭 줄어들 것이다.

그제 샤틴뤼밍차이중학교 학생회의 초청을 받아, 내 4년간의 정치 참여 경험을 나눌 기회가 생겼다. 어제는 갑자기 열 몇 명의 자칭 '분노한 학부모들'이라는 사람들이 교문 앞에서 시위를 했다. 그들은 교감에게 서신을 전달하며 나를 초청해 강연을 연 것에 대해 문제 제기를 했다. 이번 강연회가 위법적인 수단으로 요구 사항을 쟁취해내는 것을 묵인하는 것과 다름없지 않느냐는 것이었다. 또한 그들은 이번 행사를 '교류의 정치화'이자 '학생들에게 범법 행위를 조장하는 것'이라며 매도했다. 원래 조용히 일을 처리하려 했는데 그만 파란 리본 지지자들에게까지 알려지면서, 교장은 '교육계의 탈레반' '악의 축'이라는 말까지 들었다. 나는 그저 내 마음가짐에 대해 이야기하려 했을 뿐이다.

플래카드에는 이렇게 쓰여 있었다. "미친 황제에게 굴복한 교육은 글러먹었다." 인신공격이었다. 내 이름 '조슈아 웡黃之鋒'을 발음이 비슷한 '미친 황제皇痴瘋'로 바꾼 것을 보면 그들이 얼마나 저급한지를 알 수 있다. 나는 그들의 소란을 웃음으로 넘겼다. 파란 리본 지지자들의 이런 작전은 되레 그들이 얼마나 저열한지를 증명할 뿐이다.

___당신은 정말 이 학교의 학부모가 맞나요?

자칭 '분노한 학부모들'은 '학부모'라는 말로 시위의 정당성을 더 확보하려 했다. 간단히 말해, 학부모 신분을 통해 자기주장의 설득력을 높이려 한 것이다. 사실 더 많은 수의 홍콩 사람들은 그들과 생각이 다르다. '중고등학교에서 조슈아 웡을 초청해 이야기를 들어보는 것은 좋은 일이지. 하등 문제될 게 없어.' 그럼에도 '분노한 학부모들'은 우리 학생 대표가 일반 학생들을 만날 기회를 막는다. 그런데 이 시위 인파들은 누구 하나 자신이 어느 학교의 누구 부모인지 정체를 밝히는 이가 없다. 이렇게 단지 학부모 신분임을 이용해 발언하려는 치들에게는 사실 손을 써서 압박하고 저지하는 따위의 일도 아깝다. 이 학교 학부모들도 별다른 성명을 내지 않고 있는 상황에서, 학교 밖 사람들이 청원을 내고 서신을 전달하고 촬영을 하고 시위 팻말을 들고… 참 열심히도 나선다.

___왜 고작 세 곳의 매체에서만 보도를 했을까?

그들이 행동에 나선 후에 이를 매체에서 보도해주길 바라는 마음은 크게 비난할 것이 없다. 다만 이 학부모들의 시위에 대해 보도한 곳이 〈문회〉〈동방〉〈태양〉, 이렇게 세 곳뿐이었다. 헤드라인은 "분노한 학부모, 조슈아 윙에 항의하다" "학부모, 조슈아 윙을 학교에 들인 것에 항의하다" 등이었다. 입장이나 태도가 어떠하든, 모두들 잘 알 것이다, 주류 매체인 〈명보〉〈빈과〉〈성도〉〈경제〉 모두 시위에 대해 보도하지 않았다. 그런데 한 가지 생각해볼 점이 있다. 만약 어떤 사건이 모 진영 매체의 관심을 받게 되었는데, 시위자들이 이름도 성도 밝히지 않으려 한다면(최소한 어디 학부모 혹은 어디 교사회 등의 기본 정보라도 내놓지 않겠는가), 이것은 순수하게 학부모들이 자원해 벌인 일이 아니지 않을까? 무엇보다 시위라는 것을 할 때에는 어떤 완결성 있는 정치 의제가 있기 마련이다. 그런데 이 시위를 보자. 우산운동의 대표적인 인사가 학교에 가서 발언을 한 이튿날, 곧바로 중년의 어르신이 와서 시위를 벌였다. 학교에서 노란 리본 지지자를 초청해 강연을 열었으니, 파란 리본 지지자도 질 수 없다는 의미인가?

＿＿내가 학생들에게 범법 행위를 가르쳤다고요?

시위자들은 내가 학생들에게 범법 행위를 하도록 가르쳤다고 비판한다. 나는 묻고 싶다. 그날 그들이 내 강연을 듣지 않았다면, 그리고 '학부모'라고 주장하는 시위자들의 자녀가 토론이란 걸 할 수 있는 곳에 가본 적이 없다면, 대체 무슨 근거로 내가 학생들에게 범법 행위를 하도록 가르쳤다는 말을 하는가? 외부 인사의 초청 강연을 여는 까닭은 개인의 경험과 생각을 나누기 위해서다. 나는 단 한 번도 뭘 '가르친다'는 마음가짐으로 동년배의 친구들에게 내 생각을 얘기한 적이 없다. 더더욱 말할 필요도 없겠지만, 학생들에게 시민 불복종에 참여하라고 촉구한 적도 단연코 없다. 그저 나라는 개인이 시민 불복종의 방식으로 '민주'를 쟁취하려는 것에 대해 이야기한다. 그날도 시작부터 나는 반 친구들에게 다음과 같이 말했다.

오늘 여기서, 제 생각이 중립적이고 완전히 객관적이라고 말하지 않을 겁니다. 저는 한 학생 조직의 대표로서, 절대적으로 저의 입장이라는 것이 있으니까요. 대신 제가 이야기를 마친 후에 여러분은 자신의 기준에 따라 생각해보고, 제 견해에 동의할지 말지 결정할 수 있습니다. 만약 동의하지 않거나 의문이 든다면, 질의응답을 통해 한껏 문제 제기를 해주세요. 얼마든지 환영입니다.

___대체 어디에 '교류의 정치화'가 있습니까?

학부모들이 '교류의 정치화'(학생들과 교류할 때 정치적 화제를 많이 넣는 것을 뜻한다)에 대해 이야기하는 것은 더 이상하다. 학생회는 내게 "청소년이 정치 활동에 참여할 때의 역할"에 대해 말해달라고 요청했다. 그럼 정치를 말하지 않으면 달리 뭘 말할 것이 있을까? 학생 친구들에게 건담 프라모델을 어떻게 조립했는지나 이야기해야 할까? 학생회에서 내게 강연 초청을 했고 학교가 승인했는데, 그들이 무슨 자격으로 다시 그걸 규정하고 승인을 거론하는가?

교장들은 모두 이렇게 말한다. "조슈아 웡이 늘 제일 앞에서 정치 활동에 참여해왔기 때문에, 올해 개학하자마자 관련 결정을 다 승인했다." 파란 리본 여러분께서 만약 학교가 나를 초청해 강연하게 해서는 안 된다고 생각한다면, 당신이 교장 입장이 되어 생각해보라. 대체 누굴 초청해 중고등학생의 정치 참여를 이야기하게 할 것인지. 건제파 진영에는 중고등학생 나이에 정치 실무에 참여하고 매체의 주목을 받는 학생이 없다. 왜 파란 리본이 그토록 오래 학생계라는 교두보를 공략하면서도 그곳에 입성하지는 못했는지, 학협學協이 왜 학련學聯 세력에 눌려 중고등학교에서 돈으로 아무리 공세를 펼쳐도 그 정치적 목적을 달성하지 못하고 있는지 생각해보라. 참으로 딱하기 이를 데가 없다.

── 네가 있으면 내가 없다?

〈명보〉에 따르면 샤틴뤼밍차이중학교의 원溫 교장은 분명히 밝힌 바 있다. 학생들이 다양한 각도에서 사회적 이슈를 이해하도록 하기 위해, 앤슨 찬과 재스퍼 창뿐 아니라 전인대 대표 등을 초청해 교내 강연을 하도록 했다고. 학교는 정치적으로 중립적이고, 학생들이 저마다 다른 정치적 입장의 다양한 관점을 듣는 것을 용인한다. 그런데 파란 리본은 자신들과 동일한 입장을 가진 이들, 정협의 고관들만이 학교에 가서 강연을 해야 한다고 생각한다. 범민주 의원, 학생 대표는 모두 실격인 것이다. 파란 리본은 '너와 나는 공존할 수 없다'는 정치 입장을 부르짖는다. 그렇다면 그들은 이후 정협이 학교에서 강연을 하면, 바로 누군가 쫓아와 학교 밖에서 그들을 공격할 것이라고 생각하는가? 이러면서 종일 사회 분열이 심각하다 말하니, 오늘날 파란 리본만 있고 노란 리본은 없어야 한다는 식의 풍조는 대체 어디에서 조장한 것인가?

앞으로 파란 리본 지지자들의 수법이 점점 더 교활해질지 어떨지 나는 잘 모르겠다. 하지만 분명한 것은 그들이 학생계라는 교두보에 대한 공격을 멈추지 않을 거라는 점이다. 내가 학교에 가서 경험을 나누는 일 정도에 이렇게 크게 반응한 것만 봐도 알 수 있다. 작년에 대입시험을 본 후, 학교 세 곳에서 강연을 했다. 나는 학생계를 반드시 수호할 것이다. 당신한테 장량*의 계략이 있다면, 내게는 담을 넘을 사다리가 있다. 당신에게 얼마나 많은 청년군과 학교 교류 단체가 있든, 우리는 앞으로도 계속 우리의 방법으로 민주와 자유에 대한 굳은 신념을 지켜갈 것이다.

＊ 한나라 고조 유방의 책사. 항우와 유방이 만난 '홍문의 연회'에서 유방을 위기로부터 구했다.

민주와 비민주는
한 글자 차이

2015년 1월 31일

후기 정부의 정치개혁안을 통과시키고 싶어 안달 난 사람은 아마 레지나 입 한 명뿐일 것이다. 베이징 관원들도 통과시켜야 할 필요를 못 느끼는 방안이다. 정치개혁안 통과 여부와 무관하게, 중앙정부에서 지명한 정치인은 100퍼센트 순조롭게 행정장관 후보자가 될 수 있기 때문이다. 내가 과감하게 예측해보자면, 정치개혁안의 결말이 어떠하든, 다음번 행정장관 후보자 명단에 반드시 이 두 사람이 있을 것이다. 렁춘잉, 그리고 레지나 입.*

보도매체 학원學苑**에서 편찬한 《홍콩민족론》은 작년 9월에 출간되어 원래 몇 천 권 팔지 못했었다. 알다시피 현재 홍콩의 독립을 지지하는 이는 몇 안 된다. 그런데 렁춘잉이 '시정 보고'를 발표하는 당일에 《학원》지를 비판하면서 《홍콩민족론》이 장안의 화제가 되었다. 불과 보름 만에 3쇄를 더 인쇄해 겨우 밀려드는 수요를 맞췄다. 그야말로 렁춘잉 행정장관

---

* 2017년 행정장관 선거에서는 캐리 람, 존 창, 우쿽힝이 후보로 나서 캐리 람이 당선되었다.
** 홍콩대학 학생회 내의 유일한 보도매체. 동명의 정기간행물도 발행하고 있다.

이 바랐던 대로, 공적인 방식으로 해당 레퍼토리를 만들어낸 것이다.

우산운동이 주장하는 바를 분리주의인 양 왜곡하기만 하면, 운동의 기본 축을 얼마든지 '보통선거 쟁취'에서 '홍콩 독립'으로 변질시킬 수 있다. 이는 가상의 적을 만들어 적색 진영을 단결하게 만들고 양측의 충돌을 극대화한다. 더 중요한 점은 이것이 베이징의 태도를 더욱 강경하게 만들어, 앞으로 제대로 된 정치개혁안을 통과시킬 기회조차 사라진다는 것이다. 중앙정부의 입장에서는 그것이 어떠한 변혁이든지 간에, 변혁을 하는 것보다는 기존 제도를 유지하는 것이 더 낫다. 중앙정부가 계속해서 전면적으로 후보자를 통제하는 데, 곧 매파의 수장인 렁춘잉이 제일 낮은 리스크로 행정장관을 연임하는 데 기존 제도가 더 유리하기 때문이다. 렁춘잉은 마치 세상을 그냥 조용히 둘 수 없다는 듯, 일부 소수의 생각을 모두의 생각인 양 침소봉대하고 있다. 홍콩을 통틀어 정치개혁안을 제일 부결시키고 싶어 하는 사람이 바로 그라는 사실을 배제하지 않겠다.

역시나 정부 공무원들은 줏대가 없는 팔랑귀다. 그중 로니 통은 조건 하나를 내걸었는데, 만약 2022년 행정장관 선거의 후보 지명 문턱을 낮춘다면 최종적으로 양보를 해 범민주파의 방향 전환을 널리 알리겠다는 것이다. 이에 대한 레이먼드 탐의 답례는 고작 2022년 후보 지명 절차의 개선에 대한 승낙을 고려하겠다는 것이었다. 상부에서도 정치개혁안 통과를 바라지 않는 상황인데, 아랫사람으로서 굳이 에너지를 써가며 '프로그램 상영'을 막을 필요가 없는 것이다.

결과적으로 현재 정치 현장에는 앨버트 첸만이 남아 필사적으로 횡설수설하고 있다. 한때 유사 범민주파였던 건제파 세 명(안나 우, 앤서니 청, 크리스틴 로)은 홍콩 사람들에게 말하고 다닌다. "사실 범민주파도 최종 후보 3인에 들어갈 기회가 있어요!" 그러나 첸 교수는 모른다. 아무리 신묘한 보완책을 짜낸다 하더라도, 우산운동에 참여한 바 있는 노란 리본 지지자들은 이 안의 통과에 동의할 수 없다는 것을. 만약 당신이 단순히 큰길 점거에 반대하던 소시민이라고 하자. 2017년 행정장관 보통선거를 하는 날, 투표소에 갔는데 후보자 셋이 모두 점거에 참여했던 오드리 유, 렁궉훙, 앨버트 호임을 발견한다. 중앙정부에 충성하고 점거를 반대하던 그 모든 정치가들은 행정장관 후보조차 되지 못했다면, 당신은 어떤 느낌이 들겠는가?

이러한 상황은 현재 노란 리본들이 지금의 방식, 즉 건제파만이 후보자가 되는 보통선거를 받아들이지 않는 이유다. 민주와 비민주는 한 글자 차이다. '과반수 지명'을 받으면 행정장관 후보로 나설 수 있다는 부분은 여전히 바뀌고 있지 않다. 이는 민주파를 행정장관 선거로부터 완벽하게 차단해놓는 것이니, 결국에는 모든 '개선'도 에너지 낭비인 셈이다.

고작 물러터진
오렌지 세 개를
주고

2015년 2월 7일

후기 티파니 친(학민사조 멤버)이 입법회에서 노래를 하고, 정부 측의 라우콩와와 인사를 나누고 발언한 동영상이 하룻밤 사이 퍼져 60만 뷰를 기록했다. 이에 비해 내 발언은 고작 20여만의 사람이 동영상을 봤고 실로 특별한 것 없는 평범한 것이었다. 입법회의 공청회에 들어가기 두 시간 전, 카페에서 티파니와 머리를 쥐어짜 연설 원고를 만들었다. 그때 그녀가 연설 리허설을 하는 것을 들을 때만 해도 별일 아니라고 생각했다. 사실 이 정도로 여론에서 화제가 될 줄은 상상도 못했다. 아마도 정부에 대한 민중의 원망과 분노는 이런 방식에 힘입어 드러나는 것 같다.

• 입법회 연설 중에서

오늘 최고의 변론가인 라우콩와만이 여기에서 고군분투하고 있습니다. 그는 지난번 입법회 선거 낙선자로, 정치 현장에서 공개적으로 발언할 기회가 줄어들었다는 것을 알았습니다. 저는 두 가지를 묻고 싶습니다. 지금 당신이 즉석에서 바로 답을 할 수 없음을 잘 압니다. 하지만 고개를 움직여 의사를 표시할 수 있을 테니, 위아래로 끄덕이면 '예스', 좌우로 흔들면

'노'라고 알겠습니다. 오늘 우리 사이에 많은 교류가 있길 기대합니다.

첫 번째 문제는 정치 문제입니다. '1인 1표'이면 그것은 곧 보통선거랑 같습니까? (국장님, 고개를 움직여 의사를 표현할 수 있습니까? 국장님? 국장님?) 여러분, 저는 바로 답을 드리기보단 예를 들어 답을 하려 합니다. 실은 김정은도 1인 1표로 탄생했습니다. 그럼 북한도 민주국가란 말입니까? 현재 전인대의 8·31결정에 따르면, 작은 범위의 지명위원회 방식으로 행정장관 후보자를 결정하게 됩니다. 결과적으로 나라에 충성할 뿐 아니라, 당에 충성하며 권력 귀족들에게 부화뇌동하는 이들이 우선적으로 선거에 참가할 수 있겠죠. 현재 중앙정부에서는 끊임없이 우리에게 말합니다. 투표를 할 수 있으니 보통선거랑 같다고. 하지만 사실 완전 유명무실한 것이지요. 투표권은 있지만 선택권이 없으니 '보통선거'라고 부를 수 없는 겁니다. 우리는 딸기, 사과, 오렌지를 고르고 싶은데, 고작 물러터진 오렌지 세 개를 주고 그중에서 고르라고 합니다. 이런 상황에서 투표하는 것과 투표하지 않는 것이 도대체 무슨 차이가 있습니까!

두 번째 문제는 상식 문제입니다. 국장님은 허기질 때 배를 채우기 위해서라면 유해식품이라도 드실 겁니까? (국장님, 끄덕이실 수 있으세요? 아니라고요? 확실히 의사 표시를 해주셔야 합니다! 이 정도면 귀가 달리지 않은 쓰레기통이라도 잘 들릴 텐데요.) 여러분, 라우콩와는 일단 1인 1표로 행정장관을 뽑는 방식을 실행하자고 합니다. 즉, 일단 받아들인 후 다시 이야기하자는 뜻인데요. 제 생각에 전인대의 8·31결정에 따른 보통선거는 완전히 유해식품입니다. 먹고 나면 잠깐은 허기를 채울 수 있겠지만, 장기적으로는 건강에 문제를 일으킬 거예요. 민주를 20년간 기다려온 홍콩 사람들은 아주 배가 고픕니다. 하지만 나쁜 정책을 수락하는 것은 곧 상한 음식을 먹는 것과 같습니다. 먹고 나서 이야기하자고요? 그것은 부정적인 영향만 더 심각하게 가져올 겁니다. '건강한 민주'라는 측면에서 생각하면, 일시적으로 허기를 채운다고 악질적인 정책을 받아들일 수는 절대로 없습니다.

중앙정부에서는 2017년의 선거 방식이 최종 정책이 아니라고, 이후에 개선할 수 있다고, 천천히 고쳐나가자고 말합니다. 그러나 홍콩 사람들더러 전인대의 8·31프레임하에서 변하라고 하면, 저는 어떻게 변해야 할지 정말 모르겠습니다. 설령 변한다 할지라도, 그것이 좋은 쪽으로의 변화인지 그 반대인지도 모르겠습니다. 우리 학민사조는 변함없이 반대하는 입장입니다. 그래서 오늘 저는 라우콩와와 좋은 관계를 유지하고 있는 쓰레기봉투를 특별히 가져왔습니다(아쉽게도 오렌지색이 아니네요). 제일 좋은 방법은 '일단 받아들인 후 다시 이야기하자' 방안을 쓰레기봉투에 넣고 그것을 부결시키는 겁니다.

진리라는 건 논쟁을 하면 할수록 명백해진다고 합니다. 우리 학민사조는 지금 선전포고를 하려 합니다. 정부가 우리와 공개적으로 대화에 나서 정치개혁 토론에 임하기를 요구합니다. 어떻게 홍콩 사람들의 뜻을 반영한 정치개혁안을 다시 내놓을 것인지, 또 보통선거를 통해 입법회를 구성한다는 것은 곧 직능별 대표제를 폐기한다는 뜻인지* 논의하고자 합니다.

라우콩와 국장님께 아래 세 가지 문제에 대한 답변을 요청합니다.

첫째, 정부는 학생과 대화에 나서려는 성의가 있습니까?

둘째, 이번 정치개혁안이 부결되면, 그 후 홍콩 정부는 정치개혁을 재추진할 것입니까?

셋째, 보통선거를 통해 입법회를 구성하는 것은 직능별 대표제를 폐기하는 것을 말합니까?

---

* 홍콩입법회는 총 70개의 의석으로, 그중 35석은 직선으로 선출되지만, 나머지 35석은 직능별 대표제로 선출된다. 범민주파는 우산운동 당시 행정장관 선거만이 아니라 입법회 선거도 직선제를 요구했다.

캐리 람, 눈 가리고 아웅

2015년 2월 10일

후기 사실 어떤 자리에 있는 사람이든 권력과 영향력을 갖춘 이라면, 권력을 가지지 못한 자들에게 감시와 비판, 도전을 받게 된다. 정부가 민주파의 노란 리본 지지자들을 맞닥뜨리는 것뿐 아니라, 학련과 학민사조는 '무대 철폐'*를 외치는 본토파를 맞닥뜨리게 되고, 심지어 조직을 소집한 사람 역시 조직 내의 멤버들과 마주해야 한다. 모두 같은 이치인 것이다. 물론 각 상황마다 해결 방법은 다를 수 있다. 하지만 나는 동일한 시스템 내에서 나와 의견이 다른 사람을 적절히 대면하는 것은 반드시 배워야 할 과제라고 생각한다. 조직·운동권·정계만이 아니라 심지어 학교·직장·가정 내에서도 그렇다.

공민광장은 확실히 넓고 뒷길도 많아, 지형상 추격전을 하기가 쉽지 않다. 그 탓에 올해 비교적 대규모라 할 수 있는 시가전에서, 캐리 람을 멈춰세우는 것은 참 쉽지 않았다. 하지만

---

* 우산운동 당시에 본토파는 발언 기회가 일반 민중에게 개방되지 않고, 일부 리더들에게만 집중되는 것에 반대해 '무대 철폐'를 주장했다.

솔직히 우리는 추격을 위한 추격을 한 것이 아니다. 40여 명에 달하는 학민사조 멤버들은 '대전정관'* '청년이여 미래를 다시 쟁취하자' 등의 전우들과 연대해 순전히 청원서신을 캐리 람에게 전달하려는 의도였다. 그가 학생들의 목소리와 요구를 직시하는 법을 배울 수 있기 바랐다. 하지만 예상치도 못한 몇백 명의 경찰들이 층층으로 우리를 에워쌌고, 게다가 후춧가루를 맘껏 난사했다. 사람을 놀라게 할 만큼 지나친 처사였다.

우리는 작전을 하는 동안 질서 있게 순순히 줄을 서 입장하려고 했다. 추첨에 뽑히지 않더라도 빈자리가 나면 순서대로 입장하려고 했다. 만약 열 개의 좌석이 빈다면 열 명이 입장할 수 있을 테고, 60개가 빈다면 우리 인원 전부가 입장할 수 있을 거라고 짐작했다. 그런데 예상 밖의 일이 벌어졌다. 이미 입장한 우리 학민사조 친구들이 왓츠앱으로 장내에 수없이 많은 의자가 비어 있는 사진을 보내온 것이다. 나는 우리에게 입장할 기회가 많을 거라고 진심으로 기대했다. 그런데 청년사무위원회에서 스태프를 보내와서 말했다. "장내 전체가 모두 빈 의자라고 하더라도, 청년들을 입장시키지는 않을 겁니다." 그 빈 의자는 청년들을 위한 것이 아니라, 중년의 아저씨들을 위한 것이었다.

눈앞에서 입장 기회가 사라진 건 그렇다 치자, 최소한 자리

---

* '大專政改關注組'의 줄임말로, 홍콩 각 대학(전문대 포함) 재학생들이 만든 조직이다. 민주적 정치개혁 운동에 참여하고자 하는 대학생들을 위한 네트워크.

추첨에 뽑힌 학우들은 들어갈 수 있어야 하는 것 아닌가. 학민사조의 마이麥 학우(마지막에 추첨으로 뽑혀서 발언한 그 친구)는 한 손에는 '정치개혁 재추진'이라고 쓰인 A4용지를 들고, 다른 한 손에는 이메일로 받은 입장허가증을 들고서 장내에 들어가려 했다. 그런데 한 경비원이 갑자기 그에게 "이 종이를 들고는 입장할 수 없다"고 했다. 먼저 받은 이메일에는 입장 전에 검사 절차가 있다는 언급이 없었다. 더욱이 왜 '정치개혁 리부팅'이라는 일곱 글자를 들고는 입장할 수 없다는 것인가? 정부와 생각이 다른 구호라면 어떤 것이든 들여보낼 수 없다는 것인가? '2017년, 놓쳐선 안 될 기회' 같은 정부의 생각을 옹호하는 구호만 허용된다고? 그야말로 정부가 사람들을 '선별'해 입장시키고 있음을 증명하는 것 아닌가? 몇 차례 실랑이를 하던 마이 학우는 결국에는 행사 전체를 다 놓칠 수는 없어서, 그 시위 구호를 내게 넘기고는 어렵사리 장내로 들어갔다

나중에 더욱 엉뚱한 일이 있었다. 어찌된 일인지 열한 살짜리(다섯 살 아님) 어린 친구가 우리의 시위 행렬에 함께하고 있는 것이었다. 우리는 그 아이를 불러 어떻게 교복을 입고 이렇게 형·누나들과 같이 시위를 하고 있는지 물었다. 일단 그 아이에게 마이크를 쥐어주고, 함께 "우리는 진정한 보통선거를 원한다" "직능 분야를 폐지하라" "전인대 결정을 철회하라"라고 외쳤다. 그 후 라파엘 웡(당시 사민련 부주석)이 그 애에게 왜 여기 있는지 물었다. 아이는 자신이 차이완에 산다고 말했다. 원래 평소에 매일 학교가 끝나면 청년광장 6층 자습실에 가

서 공부를 하는데, 그날은 웬일인지 경찰들이 자기를 들어가지 못하게 막아섰다는 것이다. 아이는 말하다가 경찰을 향해 외쳤다. "저 들어가서 숙제하고 싶어요…. 숙제 다 못하면 집에 못 간단 말이에요…. 엉엉…." 마음씨 좋은 몇몇 시위자 형·누나들이 아이를 위로해줬다. 그리고 우여곡절 끝에 그 아이는 숙제를 하러 갈 수 있었다.

이 세 가지 사건은 실로 받아들이기 어렵다. 정부가 말은 이렇게 하고 실제로 행동은 저렇게 한다는 걸 증명한 셈이다. 말로는 너희들 생각을 받아들이겠다고 하고선, 빈 의자가 있는 걸 알면서도 젊은 층에게 내어주지 않았다. 그리고 정부가 싫어하는 구호를 들고 있으면 행사 입장도 안 되었다. 더구나 어린이에게조차 그렇게 말도 안 되는 대우를 하는 경찰이라니. 우리가 이렇게 많은 일들을 하는 것은, 닿을 수 없는 거창한 요구를 위해서가 아니다. 그저 캐리 람과 직접 만나 묻고 싶었다. 어째서 '근거 없음'을 이유로 학민사조와의 공개대화를 거부하는가. 비록 모두의 입장이 다르더라도, 앉아서 원만하게 서로의 관점을 교류할 수 있지 않을까. 정부는 '의논할 게 있으면 하고, 치우친 게 있으면 이야기하자'라는 말을 버릇처럼 하지 않았던가.

어쨌든, 다 괜찮다. 오늘 시가지 추격 작전은 서곡에 불과할 뿐이다. 정부 관원들이 시가에 들이닥친다면 학민사조도 내려와 그들을 맞이할 것이다. 우리는 정부에게 말하고 싶다. 항쟁의 목소리가 현장으로 들어가진 못했지만, 눈 가리고 아응하는 식의 태도는 자기 무덤을 팔 뿐이라고. 정부는 결국 항쟁하는 사람들의 분노를 피하기 어려울 것이라고. 우리는 당신들 정치 기관이 사기를 치거나 시민을 속이는 걸 가만히 두고 보지 않을 것이다. 거리는 필연적으로 학생들이 권문세가 관료들의 불공정과 불의를 밝히는 전쟁터가 될 것이다.

내게 힘이 되는
최고의 보상

2015년 2월 13일

후기 사회 운동에 참여한 지 4년이다. 사실 몇 개월 걸러 한 번씩 침체기가 찾아온다. 피곤하고, 포기하고 싶고, 의기소침해진다. 하지만 이런 예상 밖의 격려를 만났기에 운동을 지속해나갈 수 있었다. 사실 이것은 자기 자신과 대화하는 과정이다. 침체기에 있을 때 만약 자기 스스로를 격려할 방법이 있다면, 내적인 전쟁터에서 부정적인 감정에 휘둘려 의지가 꺾이는 일 없이 더 큰 도전을 지속해나갈 수 있다.

며칠 전에, 영화 〈N+N〉 상영회에 다녀왔다. 상영이 끝난 후 교복을 입은 어린 여학생 하나가 다가왔다. 늘 그렇듯 기념 사진을 찍고 그녀는 이어서 자신이 손수 쓴 편지를 내게 건네주었다. 사실 아주 오랫동안 손글씨로 쓴 편지를 받아본 적이 없다. 하지만 이 여학생의 편지를 읽은 후, '나도 나이 들었네' 하는 느낌 말고도 끝 모를 위로와 뿌듯함을 느꼈다.

점거가 끝나고 이제껏, 사람들은 내가 쉴 수 있었을 것이라고 생각한다. 하지만 실은 매주 끝없는 작전·회의·강연이 있었고, 집에 가서도 매일 숱한 성명과 선전 전단을 써야 했다.

아주아주 많은 일을 해야 했다.

이렇게나 노력을 들이면 어떤 상응하는 결과가 있을 것이라고 생각하지만, 그렇지 않다. 정부는 열에 아홉은 답이 없고, 여전히 불가사의할 정도의 경직된 입장으로 대화도 허용하지 않으면서 되레 통일전선을 결성해 전개하고 있다. 분화된 범민주며, 홍콩대부속학교며, 버니 찬(전인대 홍콩 대표)이며, 청년군이며…. 국가 기관의 맹공격과 타격을 마주하며 4년간 사회 운동에 몸 담아왔으나, 이번만큼 마음이 가라앉은 적은 아주 드물다.

지난주 언젠가, 정말 너무 너무 너무 피곤했다. 어떤 것도 하고 싶지 않고 신경 쓰고 싶지 않았다. 건담 프라모델만 몇 시간을 만지작거리고 나니 갑자기 찾아오는 깨달음이 있었다. "너무 힘들고 포기하고 싶다'는 것이 '내년에는 관두자'는 것보단 낫지. 쉬자 그럼!" 딱 그날 편지를 받은 것이다. 집으로 가는 길에 편지를 한 글자 한 글자 읽으며 생각했다. '나는 후퇴하지도, 이제까지 해온 것을 포기하지도 않았어. 몇 년간 높은 봉우리를 오르려고 했고, 마치 영원히 닿을 곳이 없다는 듯이 싸웠지. 그럼 또 어때? 봉우리 하나를 오르면 또 다른 봉우리를 오르면 되는 거지. 그럼 되겠지.'

그 학우도 생각하지 못했을 것이다. 편지가 내게 강심제 주사를 놓는 효과를 불러일으킬 줄은. 편지에는 그 여학생이 점거 기간은 물론 점거 절정기를 지나고까지, 어떻게 정치적 견해가 다른 가족들 속에서 힘써 버티었는지 쓰여 있었다. 집 쓰레기통에서 노란 리본 띠가 발견된 적도 있었다. 학교 선생님이 그녀에게 노란 리본 띠를 떼라고 했을 때 그녀는 이렇게 대답했다고 한다. "이건 시작일 뿐이에요. 저는 계속 달고 있을 거예요."

중학교 3학년 때 처음 사회 운동에 발을 들여놓던 때를 회상해본다. 그때는 곁에 있는 친구도 좋고, 알지 못하는 누군가도 좋았다. 그 한 사람을 깨우치게 할 수만 있다면 말이다. 그것이 내게 제일 만족스러운 일이었다. 지속해나갈 동력을 가져다주는 일이었다.

점거 기간 동안 우리는 자주 말했다. "우린 이제 돌아갈 수 없게 됐어." 심지어는 "정권은 이미 한 세대를 잃어버렸어"라고도 했다. 이 편지는 이런 견해를 방증한다. 나는 학교를 얻으면 미래를 얻는다고 확신한다. 이는 공산당이 앞뒤 가리지 않고 학생계라는 교두보에 전선을 합쳐 총공격을 하는 까닭이다. 새해에 들어선 후 학민사조는 멈추지 않고 전진 중이다. 계속해서 가두 작전을 조직하고, 정치개혁의 각축에도 꼭 참여할 것이다. 인터넷과 지역 사회도 소홀히 할 수 없는 전장이다. 하지만 무엇보다 중요한 것은 학교에 씨앗을 심는 일이다. 우리는 이 작업에 전력으로 참여할 것이다. 훗날 이러한 중3 학우를 더 많이 만날 수 있게 된다면, 그것이야말로 최고의 보상일 것이다.

편지 내용은 아래와 같다(프라이버시 보호를 위해 학생의 이름과 학교명은 삭제했다).

조슈아 웡 학우에게

안녕하세요. 저는 중3 학생입니다.

처음에는 학민사조에 대해 잘 알지 못했어요. 그저 이 조직이 국민교육을 반대하기 위해 등장했다는 것만 알고 있었어요. 6개월 전만 해도 저는 렁춘잉 정부가 잘하고 있다고 생각했어요. 어떠한 시정에도 별다른 견해가 따로 없었죠. 그때는 정치에 대해 전혀 아는 바가 없었고 그냥 평범한 열세 살짜리 학생이었기 때문에, 결정권이 항상 제게 없었어요. 당시 베니 타이 교수가 제안한 센트럴 점거 운동에 대해 저는 지지하는 입장이었습니다. 하지만 사실 자세한 내용에 대해서는 잘 몰랐어요. 이 운동이 목표하는 바가 '진짜 보통선거'라는 것도 몰랐어요. 그런데 9월 22일, 1만 8,000명이 백만대도百萬大道광장에 모여 수업거부를 하는 걸 보고, 홍콩에 무슨 일이 일어나고 있는지 이해하고 싶어졌어요. 당시에는 이미 전인대의 8·31결정이 나오고 세 단계의 후보 지명 자격 조건*이 제안되어 있었지요. 제일 무서운 것은 알고 보면 홍콩 정부예요. 이게 진짜 보통선거인 양 포장하지만 실은 썩어빠진 오렌지 중에 하나를 고르라는 것인데, 그

---

* 당시 제안된 행정장관 후보 지명 절차는 다음 세 단계로 구성되어 있었다. 먼저 위원들을 선출해 행정장관 후보 지명위원회를 구성하고, 여기서 2~3명의 행정장관 후보를 내고, 그 후보가 다시 지명위원회의 모든 구성원의 표를 과반수 이상 받아야 최종적으로 후보로 결정된다.

걸 우리더러 일단 받아들이고 다시 이야기하자고요? 1,200명의 지명 위원이 우리를 다 대표할 수 있을 거라고 생각하다니, 얼마나 웃긴 일이에요.

9월 28일, 경찰 측에서 후춧가루를 분사하고 최루탄을 쏘아댔죠. 저는 그저 집에서 생중계를 보고 있을 수밖에 없었어요. 부모님께서 제 안전을 걱정했고, 엄마는 파란 리본 쪽이기 때문이에요. 집에만 앉아 있자니 무력감이 들더라고요. 여러 번 부모님께 수업거부를 할 수 있게 해달라고 했지만 실패했어요. 별다른 힘이 없는 저는 9월 30일이 되어서야 몰래 필요한 물자를 점거 지역에 전달했을 뿐이죠. 게다가 엄마는 제가 점거 운동과 관련해 어떤 일도 지지하는 걸 반대하셨어요. 여러 번 설명했지만, 아주 강경하게 자신의 생각을 고수하셨죠. 그때마다 제 노란 리본 끈이 쓰레기통에 들어가 있는 걸 봤어요. 몇 개월 동안의 점거 기간 동안, 저는 엄마랑 숱하게 말다툼을 했어요. 결국에는 집에서 한 발자국도 못 나가게 되었고, 점거 구역에 갈 수도 없었죠.
어떤 사람이 그러더라고요. "점거 구역이 내 두 번째 집이다." 나중에서야 저는 이 말의 뜻을 진짜로 알게 되었어요. 점거 지역에 계속 못 가다가 두 달 만에 애드미럴티에 갔는데, 예전 9월 30일에 갔을 때랑은 느낌이 달랐어요. 같은 신념을 가진 이들이 모여 있으니, 평화로우면서도 강렬하고 깊었습니다. 한 번 가보고 나서 푹 빠졌어요. 그 뒤로 몇 주 동안은 시위가 파할 때까지 머물렀죠. 수많은 프로젝트를 핑계로 거의 매주 점거 지역에도 몇 차례 갔습니다.
저는 각 단체들이 이 운동에 들이는 수고와 노력에 감사합니다. 특히 학민사조에게요. 솔직히 말해, 비록 학민사조는 간혹 살짝 과격하고 때로 지나치게 충동적이긴 하지만 저는 여러분의 이념을 지지합니다. 탄복할 뿐 아니라 여러분이 마음에 들어요. 저는 중3이 되었고, 정치에 냉담했다가 우산운동에 빠지게 되었는데요. 이는 많든 적든, 모두 학민사조에게 영향을 받은 것입니다. 여러분이 운동에 바친 노력에 감사드려요. 다만, 잊지 말고 몸을 잘 아껴주기를(단식은 정말 너무 몸을 상하게 해요).
일국양제에 대해 저는 예전에 한 나라에 두 가지 제도를 두는 것이라고 여겼는데, 이제야 진상을 알게 되었어요. 한 나라에 두 가지 제한과 견제를 두는 것이라는 사실을요. 저는 뭘 더 할 수 있는 능력도 없고 그저 여러분께 힘내라고 말할 뿐이지만, 대단히 감격스럽습니다. 지금까지도 저는 학교에서 아직 노란 리본 띠를 달아요, 예전에 어떤 선생님이 저더러 그걸 떼라고 한 적이 있지만 저는 그분께 말했습니다. "이건 시작일 뿐이에요. 저는 계속 달고 있을 거예요."
진짜 보통선거를 쟁취하는 그날까지, 저는 진짜 보통선거를 원합니다! 여러분을 지지합니다!

우산을 든 홍콩 사람
2015년 2월 10일

P.S. 〈학민사조 부릉부릉〉* 듣는 거 너무 좋아해요! 학교가 여러분을 초청해 강연할 수 있게 해주길! 인연이 되면 또 만나요!

---

* 思潮起動. 학민사조 멤버들이 주축이 되어 진행하는 라디오 방송.

구의회 선거에
나서려는
청년들에게

2015년 3월 14일

후기 일전에 2011년 구의회 선거 때 한 후보자의 선거 운동을 도운 적이 있다. 하지만 나는 구의회를 잘 알지 못하는 데다, 그러한 봉사 업무에는 별로 흥미가 없다. 이번 글은 내가 지난 우산 운동에 참여하는 동안, 그 막후에 있는 여러 단체들로부터 느꼈던 우려에 대해 써보려고 한다. 스스로를 다시 일깨우기 위한 목적이기도 하다. 인터넷 세계에서는 십중팔구 자신과 정치 견해가 비슷한 사람을 만나게 된다. 하지만 인터넷 너머에 있는 군중들은 그렇지 않다. 그들에게서 어떻게 신임을 얻을 수 있을까? 하늘에 오르는 것보다 어렵지는 않을까?

작년 10월, 인터넷 토론게시판 홍콩골든의 형제자매들 중에서 18개 구의 구의회 선거에 나가겠다는 이들이 생기기 시작했다. 이들은 우산운동을 지속해나갈 방향을 모색하던 터였다. 보아하니 적지 않은 지역의 페이스북 페이지가 열리고, 청년들의 정치 참여 분위기가 인터넷에서 빠르게 무르익어갔다. 가두 작전이나 물건 구매*, 혹은 '광복 홍콩'이나 순수하게 '정치개혁안 부결'을 외치는 움직임이 다시 발생할 수도 있었다.

공권력 쟁탈의 수단으로서 구의회 선거에 참여하는 것은 확실히 분명한 목표가 있다. 승패가 단순히 선거 결과 하나로만 결정되는 것이 아니라, 정부 자원을 얻어 민주 운동에 사용할 수 있는 기회가 열리고, 심지어 건제파에 타격을 줘 의회 의석을 빼앗을 수도 있다. 아울러 소요되는 비용이 입법회 의석 경선보다 높지 않다. 그러다 보니 '우산정신을 지역 사회로'가 적지 않은 점거자들의 출구가 되었다.

'깊이 갈고 정성스레 가꾸자'는 방식이 안 될 것도 없다. 다만 우산운동으로 인해 정치에 참여하게 된 청년들이 유의할 점이 있다. 구의회가 추구하는 일의 방식과 사회 집단과 맺는 관계 방식이 아마도 청년 자신에게는 가장 익숙지 않은 방식일 수 있다는 점이다. 노란 우산을 들고 선거에 참여한 청년이라고 자신을 생각해보자. 당신이 일상적으로 만나는 친구들은 어디에서 온 사람인가. 직장, 학교, 기숙사, 인터넷, 각종 관심사가 같은 커뮤니티, 아니면 살고 있는 지역 사회? 가장 친한 친구가 몇 명인지 세어보라. 적은 수이지만 그것도 그나마 학교 혹은 직장 친구들일 것이다. 지역 사회에서 알게 된 친구는 극소수로, 특히 인터넷 세대인 청년들은 지역 사회에서 머물며 생활하는 시간이 아주 적다. 보편적으로 지역 사회에 큰 소속감을 갖고 있지 않다.

---

* 점거 장기화로 주변 상인들의 생업이 지장을 받게 되자, 구매 행위를 통해 시위를 지지하는 이들이 생겨났다.

이러한 상황을 생각하면, 건제파가 우산청년들보다 이 부분에선 더 많은 자본을 소유한 셈이다. 범민주가 오랜 시간 열세에 처해 있는 상황은 일단 차치하자. 우산을 든 청년들이 활력과 정치 이념으로 무장된 것도 좋다. 모두가 그들의 정치 입장이 얼마나 견고한지 알고 있는 점도 좋다. 하지만 구의회 선거에 참여하는 것은 결국 이웃과의 관계를 중시하고, 이웃과 연대하고, 지역 사회에 도움을 주는 방안을 놓지 않고 모색하는 것이다. 간단히 말해, 후보자가 지역 사회와 쌓은 관계가 얼마나 견고하고 안정적인지를 시험하는 것이다.
   주민의 권한을 이어받아 자기들은 대행할 뿐이라는 식의 가방공우복무처* 같은 생각을 지니고 있는지 여부는 더 요원한 문제다. 그리고 정치 신인으로서 '여러분의 손과 발이 되어 일하겠습니다'라며, 지역 사회에서 하는 일이라곤 고작 동네 이장 역할뿐인 상황도 말할 필요가 없다. 지금 우산청년들이 직면해야 할 문제는, 세대 차이가 나는 이웃의 소통 방식에 적응할 능력이 있는가이다. 나아가 지역 사회를 사교의 플랫폼으로 삼고 있는 윗세대 어르신의 생활에 녹아 들어갈 수 있는가이다. 인터넷 시대를 살아가는 '우산병사'들이 만약 이 구의회라는 격전을 치르고자 한다면, 훗날의 경선 상대는 자신들과 마찬가지로 젊고 활력을 갖춘, 민건련(건제파 정당)의 풀타

---

* 街坊工友服務處. 지역 사회를 위한 복무를 기본 이념으로 하는 홍콩의 정치 참여 단체.

임 근무자들일 것이다. 그렇다면 우리가 가진 밑천은 대체 무엇인가?

어린 나이에
유명해지는
스트레스

2015년 3월 17일

후기 렁차이얀(렁 행정장관의 딸)을 잘 알지는 못하지만, 우리는 나이대가 비슷하고 언론의 과분한 관심을 받는 반半 공인이라는 점에서 유사하다. 나는 이 나이에 여론을 상대하는 것이 얼마나 쉽지 않은지 아주 잘 알고 있다. 언론 매체들에는 반드시 그들의 숨은 어젠다가 있다. 만약 가족이 자신을 지지하거나 격려해주지 않고, 또 본인의 정서 자체가 충분히 안정적이지 않다면, 그 초래되는 결과는 매우 심각할 것이다. 자신이 가진 경험이나 지식을 얼마나 설파할지는 둘째 치고, 공인으로서 제일 중요한 것은 아무래도 정신 건강이다.

렁차이얀이 란콰이펑(유명 유흥가)에서 찍은 사진을 페이스북에 업로드한 후, 오늘 아침 연달아 여러 번 페이스북 활동 상태를 올렸다. 자기 어머니가 어떤 폭력적인 방식으로 자신을 대하는지 토로했고, 집을 나갈 계획이라고 밝혔다. 나는 저녁 내내 이 과정을 지켜봤다. 렁차이얀은 특히 어머니가 "멍청한 것" "거리마다 사람들이 뭐라 하겠어" "남자하고 잠이나 자고" "화냥년이나 되라" 등의 말로 딸을 욕한다고 강조했다. 이를 보건대, 이 모든 사달의 출발점이 렁차이얀이 란콰이펑을 드나드는 것임을 배제하기 어렵겠다.

일전에 렁차이야는 인터뷰에서 아버지 렁춘잉이 처음 몇 년간은 페이스북이 뭔지도 몰랐다고 말했던 적이 있다. 그 집 안사람들이 얼마나 시대에 뒤쳐져 있는지 알 수 있는 대목이다. 그리고 만일 렁차이얀이 말한 어머니의 말들이 사실이라면, 레지나 렁은 정말로 란콰이펑에 드나드는 게 아무하고나 성행위를 하는 것과 같다고 생각하는 듯하다. 어머니가 딸을 욕하는 말 중에 십중팔구는 결국 다음과 같은 말이다. "행정장관의 딸인 니가 어떻게 그럴 수가 있어! @#$%^%$#$%^$#@(백 마디 정도 줄였다)." 그녀에게는 행정장관의 이미지 만들기가 더 중요한 것이다. CY(렁춘잉의 이니셜)가 지지를 받든 못 받든 '수신제가 치국평천하'가 이 행정장관 집안이 설정해야 하는 이미지임에는 분명하다.

689*의 논리대로라면, 행정장관이라는 자리가 아버지라는 개인 신분보다 반드시 중요할 것이다. 그는 홍콩의 행정수장이기 때문에, 딸도 그의 정치적 요구에 부합해야 하는 것이다. 렁차이얀이 직접 경찰에 신고를 해도 결국에는 부모의 저지로, 경찰은 군말 없이 물러갔다. 홍콩 영구 거주민이지만, 행정장관 관저까지 도착한 구급차에도 오를 수 없었다.

―――――

* 2012년 렁춘잉이 행정장관 선거에서 689표를 득표하여 당선된 데서 이 별명이 생겨났다.

사실 행정장관의 차녀 신분이기는 하지만, 렁차이얀 본인은 정치에 별로 흥미가 없다. 그녀가 자라온 환경 자체가 서민들의 아픔에 관심을 기울일 필요가 전혀 없다. 추측하기로 그녀는 반드시 정부를 지지하거나 건제파를 옹호하는 입장이 아닐 수도 있다(만약 그랬다면 현재 무슨 청년의원이니 뭐니, 공직에 있지 않겠는가). 가정 배경, 자라온 환경으로 인해 현상 유지가 익숙할 것이고, 홍콩이 점거당하지 않거나 그렇게 혼란스럽지만 않으면 그만일 것이다. 하지만 렁차이얀은 오늘 홍콩 사람들에게 "행정장관의 딸인 탓에 일반 홍콩 시민이 갖는 법적 권리를 잃었다"라고 발언했다. 이 말은 689가 얼마나 제정신이 아닌지 증명한다. 이것은 공산당 아저씨들의 정치 입장 문제가 아니다. 그가 얼마나 자기 딸의 문제에 관심을 갖고 신경을 쓰느냐의 문제다.

지나친 말이긴 하지만, 나는 홍콩 전체에서 렁춘잉을 제일 하야시키고 싶어 하는 사람이 바로 렁차이얀이라는 것을 배제하지 않는다. 평화를 잃은 가정, 어머니의 폭력적인 대우, 빼앗긴 시민으로서의 권리. 이 모든 사달의 원인은 아버지가 행정장관이라는 데 있다. 어쨌든 어머니는 딸에게 관여를 하려고 하겠지만, 만약 아버지가 행정장관이 아니라면 이 정도로 심하지는 않을 것이다. 더 이상 행정장관 딸이라는 신분이 아닐 수 있다면, 비록 가정폭력 문제를 완전히 해결은 못하겠지만, 집에서 화약 냄새는 좀 덜 나게 될 것이다.

공인의 가족이라는 이유로, 자신도 '모범 가정'의 고분고분한 여자가 되어 말 잘 듣고, 공부 잘하고, 사업도 성공해 프로페셔널이 되어야 한다면, 정말 딱한 일일 것이다. 더구나 아버지라는 사람이 행정장관이라는 공직자라니. 이는 다른 한편으로 사회 전체의 내부를, 특히 지배계층이 얼마나 반지성적인지를 반영한다. '성공한 사람들'의 논리를 렁차이얀에게 씌운다면 그녀를 망가뜨리는 것이다. 나는 스물셋의 여자가 란콰이펑에 가는 것이 무슨 문제가 되는지 전혀 모르겠다.

우산운동 때 조슈아 윙과 알렉스터*를 빼고, 홍콩의 18~24세 연령대 중에서 제일 많이 알려진 사람은 바로 그녀일 것이다. 틀림없다. 렁차이얀은 확실히 떡밥이 많다. 오늘 아침 그녀는 우산운동 때와 비슷한 수의 페이스북 게시물을 업데이트했다. 하지만 그녀는 현재 고작 스물세 살이다. 가정, 학업, 감정, 일 등의 스트레스와 마주해야 한다. 미디어가 앞으로 그녀에게 할 일은, 파파라치를 24시간 그녀에게 붙이지 않는 것이다. 모두가 구경거리를 원한다고 해도 말이다. 사실 시간이 남으면 렁차이얀 자신이 스스로 페이스북에 구경거리를 올릴 수도 있다. 그러니 가능한 한 그녀에게 공간을 내어주자. 정치개혁도 있고, 정책도 있고, 뭐라도 좋다. 사회에는 미디어들이 취재하고 추적할 일들이 아직 아주 많이 남아 있다.

열다섯 살의 나이에 취재 폭격을 당해본 적이 있는 학생으로서, 나는 그녀가 겪는 일들, 그러니까 어린 나이에 유명해진

---

* 학련의 간부인 알렉스 차우와 레스터 셤을 같이 이르는 말.

스트레스와 느낌을 조금은 알고 있다. 저마다 성향이 다른 여러 매체에서 앞뒤 안 가리고 그녀를 인터뷰하는데, 겉포장을 어떻게 하든 실은 죄다 그녀에게서 뒤가 구린 이야기가 없는지 찾거나, 그녀를 신으로 만들려는 의도(막 유명해졌을 때는 확실히 이런 경향이 있었다)에서 벗어나지 못한다. 매일 쏟아지는 전화를 받고 파파라치의 미행을 당하는 그런 스트레스는 정말 글로 표현하기 어려울 정도다. 나와 그녀가 제일 다른 점은 아마도 우리 가족들은 내게 스스로 결정할 수 있는 여지를 주고 포용하며 지지해준다는 것이다.

    조슈아 웡은 학민사조의 소집인을 할지 말지 선택할 수 있고, 매체 노출의 스트레스를 벗어날 기회가 있다. 그러나 렁차이얀은 렁춘잉의 딸이 될지 말지에 대한 선택권이 없다. 아버지 렁춘잉이 행정장관을 할지 말지에 대해서도 그녀는 선택권이 없다. 어느 날 중앙정부에서 렁츄잉더러 행정장관을 계속하라고 하면, 렁차이얀은 줄곧 불필요한 스트레스를 받아야 하는 것이다.

    렁차이얀 힘내요. 매몰차고 무정한 어머니에게 지지 마요.

두 가지 해명

2015년 3월 24일

후기 사회 운동에 참여한 수년 동안 늘 스스로에게 제자리걸음 하지 말자고 다짐했다. 나의 입장과 관점을 지키는 게 나쁜 건 아니다. 하지만 정치 형세는 하루가 다르게 변하는데 과거로 연명하고 고자세로 군중과 거리를 둔다면, 사회 운동을 한다는 조슈아 웡은 군중들에게 버림받을 것이다. 실언이나 신문의 인용 착오는 부차적인 문제라고 생각한다. 자리가 점점 높아진다면 조직 내부, 가족, 언론 및 각 계파 사람들의 생각과 평형을 이루기가 상당히 어려워진다. 비평은 피할 수 없거니와 악독한 매체들은 헤아릴 수 없을 지경이다. 하지만 이 일을 겪으며 초심을 다잡았다. 남 탓을 하기보다는 나의 한계와 결점을 되돌아보려고 했다. 그래야 기대에 부응하며 앞으로 나아갈 수 있기 때문이다.

《신좌파평론》에 나에 관한 특집이 실렸다. 〈852우보〉에 따르면 내가 "홍콩 독립 요구는 겉보기에는 과격해 보이지만 실상은 얄팍하다. 미래에는 점점 소멸될 것이다"라고 말했다는 것이다. 하지만 인용한 학술지의 원문은 "The demand poses as being very radical, but it's superficial and will fade"였다.

모든 인터뷰는 새해 UCLA에 교류차 방문했을 때 진행되었다. 당시 대화를 기록하진 않았지만, 홍콩 독립의 사조에 대한 내 의견을 물어봤을 때 나는 이렇게 답했다. "정치의 여러 스펙트럼에서 비교적 과격한 요구이긴 하다"(이 점은 분명 민주, 건제, 본토, 좌익 모두 동의할 것이다). 더불어 회화 능력의 한계로 나는 얕은 영어로 대답했다. "It is not a really deep and complete idea." 그러니까 홍콩 독립에 관한 토의나 세세한 부분은 아직 걸음마 단계이며 깊지도, 완벽하지도 않다는 말이었다.

'Superficial'이 문제였다. '얄팍한'이라고 번역할 수도 있겠지만 '표면적'으로 번역할 수도 있었다. 한 사건을 '얄팍한'이라고 번역하는 것과 '표면적'이라고 번역하는 것은 천지 차이다. 〈852우보〉가 'Superficial'을 '얄팍하다'라고 번역했지만 여기서 밝힌다. 조슈아 웡은 절대 홍콩 독립 논의가 얄팍하다는 말을 한 것이 아니다. 홍콩은 독립 문제를 논의할 여지가 있다고 항상 생각해왔다. 다만 이 논의에서 대륙 사람을 배척하는 종족주의가 당당하게 주장되는 것을 벗어나야 더욱 깊은 토론이 될 수 있다고 생각한다.

만일 홍콩 독립이나 건국이 구호적인 감정 표현에만 매몰된다면, 그리하여 '보통선거 쟁취' 같은 요구보다는 자신의 과격함과 중국 공산당에 대한 분노와 불신을 뽐내는 데에만 신경 쓴다면, 과연 어떻게 될까? 아직 강령이 성근 상황에서 앞으로 수년 내에 '홍콩 독립 쟁취'라는 의제에 진전이 있을 것이라는 보장이 없다. 어쩌면 이슈가 지나가 소멸되고, 또 다른 과격한 요구와 의식 형태가 그 의자를 빼앗을지도 모른다. 이것이 내가 사용한 'fade'의 의미였다. 그렇게 홍콩 독립의 또 다른 가능성을 묘사했다.

    우산운동 기간에 있었던 문제들을 생각해본다. 동맹 휴학 전후에 학민사조와 학련은 행동을 강화하기 위해 협력할 만한 곳을 많이 알아봤다. 홍콩대, 중문대, 링난대는 역사적 이유로 원래 정치에 깊게 참여해왔다. 그리고 시민투표, 불복종, 동맹 휴학 등을 비롯해 여러 협력 경험들을 거치면서, 학민사조는 8대 학교* 대표들과 공동으로 '공민광장 재탈환' 계획도 내게 되었다. 특히나 9월 26일의 저녁 회의가 생각난다. 사실 누가 누구를 리드한다는 개념은 전혀 없었지만 학련이 함께 행동하지 않고 학민사조 홀로였다면 이 행동을 시작할 용기조차 내지 못했을 것이다. 각 파의 학자와 언론은 두 학생 조직의 차이점을 비교하곤 한다. 실제로 학민사조와 학련은 조직의 구성 면에서도(조직의 구성원인 자원봉사자들만을 대변한다/ 8대 학교의 학생들을 대표한다), 결책 방식 면에서도(단순한 다수결/ 절대적 만장일치) 서로 다르고, 이는 각각 장단점이 있다. 하지만 협력, 참여도, 행동 모델에 대해서는 비교를 해선 안 된다. 그래서 이 자리를 빌려 전우들에게 공개적으로 사과 말씀을 드

---

* 홍콩대, 홍콩과기대, 홍콩중문대, 홍콩이공대, 홍콩침례대, 홍콩성시대, 홍콩링난대, 홍콩교육대.

린다. 실은 둘 중 하나라도 없으면 행동이 성공하기 어렵다는 게 정치적인 현실이기 때문이다. 높은 담 아래 계란이 각자 제멋대로 행동한다면 결국 계란은 연기가 되어 소멸할 것이다.

내가 얻은 타이틀보다 훨씬 중요한 것

2015년 3월 27일

후기 우산운동 기간 동안 갑자기 《타임》지의 표지 인물이 되었다. 아침에 일어나 페이스북에서 그 표지를 보았을 때, 네티즌들이 합성한 것인 줄 알았다. 《타임》 기자는 내게 표지 인물이 될 거라고 알려주지 않았기 때문이다. 이어서 외국 매체들에서 '화제의 인물' '세계 ○○대 청년' '올해의 인물' 등으로 줄지어 선정되었다. 가장 웃긴 것은 '세계 100대 사상가'였다. 그러더니 점거가 끝나고 3개월 후에 교류를 위해 대만에 갔을 때 《포춘》지에 영문도 모른 채 이름이 올라갔다. 이 글은 그날 내가 대담 15분 전에 기록한 생각이다. 사실 이런저런 타이틀을 얻는 것에 나는 흥분되거나 기뻐하는 마음이 들지 않았다. 조슈아 웡이 운동에 몸을 던지는 것은 단지 운동을 통해 요구하는 바를 달성하기 위해서다. 타이틀을 얻더라도 정세에 도움이 되는 게 아니라면, 내가 기뻐할 이유가 없다.

원래 오늘 저녁 호텔에 돌아가서 《포춘》지의 선정에 대해 이야기할 계획이었지만, 서점에서 상업라디오사 기자와 즉석 인터뷰를 하게 되었다. 그래서 나 역시 대담 시작을 15분 남겨두고 서둘러 몇 마디 소감을 적는다.

 오늘 갑작스럽게 《포춘》지에 '세계 최고의 리더' 10위에 뽑혔다는 이야기를 들었다. 순위가 무려 마크 저커버그나 빌 게이츠보다도 높다. 나는 이런 칭호에 도무지 어울리지 않는 사람이라는 말을 하고 싶다. '전 우산운동에서 한 게 아무것도 없습니다'라며 겸손을 떨려는 것이 아니다. 하지만 이리 보고 저리 봐도 '세계적 영향력' 같은 걸 가졌다고 하기엔 너무 과장이 심하다. 그래서인지 홍콩 기자들이 마구 달려드는데도 여전히 영문을 잘 모르겠다는 심정이었다.

 우산운동이 발발하게 된 것은 결코 나의 공로가 아니다. 반년 전 그날 여러분이 후추 스프레이를 맞고 있을 때, 그리고 9월 28일 번지수를 잘못 찾은 87발의 최루탄을 마주할 준비를 하고 있을 때, 나는 경찰서에서 아무것도 하지 않고 그냥 있었다. 점거를 성사시킨 것은, 9월 26일, 9월 27일, 9월 28일 사흘간 거리에 나와서 '해산하지 않으면 쏜다'는 경찰 앞에 선 홍콩인들이다. 내가 아니라.

 《타임》지의 표지 인물이 된 것부터 시작해서, 왜 내가 우산운동의 국제적 아이콘이 되었는지 모르겠다. 몇 달마다 한 번씩 이런 소식이 들린다. 내가 갑자기 '세계에서 가장 영향력 있는 10대' '올해의 청년' '가장 영향력 있는 사람 10인'이 되었다고 한다. 심지어는 '세계 100대 사상가'(세상에! 웬 사상가?)에 들기도 했다. 하지만 이런 소식도 듣다 보니 이미 무덤덤해졌다.

그 까닭은 한 가지 정치 현실을 깨닫게 되었기 때문이다. 아무리 많은 영예와 타이틀을 얻게 된들 중국 공산당에 좀더 커다란 여론 압력을 가하는 데에 도움이 될 것 같지 않다. 중국 공산당이 이런 것들 때문에 홍콩에 보통선거를 실시하게 해줄 것 같지도 않고 말이다. 그래서 뉴스거리도 아닌 것 같은 이런 일들에 시간을 쓰는 것보다는, 홍콩국제공항 제3활주로 건설과 정치개혁에 대한 민주파 의원들의 꿈쩍없는 입장에 주목하는 것이 낫다. 어떤 민주파 의원이 전인대의 8·31결정 프레임하에서 짜인 방안에 찬성표를 던지겠다고 한다면, 그 의원은 끝없는 정치적 후폭풍을 감당해야 할 것이다.

마지막으로, 1995년 여름에 《포춘》지가 "홍콩의 죽음"이라는 제목으로 표지 기사를 냈던 일이 있었다. 1997년 반환 이후에 홍콩이 크게 퇴보할 것이라고 예언하는 내용이었다. 하지만 나는 현재의 《포춘》지 편집자들에게 확신을 가지고 말할 수 있다. 홍콩에 대한 그들의 판단은 완전히 틀렸다고, 홍콩은 결코 죽지 않는다고 말이다. 홍콩인은 결국 반드시 이길 것이기 때문이다.

학교와 사회의
올가미를
벗어나서

2015년 3월 30일

후기 중고등학교에서 배운 지식은 벌써 거의 기억이 희미하다. 조슈아 웡은 전통적인 의미의 '좋은 학생'은 아닐 것이다. 하지만 공개시험이 사람을 잡아먹는 제도라고는 해도, 나는 학생들이 어느 정도 이를 대면할 필요가 있다고 본다. 학교든 사회든 직장이든, 어디에나 사람이 따라야 할 제도와 규칙이 있다. 사람들은 그 제도를 따르고 그 꼭대기의 엘리트가 될 수도 있다. 혹은 생존 경쟁에서 아등대는 대신 체제를 개혁해볼 수도 있다. 나는 공개시험 역시 하나의 좋은 도전거리가 될 수 있다고 생각한다. 그것은 내가 소년시절부터 일찍이 나의 생활 방식과 공부 방식을 선택할 수 있게 해주었다.

내일은 공개시험이 있는 날입니다. 작년에 나는 공개시험 기간인 일주일을 어떻게 보냈는지 갑자기 궁금해져서 구글 캘린더를 열어봤습니다. 시간표가 정확하게 기록되어 있는 것은 아니었지만, 시험 직전까지 학원에 가고 요약본 같은 것들을 읽고 있었다는 걸(사실 그걸 다 보지도 못합니다) 알 수 있었습니다. 그러면서도 다큐멘터리 영화 〈청소년들〉에 관한 간담

회나 프로그램들은 계속하고 있었습니다. 시험 이틀 전까지도 학련 회의에 참석해서 6·22투표의 학생계 공동 방안에 관해 논의했고요. 당시 한 교회 친구가 전화를 걸어 이렇게 물었습니다. "야, 공개시험인데 혹시 스트레스 안 받아? 기도해줄까?" 그래서 나는 그 친구에게 영어와 수학이 3점, 2점이 안 나와 걱정이라고 답했습니다. 대답은 그렇게 했지만 4월 초 공개시험 전까지 내가 더욱 걱정하던 것은 사실 5월 6일부터 예정된 제3차 토의일에 학생계 방안이 얼마나 지지를 얻을 수 있을까 하는 것이었습니다.

내 기억으로 시험 준비 기간 Study-leave부터 대입시험이 끝나기까지 저는 학민사조 회의를 딱 한 번 빠졌습니다. 이렇게 운동과 학업을 병행하던 수험생 생활은 정말이지 '미친' 날들이었습니다. 이런 제 시간표가 학교 선생님, 학원 선생님, 혹은 어른들이 생각하는 이상적인 '시험 대비 스파르타 시간표'는 절대 아닐 겁니다. 무슨 15년 기출문제 완벽 정복이라든지, 10년 채점지 분석이라든지, 매일 아침 9시부터 밤 10시까지 복습을 하는 3개월간의 자습실 공부라든지, 이런 것들을 저는 모두 해본 적이 없습니다. 중국어와 영어 과목은 예전에 사두었던 연습 문제와 요약본으로 공부했습니다. 수학은 시간이 많지 않아서 문제집(전체 시험 범위가 다 들어 있는)을 한 3분의 1쯤 풀은 게 전부이고요. 일반교양 과목은 제일 많은 시간을 들였습니다. 적지 않은 문제지를 풀었죠. 성적이 생각만큼 좋지는 않았습니다만.

여러분이 이런 제 학업 태도를 참고하길 바라는 건 아닙니다. 사실 본받을 만한 태도는 아니죠. 다만 저는 한 사람이 진정 어느 정도의 소질을 가지고 있는지, 또 그런 능력을 어디서 쓰게 될지는 시험 준비 기간에 이미 웬만큼 결정된다고 생각합니다(전 작년 시험 준비 기간에 매일같이 해바라기운동*을 바라보고 있었죠). 결과적으로 저는 19점의 성적을 받았고 홍콩공개대학교에 입학하게 되었습니다. 민주파 언론들은 '사회 운동을 해도 성적이 잘 나올 수 있고 좋은 대학에 갈 수 있다'고 말하고 싶었을 텐데, 그런 말을 할 수 없게 되었습니다. '고래대학'이라고 불리는(고래는 어류가 아니라는 뜻이죠) 공개대학에 제가 가게 되었기 때문입니다. 그런 한편 건제파 언론에서는 반대로 '사회 운동을 하면 공부를 못한다' 혹은 '조슈아 웡은 사회 운동으로 대학에 들어갔다'는 말을 하고 싶을 겁니다. 하지만 사실을 보면, 홍콩에서는 80퍼센트의 학생들이 대학에 진학히지 못하고, 학생들 19퍼센트는 공개대학에 들어가기에 적합한 성적을 받습니다. 공개적으로 사회에 성적을 검사받아야 하는 사람은 참 웃어야 할지 울어야 할지 모르겠습니다.

구구절절 제가 시험을 치르며 있었던 일들을 설명하는 까닭은, 수험생 여러분께 하고 싶은 말이 있어서입니다. 저는 여러분들이 학교의 스트레스와 사회의 올가미 속에서 살지 않았

---

* 2014년 3월 18일부터 4월 10일까지 23일 동안 대만의 대학생과 사회 운동 세력이 대만의 국회인 입법원을 점거한 사건.

으면 합니다. 한 사람이 어느 정도의 점수를 받아야 기준에 맞는지는, 매체가 멋대로 말할 수 있는 게 아닙니다. 교육계와 시장이 결정할 수 있는 것도 아닙니다. 그러니 이제 전장으로 가는 여러분, 이런저런 일들을 걱정하지 마세요. 제가 매스컴에서 너덜너덜해지도록 평가받는 것을 보세요. 시사평론가, 소위 부모-자녀 관계 전문가, 혹은 곳곳의 교육계 종사자, 이들은 모두 각기 다른 가치관을 가지고 있습니다. 그 많은 사람들의 가치관을 다 신경 쓰지 말고 자신의 전투에 전력을 다하세요. 그것이 가장 좋은 출구입니다. 마음에 부끄럽지 않으면 됩니다. 자기 자신에게, 그리고 시험 응시료를 내준 부모님께 떳떳할 수 있으면 됩니다.

무엇보다도, 공개시험은 배움의 한 과정입니다. 자신이 무엇을 추구하는지, 무엇을 기꺼이 버리는지 알게 해주지요. 조금 직설적으로 말하자면, 우리가 배운 시험의 '기술'과 실제 '지식'은 크게 관련이 없습니다. 등급과 점수는 당신이 이 공개시험이라는 게임의 룰을 위해 많은 대가를 치르고 희생을 했는지, 아니면 공개시험보다 더 가치 있고 할 만한 일이 많이 있다고 생각했는지를 평가하는 지표입니다. 세상에 공짜는 없습니다. 당신이 자신의 가치관을 찾기를 바랍니다. 수험생 여러분, 힘내시길 바랍니다. 최고 등급인 5**라는 별을 따야만 수재인 것은 아닙니다. '신의 학과'를 졸업해야만 성공하는 것도 아니고요. 당신에게 재능이 있는지 없는지는 사회가 판단하는 것이 아니라, 당신이 정의하는 겁니다.

전설의 박사님, 치료를 포기하지 마세요

2015년 4월 22일

후기 세대 갈등은 내가 글을 쓸 때 종종 등장하는 화두다. 나는 사회 운동에 발을 들이기 시작했던 열네 살 무렵부터 '대학에 못 갈 사람은 사회 운동에 관심도 갖지 마라'는 어른들의 태도가 정말 싫었다. 이제 조슈아 웡은 드디어 열여덟 살 성인이 되었다. 하지만 내 생각에 젊은이들을 무시하는 태도는 사실 파란 리본만의 문제가 아니다. 매우 개방적인 것처럼 보이며 민주를 지지한다고 하는 아줌마 아저씨들도, 학력이 낮은 사람이나 사회 운동에 참여하는 학생을 무시하는 걸 볼 수 있다. 그것은 국민교육 반대 운동에서도, 우산운동에서도, 그리고 지금까지도 마찬가지다. 이것은 민주냐 비민주냐의 문제가 아니라고 생각한다. 그보다는 홍콩에 오랫동안 자리 잡아온 엘리트주의의 문제다.

전설 속의 교육계 차르께서 오랫동안 산속을 나오지 않다가 간만에 얼굴을 보이셨다. 그리고 어김없이 놀라운 언사들을 쏟아놓았다. 인터뷰에서 이런 말을 꺼낸 것이다. "학생들이 정치에 참여하는 것은 오로지 여자친구에게 잘 보이기 위해서다." 이 말을 듣고 정말 깜짝 놀랐다. 첫째, 그는 남학생만 정치

활동에 참여한다고 단정하고 있다. 하지만 실제로는 수도 없이 많은 여학생들이 점거에 참여하고 있다. 둘째, 정치에 참여하는 모든 남학생들에게 연인이 있다고 전제하고 있다. 이 또한 학민사조에 솔로가 다수를 차지하고 있는 현실에 부합하지 않는다(쓴웃음). 셋째, 정치에 참여하는 모든 남성들이 이성애자라고 단정하고 있다. 대학생 퀴어 행동Action Q이 있었을 때 여기에 안 계셨나 보다.

학생들이 거리로 나서는 것은 당연히 누구에게 잘 보이고 말고의 문제가 아니다. 유명 인사가 되고 영웅이 되고 싶은 거라면 사실 아주 많은 방법이 있다. 경찰과 정치의 공모가 이루어지는 이 시대에, 체포될 위험을 감수하며 행동에 참여하고 있는 사람들이다. 아서 리가 말하는 것처럼 "잘 보이기 위해서"라는 얄팍한 이유로, 미쳤다고 그런 위험을 감수하겠는가? 아마도 아서 리는 체포될 수도 있다는, 심지어는 감옥에 갈 수도 있다는 위험이(그것도 행동에 참여하고 17개월 후에 몰아서 정산하는 것이) 학생에게 얼마나 감당하기 힘든 압박이 되는지 잘 모르는 듯하다. 그에게 이 압박이 어떤 건지 설명하는 데에 시간을 낭비하고 싶지는 않다. 창탁성 민정사무국 국장(내무부 장관 격)에게 수감되었던 당시의 경험을 물어보면 될 것이다. 그럼 그 역시 알 수 있을 거다. 학생들이 어린 나이에 기꺼이 체포되는 대가를 감당하고, 심지어 자기 미래를 걸어가며 정치활동에 발을 들이는 선택을 할 때는 반드시 숭고한 이상과 소중하게 여기는 가치가 있다는 것을. "잘 보이기 위해서" 같은 경박한 이유가 아니다.

　이런 얄팍하고 무지한 관점을 대하면, 웃어야 할지 울어야 할지 모르겠다. 그런데 이보다 더 이해하기 어려운 것은 아서 리가 공부머리가 없는 학생이나 정치에 참여해 "잘 보이려 한다"라는 말을 했다는 것이다. 그 말은 곧 공부머리가 좋은 학생은 정치에 참여하지 않는다는 뜻이 된다. 영국령 홍콩 시대에 가문을 일으킨, 이른바 '성공한 사람'에 속하는 그에게 꼭 알려주고 싶다. 그런 '공부 대 정치'의 시대는 이미 지났다는 것을. 대학은 본래 지식인을 양성하는 곳이다. 그리고 지식인은 시대의 흐름 속에서 공적인 일에 개입하는 사람이다. 지성과 공의公義 등의 가치를 지향하며 정치에 참여하고 사회의 변혁을 이끄는 사람들이란 말이다. 이 몇 년간 일상적으로 대학생들이 거리 운동에 뛰어들고 공적 영역에 관한 토론을 좌우하는 것을 그는 보지 못한 걸까? 이 "정계의 오래된 건선시"가 오늘날까지도 학생들을 '공부머리 있는 학생'과 '공부머리 없는 학생'으로 분류하고 있다는 것이 놀라울 따름이다. 성적순으로 우열을 가리고 학력으로 자격을 논하는 시대는 이미 지났다. 그런 의미에서 관직에서 물러난 뒤 계속 황당한 이야기를 늘어놓으시는 것보다는, 영국 케임브리지대학교 의학 박사이기도 하시니 얼른 치료부터 받는 게 어떨까 싶다. 이 자리를 빌려 아서 리에게 권한다. 치료를 결코 포기하지 마시길.

유일한 출구

2015년 5월 5일

후기 나는 이때 그저 캐나다 국회의 초청을 받아 3분간 의견을 발표했을 뿐이다. 하지만 외국 세력은 좌익 매체에서 종종 금기처럼 여겨진다. 홍콩의 민주 운동 조직자가 외국 사람과 연락을 주고받으면 자동으로 '양놈과 공모한다'는 낙인이 찍히기 때문인 듯하다. 하지만 사실 행정장관도 이 나라 저 나라를 종종 방문하고, 민건련을 비롯한 건제파 인사들 역시 정기적으로 미국과 캐나다에 가서 여러 정당들과 교류를 한다. 본론으로 돌아와서, 이 글은 홍콩의 근 10년간의 정국 변화와 오늘날 중고등학생의 정치 참여 현황을 간략하게 설명하고 있다. 그리고 내가 대학을 졸업하고 조슈아 웡이 더 이상 '학생'이라고 불릴 수 없게 됐을 때에도, 중고등학생들의 정치 참여가 계속 이어지고 있기를 바란다. 홍콩 중고등학생들의 정치 참여도는 전 세계에서 1, 2위에 들 것이라고 감히 말할 수 있다.

- **캐나다 국회 화상회의 연설원고**

존경하는 상임위원회 의장님 그리고 의원 여러분, 저는 학민사조의 소집인 조슈아 웡입니다. 올해 열여덟 살인 대학교

1학년 학생입니다. 우선 초대해주신 캐나다 국회에 감사의 말씀을 드립니다. 여기서 홍콩을 대표해 제 경험을 나눌 기회를 주셔서 감사합니다. 오늘 학생의 입장에서 여러분께 제가 열네 살부터 지금까지 사회 운동에 참여하면서 보고 들은 것들을 나눌 수 있었으면 좋겠습니다. 중앙정부가 어떻게 정치제도와 교육을 통해서 홍콩 다음 세대의 미래를 억압하는지 말하고자 합니다. 홍콩의 민주 여정에 국제적 관심이 좀더 모아지기를 바랍니다.

2003년 7월 1일, 50만 명의 홍콩인이 거리로 나왔습니다. 언론의 자유를 억압하는 기본법 23조의 입법을 반대하고, 보통선거 실시를 요구하기 위해서였습니다. 그 결과 당시 행정장관이었던 퉁치화가 하야하고 기본법 23조는 무기한 보류되었습니다. 그리고 중앙정부는 그 이후로 줄곧 홍콩은 중국 정체성 강화가 필요한 곳이라고 인식하게 되었습니다. 특히 아직 마음을 열지 않은 젊은 세대와 학생들의 정체성 문제를 관리해야 한다고 생각했죠. 그래서 2011년 교육국에서는 이듬해부터 홍콩 전역의 초등학교에서 국민교육 과목을 필수로 시행해야 한다고 선언했습니다.

홍콩은 현재 중국의 일부로, 국민교육을 시행하는 것은 본질상 별다른 문제가 되지 않습니다. 하지만 교과 과정을 보면 학생들은 반드시 중국 공산당 정권에 대해 순종하고 자부심을 가져야 한다고 거듭 강조하고 있습니다. 심지어는 학생들이 국기를 보고 눈물을 흘려야 기준에 부합한다고까지 말하고 있습니다. 이 과목이 단순한 국민교육이 아니라, 국민세뇌교육이라는 것을 보여줍니다. 교육의 본질은 젊은이들이 독립적인 사고를 갖도록 하는 것이건만, 국민교육 과목은 교육의 참뜻에 위배됩니다. 이렇듯 애당愛黨 정서를 강제로 주입하는 정부의 수단을 통해, 정권이 홍콩을 그저 순순한 피지배 백성으로 보고 있다는 것을 알 수 있었습니다. 학생들과 젊은이들이 정부를 비판할 수 있는 시민의식과 권리를 갖고 있음에도 이를 존중하지 않은 것이죠.

그때부터 저는 정당과 교직원 공회만 국민세뇌교육에 반대할 수 있는 게 아님을 깨달았습니다. 그래서 4년 전 학생 조직인 학민사조를 설립했습니다. 그리고 민주와 자유 등 핵심 가치를 지지하는 수백 명의 중고등학생들과 함께 거리로 나왔습니다. 행진, 시위, 거리 선전 등의 활동을 통해서 우리의 요구를 표현하고 시민들의 지지를 구했습니다. 그러다가 정부의 '중국식' 세뇌 교재가 공개되었습니다. 중국 공산당은 "진보적이고, 공평무사하며, 단결하는 집권 집단"이라고 묘사되어 있었습니다. 그 결과 홍콩 전역에서 반대의 목소리가 점점 더 격화되었습니다. 학민사조 학생들이 단식에 돌입하고 12만 명의 사람들이 정부 청사를 점거했습니다. 그리하여 결국 정부는 국민교육을 보류했습니다. 당시 저 조슈아 웡의 나이는 열다섯이었습니다.

예전에 홍콩 사람들은 정치 운동은 정당이나 공회에서나 이끄는 것이라고 생각했습니다. 중고등학생들에게도 사회 운동을 기획할 힘이 있다고는 아무도 상상하지 못했습니다. 학생들이 언론에 등장하고 행동을 기획한다는 것은 상상하기 어려운 일이었죠. 하지만 국민교육 반대 운동이 성공한 뒤로 학생 조직의 동향에 관심을 가지는 사람들이 많아졌습니다. 그리고 학생들의 젊음, 끈기, 결심, 그리고 용기가 그들을 역사의 무대에 올리기에 충분하다는 것을 알게 되었지요. 이들은 미래에 홍콩이 더 평등한 정치제도를 갖길 바라며 목소리를 냅니다. 그렇기에 학민사조는 국민교육 반대 운동 이후에는 이어서 보통선거를 제창했습니다. 2014년에는 학련과 함께 각종 행동을 조직해 전인대의 8·31결정에 대한 불만을 표현했습니다. 그중 하나가 1,000명 이상의 중고등학생과 1만 명에 달하는 대학생들의 동맹 휴학입니다. 그리고 9월 26일 공민광장 재탈환 행동이 기폭제가 되어 우산운동이 발발했습니다.

  하지만 우산운동에 20만 명의 홍콩인들이 참여했음에도, 얻은 게 아무것도 없습니다. 다만 사회 운동에 참여해온 제 경험에 비추어, 여기 존경하는 의원님들과 캐나다에 살고 있는 모든 중국인들에게 다음과 같은 점을 말하고 싶습니다. 바로 국민교육 반대 운동과 우산운동의 나날들을 겪은 이후에, 홍콩 학생들의 삶은 더 이상 예전과 같지 않다는 점입니다. 폭넓은 정치적 의식을 가진 세대가 이미 시작되었습니다. 이것이 바로 제가 여전히 희망을 가지고 있는 이유입니다. 우산운동의 성과가 아무것도 없을지라도, 친중 인사들이 계속 학문의 자유를 억압하고 시위자들에게 끊임없이 법적 기소를 할지라도, 저는 새로운 세대에게서 희망을 봅니다.

존경하는 의원님, 아마도 여러분은 민주국가에서 정치란 정당과 정치가의 전문 영역이어야 한다고 생각할 겁니다. 거리 운동이 있다고 해도 일부 이상주의 대학생들이 벌이는 일이겠지요. 하지만 2011년부터 2015년까지, 홍콩에서 사회 운동 참여자의 연령은 계속해서 내려가고 있습니다. 우산운동에서는 이제 막 중학생이 된 열세 살 아이가 동맹 휴학 당시에 거리 행동에 참여했습니다. 열네 살 된 어린 여학생이 고글과 마스크와 안전모를 착용하고 최루탄을 막아냈고요. 열다섯 살 학생이 시민불복종에 참여했다가 체포되기도 했습니다.

국제 정치가 셀 수 없이 많은 이해관계와 타산으로 가득 차 있다는 것은 저도 압니다. 매일 이런 공청회가 열리는 것 역시 여러분의 관례일 뿐이라는 것도요. 홍콩의 사안에 관심을 갖는가 여부는 아마 여러분의 선거에 그다지 큰 영향을 주지도 않을 겁니다. 하지만 여러분께 한 번 역지사지로 생각해봐 주시길 부탁드립니다. 홍콩에서 우산운동에 참여했던 아이들은 사실 여러분 가정의 아들딸과 나이 차이가 그리 크지 않습니다. 어쩌면 여러분께서는 국제 금융의 중심이자 경제가 매우 발달한 도시에 사는 학생들이 왜 자신의 앞날을 바쳐 사회 개혁을 밀고나가는 것인지 잘 이해하기 어려우실 수도 있습니다. 블랙리스트에 이름이 올라 중국 대륙에 가지 못하게 되고, 또 전과가 남아 일자리를 얻기 힘들어지는 그런 모든 대가를 감수하면서까지, 그들은 왜 사회 운동을 하는 걸까요?

중국 공산당은 2007년에 보통선거 실시를 약속했습니다. 하지만 2017년 선거가 다 되어갈 때까지 홍콩에 주어진 것은 가짜 보통선거입니다. 젊은이들은 사회 운동에 참여하는 것이 어쩌면 자신의 경력에 훗날 영향을 줄지도 모른다는 것을 잘 알고 있습니다. 그러나 그들은 현재의 사회 체제에서는 어떠한 미래도 보이지 않는다는 것 역시 깨달았습니다. 그렇다면 유일한 출구는 사회의 체제를 바꾸는 것입니다! 저는 캐나다 국회가 홍콩의 상황에 계속 관심을 가져주시길, 그리고 중국 중앙정부에 영향력과 압박을 가해주시길 희망합니다. 국제적인 감시와 관여는 홍콩의 민주적인 자유와 인권을 지지하는 효과적인 방법이기 때문입니다. 경청해주셔서 감사합니다.

오히려 이용만 당하는 온건파

2015년 5월 18일

후기 투항하는 이들은 중국 공산당으로부터 무슨 정치적 이익을 얻을까? 증거도 근거도 없기에 나 역시 여기에 대해서는 할 수 있는 말이 없다. 하지만 적어도 내가 확신할 수 있는 한 가지가 있다. 만약 이번 정치개혁안이 순조롭게 부결된다면, 투항파의 입지는 정말 얼마 남지 않을 것이다. 사실 대화나 소통이나 담판은 문제가 아니다. 중요한 것은 어떤 태도로 정부를 대할 것인가다. 어린아이가 선생님에게 숙제를 줄여달라고 대드는 상황을 생각해보라. 그런데 만약 그 아이가 작은 소리로 "사실 지금 이 정도 숙제도 할 만하긴 해요"라고 말한다면, 선생님이 숙제를 줄여주겠는가?

작년에 예상치 못하게 우산운동이 발발하고, 진보적 사상을 가진 학생들이 역사의 무대에 올랐다. 이들은 정치개혁 각축의 장에서 의제 설정을 주도했다. 그러면서 평범한 범민주파 대중들이 급진화되는 양상이 나타났다. 원래 민주당이 2010년에 통과시킨 정치개혁안을 지지하던 찬킨만 역시 대화는 할 만큼 했다고 외치게 되었다. 그리하여 거리는 계층과 세대를 불문하고 민주 운동의 주요 전장이 되었다. 전인대의 8·31결정을 개선하고 약간의 수정만 가하면 된다느니, 다시 한 번 잘 타협을 하면 정치개혁안을 통과시킬 수 있을 거라느니, 이런 말들은 범민주권에서 한동안 표면적으로는 자취를 감추었다. (그럼 건제파는? 그들은 정부가 공표한 방안이 보수적이든 개방적이든 상관없이 지지할 것이다.)

우산운동이 끝날 때쯤, 학생들은 당연히 국면을 좌우하거나 정치 의제를 설정하는 위치에 있지 않았다. 그런데 점거 운동에서 한쪽에 비켜서 있던 2선線의 정치인들, 즉 오랫동안 범민주와 건제의 주변을 맴돌았으며 약간의 사회적 지위를 가진 전 의원이나, 혹은 이제 더는 거리 행동에 잘 나서지 않는 민주 운동의 노장이 다시 '온건파'의 깃발을 들고 세를 타고 싶어 한다. 그들은 민주당의 입장인 '전인대 8·31결정하의 모든 방안에 반대한다'에 배치되는 논리를 펼친다. 그중에는 당의 입장을 거스른다고 비판받아 중앙집행위원직을 사임한 넬슨 웡, 이미 적화된 인터넷 매체인 〈스피크 아웃 홍콩〉에서 인터뷰를 한 택치윤, 딩즈린〔톈안먼 어머니회 창립자〕이 스톡홀름 증후군에 걸렸다며 비판한 처이훈궝 등이 포함되어 있다.

'온건파'의 움직임에 주류 민주파는 '사흘에 한 번 기자회견, 닷새에 한 번 공동성명'을 하는 방식으로, 각 당의 입장이 변함없음을 보여주고 있다. 하지만 2010년에 민주당이 입장을 바꾸어 당시의 정치개혁안을 지지한 것이 표결 3일 전의 일이었다. 대의자가 마지막에 어떤 표를 던질지는 아직 변수가 많다. 민주 운동에 노선 다툼이 존재하는 것은 사실 흔히 있는 일이다. 다만 나는 로니 통조차 현재의 정치개혁안을 부결해야 한다고 말하는 마당에, 그들이 무슨 면목으로 '온건파'를 자칭할 수 있는 것인지 모르겠다.

가장 핵심적인 문제는 이것이다. 그들은 중국 공산당이 8·31결정을 이미 내렸다는 걸 알고 있다. 지금은 '기권표로 뒷문 사수'마저 중국 공산당에게 뒷전이 된 시대다. 우산인들은 정부에 전인대 결정 철회를 요구하기 위해 몸을 사리지 않았지만, 그럼에도 정부는 꿈쩍하지 않았다. 그런데 이 '온건파' 정치인들은 어떻게 단지 자신이 건제파와 우호적 관계를 유지함으로써 담판 혹은 거래를 성사시킬 수 있다고(사실은 오히려 이용만 당하면서), 그리고 소위 말하는 '보통선거'에 쉽게 이를 수 있을 거라는 환상을 품는 것일까?

이른바 '온건파'는 사실 우산운동에서 최루탄과 경찰 곤봉을 막아낸 대중을 팔아넘긴 '투항파'인 것 같다.

죽 쒀서
개를 줄지언정

2015년 5월 18일

후기 온건파는 본래 홍콩 정치계에서 나름 '통하는' 위치에 있었다. 온건파를 자처하는 정치인은 친중·범민주 양쪽 사람들과 모두 대화가 되었고, 양측에게 어느 정도 생존의 공간을 마련해주기도 했다. 하지만 이들은 20년 전부터 그리고 지금까지도, 형세의 변화를 감지하지 못하고 있다. 그리고 결국은 뒤안길로 밀려나고 말 것이다.

앤슨 찬이 세 가지 조건을 제시하며 범민주파에 중국 중앙정부의 정치개혁안을 통과시키자고 호소했다. 중앙정부가 기업 표를 개인 표로 전환하고, 민선 지명위원회 의석을 늘리고, 4대 직능 분야 의석 수를 조정한다면, 범민주는 입장을 바꾸어 찬성표를 던져야 한다는 것이다.

사실 이 세 가지 조건은 넬슨 웡이 제시한 것과 크게 다르지 않다. 하지만 넬슨 웡이 했던 요구를 앤슨 찬이 그대로 말함으로써 그 몇 가지의 요구 혹은 조건은 더욱 실현되기 어려워졌다.

생각해보자. 만약 중앙정부가 전에 썼던 수법을 다시 꺼내

들어 투표 며칠 전에 갑자기 넬슨 웡의 제안을 받아들이겠다고 한다면 어떻겠는가? 범민주 의원 중에 마음이 동하여 그만 입장을 바꾸고 정치개혁안을 통과시키려는 이가 정말 생길지도 모른다. 그렇다면 큰 공을 세운 넬슨 웡은? 나중에 정부는 그에게 위원회 주석 자리라도 맡길 것이다. 관료 사회에 들어가길 원치 않는다면 공직 몇 개를 맡으면 된다. 어쩌면 넬슨 웡이 좋은 선례가 될지도 모른다. 즉 2선線에 있는 더 많은 범민주의 정치가들이 이후로 각자의 당에서 당원으로서 적극적으로 정부를 위해 깃발을 흔들고 목소리를 낼 수도 있다. 중앙정부의 통일전선 작업에 얼마나 도움이 되겠는가.

그런데 만약 앤슨 찬이 비슷한 제안을 해 표결 전에 중국공산당에 양보를 요구한다면, 이는 사뭇 다른 이야기가 된다. 앤슨 찬은 "영국령의 잔재"로 불리는 사람이다. 그는 과거에 종종 전 정무사 사장의 직함으로 다른 나라들을 방문해, 서양 국가의 관료들에게 중국 공산당이 어떻게 부채를 회피하며 홍콩에 보통선거를 주지 않는지 말하곤 했다. 그녀는 이를 통해 정치계에서 자신의 영향력과 지위를 유지했다. 좌익 매체의 표현을 빌리자면 "중국을 험담"한 것이다. 이런 상황에서 중앙정부가 표결 며칠 전에 정말로 기업 표를 개인 표로 바꾸는 등의 양보를 한다면, 객관적으로 보았을 때 이는 '앤슨 찬의 요구를 받아들이는 것'이 된다. 앤슨 찬이 지난날 했던 방법, 즉 외국의 관료들 사이를 다니며 중앙정부를 압박하는 노선이 통했다는 걸 보여주는 셈이다. 그러니까 앤슨 찬의 제안은 중국 공산당에게 '외국 세력과의 공모'라는 금기를 공개적으로 승인하라는 것이나 마찬가지다. 그건 홍콩이 보통선거를 쟁취하는 것보다 더 어려운 일일지도 모른다.

넬슨 웡이라면 정부가 이익을 줄 수도 있다. 혹은 택치윤이 여기서 공을 세워도 그들에게 손해될 것은 없다. 그러나 앤슨 찬이라면 다르다. 중국 정부가 차라리 정치개혁안이 결국 부결되는 편을 택할 것이 뻔하다. 한 마디로, 죽 쒀서 개를 줄지언정 앤슨 찬이 득을 보게는 하지 않을 것이다.

대중의 압력과 운동이 부재한 상황에서 중앙정부가 기꺼이 타협과 양보를 할 때는, 열에 아홉은 상대가 회유할 가치가 있다고 볼 경우다. 아울러 상대의 노선과 정치적 수단을 받아들이는 경우다. 앤슨 찬이 '8·31결정하의 정치개혁안 통과'에 관한 토론에 비집고 들어가 넬슨 웡이나 택치윤과 함께 공을 세우려고 한다면, 중국 공산당이 8·31결정 프레임을 유지하는 조건에서 범민주를 회유할 가능성이 더욱 묘연해진다. 자연히 정부의 정치개혁안이 부결될 가능성은 더 커진다. 그렇지!

당신은 모른다, 학자금 대출의 압박을

2015년 5월 20일

후기 요즘 유행하는 말 중에 '독남'이 있다. 인터넷에서 여신과 데이트를 할 것이라고 큰소리치지만, 사실은 여자친구를 사귈 엄두도 내지 못하는 사람이라고 한다. 라우밍와이는 이 독남과 비슷했다. 그는 아직도 매체에서 나와 만나고 싶다고 큰소리치지만, 이 책을 탈고한 날까지도 연락이 없다. (물론 모든 독남의 결말이 이렇게 끝나는 것은 아니다. 언제나 예외는 있는 법이다. 여신 쪽이 상대를 마음에 들어 하는 경우, 즉 독남을 좋아하게 되는 경우다. 사실 내가 이 예외적인 독남이다. 하하.)

지난 3월 말, 라우밍와이가 청년사무위원회 주석을 맡은 뒤로 몇 주마다 한 번씩 언론에 그의 담소 혹은 인터뷰가 나왔습니다. 그때마다 그는 젊은 세대의 의견이 어떤지 들을 것이며, 학생 지도자와 교류를 하고 싶다고 말했습니다. 그리고 심심치 않게 내 이름이 호명되었습니다. 라우밍와이의 대외용 행보였는지 무엇이었는지는 모르겠지만, 이름이 불렸다고 무슨 큰 피해가 되는 것도 아니니 상관없었습니다.

공개적으로 매체에서 만나야겠다는 말을 한 것은 그럴 수 있다고 합시다. 그런데 라우밍와이는 지난달 22일에 괴상한 발언을 했습니다. "조슈아 웡 그리고 네이선 로와 함께 러닝도 하며 교류를 하고 싶어요"라는 말을 했죠. 의견 교류면 의견 교류지, 달리기를 하면서 어떻게 교류를 하나요? 달리기를 하면 말을 못 하지 않습니까? 말을 하려면 달리기를 할 수가 없고요. 또 달리기랑 교류는 무슨 상관인지 잘 모르겠습니다. 라우밍와이가 절 데리고 마카오에 갔다 온다면 달리기가 '교류'와 관련 있는 게 되겠죠(웃음).

라우밍와이가 달리기 교류론論을 꺼냈을 때, 당시 기자들은 제게 전화를 걸어 물었습니다. "조슈아 웡, 라우밍와이를 만날 건가요, 안 만날 건가요? 그가 당신하고 연락하고 싶어 하는 이유가 뭐라고 생각하세요? 뭘까요? 뭘까요? 뭘까요?" 제가 그때마다 수차례 반복했던 대답은 이렇습니다. "일단 연락이나 오고 나서 얘기하죠. 그분은 제게 연락을 한 적이 없어요…."

그러다가 그저께 라우밍와이는 언론인 샤론 청과 인터뷰를 하면서 사람들에게 "영화 좀 덜 보고, 일본 좀 덜 가면 건물을 살 수 있을 거예요"라고 가르쳐주고, 또 "조슈아 웡과 정치개혁에 관해 이야기를 나누고 싶어요"라고 언급했습니다. 그리고 당연히 제게는 아무런 연락이 없었습니다. 가련한 기자들이 또 전화를 걸어 제게 물었습니다. "만날 겁니까? 그가 또 당신을 언급했는데 소감이 어떠세요? 뭐 하실 말씀 없습니까?"

가장 이해하기 힘든 건 이겁니다. 라우밍와이가 취임하고 지금껏 "조슈아 웡과 만나고 싶다"라는 말을 해왔는데, 그간의 보도를 살펴보면 항상 "싶다"는 말을 붙여왔다는 걸 발견할 수 있습니다. 여기서 좀더 캐물으면, 그는 이렇게 답하곤 했습니다. "음…. 제겐 그 사람 전화번호가 없어요. 적절한 시기에 적절한 친구… 그러니까 어떤 경로를 통해서 그 친구와 연락할 수 있겠죠."

　마지막으로 이야기하고 싶은 것이 있습니다. 새로 취임한 관료가 보여주기식으로 학생들과 만나고 싶다고 밝히고, 젊은이들의 의견에 기꺼이 귀를 기울이는 모습을 연출하는 것은 상관없습니다. 하지만 만나고 싶다는 것이 정말 만나고 싶기만 한 것이라면 안 되겠죠. 늘 만나고 싶다는 말만 하고 실제로는 엄두를 내지 못하고 있는 것이라면 안 됩니다. 취임 후 두 달 동안 매번 조슈아 웡과 만나고 싶다는 말을 했고, 이 때문에 기자들은 번거롭게 전화를 걸어 제게 이것저것 질문을 해야 했습니다. 하지만 정작 실행은 하지 않았습니다. 만나고 싶은 사람(바로 저)에게도 좋지 않은 인상을 심어준 것은 둘째 칩시다. 제가 기자들의 질문에 답하느라 시간을 낭비하게 된 것도 그럴 수 있다고 합시다. 하지만 라우밍와이 당신은 윗세대 분들이 당신에게 길을 열어주고 정치계에 입성해 큰일을 할 수 있게 해준 수고는 낭비하지 말아야 할 겁니다. 이렇게 관료계 생활을 하는 것은 정말 좋지 못합니다.

　제 전화번호가 없으면 기자에게 물어서 어렵지 않게 얻을 수 있었을 겁니다. 그게 여의치 않으면 이메일을 통해 연락을 했어도 됩니다. 페이스북으로 '친구 요청'을 보냈다면 제가 분명 수락했을 겁니다. 신세대의 조류를 잘 따라간다는 대외 이미지를 만들고 싶다면 인스타그램이나 스냅챗으로 연락했어도 됩니다.

당신은 이런 말을 한 적이 있습니다. "청년들이 정치 전략에 대해 요구하는 바가 있다는 걸 알고 있습니다. 저는 청년들의 요구를 정부에게 말해줄 수 있어요." 그런데 저는 당신에게 알려드리고 싶었습니다. 청년들은 자신들의 요구를 정부에게 말해줄, 지상에서 동떨어진 재벌 2세가 필요하지 않아요. 요구가 있고 불만이 있을 때 우리는 스스로 정부에게 말하는 방법을 압니다. 인맥으로 청년사무위원회 주석이 된 사람이, 우리의 목소리를 전달해줄 대변자가 될 수 있을 거라고는 생각하지 않습니다.

당신은 "매달 월급 1만 5,000달러 중 3,000달러를 저축하면 내 집 마련의 열차에 올라탈 수 있습니다"라는 말로, 이미 얼마나 땅에서 동떨어져 있는지 보여주었습니다. 당신의 출신과 배경으로는 당연히 홍콩 청년들이 오늘날 사회 구조 속에서 어떤 압박을 받고 있는지 알기 어려울 겁니다. 당신은 언제까지나 청년들이 마주하고 있는 문제들을 개인적 요소 혹은 운의 문제로 알겠죠. 그렇기에 우리가 건물을 사지 못하는 이유를 여행이나 영화 관람과 관련짓는 것이겠죠. 만약 땅에서 동떨어진 재벌 2세가 젊은이들과 교류를 하고 싶다면, 우리를 도와 목소리를 내주겠다는 생각으로는 안 될 겁니다. 현재 젊은이들이 마주한 압박을 이해하려는 마음가짐이어야 합니다. 우리는 당신처럼 홍콩에서 공개시험을 치르고 곧바로 영국으로 날아가 유학(런던대 킹스칼리지였죠)을 할 수 있는 행운을 타고나지 못했습니다. 많은 학생들은 시험제도 아래서 살아남기 위해 고군분투하고 학자금 대출로 숨을 헐떡입니다.

   마지막으로, 이 보여주기식 행보의 위기를 어떻게 대처해야 할지 하루빨리 깨달으셔야 할 것 같습니다. 여론에 관한 문제는 인맥으로 해결되지 않거든요. '자리 나눠먹기'에서 그 많은 위원회를 놔두고 가장 인터넷 여론에 노출되기 쉬운 청년사무위원회 주석을 하게 된 것을 원망하려거든 원망하세요.

   아버지의 그늘은 평생 가지 않습니다.

다시 한 번,
학민사조
소집인으로서

2015년 5월 23일

후기 원래 학민사조는 '국민교육 반대'라는 특정한 의제를 위한 조직이었다. 그런데 국민교육 반대 운동 이후에 우리는 이 조직이 계속해서 규모를 늘리고 변화할 수 있다는 것을 알게 되었다. 그래서 2013년부터 소집인 선거를 하기 시작했다. 하지만 당선자는 매년 조슈아 웡이었다. 사실 소집인이 되는 것은 그리 좋은 일이 아니다. '능력이 크면 책임도 크고 대가도 크다'는 말처럼. 당선 후에 쓴 이 글은 나의 속내와 많은 학민사조 전우들의 심경을 말해주고 있다. 학민사조의 한 남학생은 이 글을 보다가 울컥했다는 소감을 말해주기도 했다.

학민사조의 일원이 되는 대가는 분명 작지 않다. 항간에 떠도는 말로(얼마간은 사실일 것이다) 학민사조 비서처에서 행정업무를 담당하던 남학생이 들어올 땐 분명 여자친구와 함께였는데 나올 때는 솔로가 되어 있었다고 한다. 이런 역사가 이번 회기 비서처에서 다시 쓰이기를 바란다(쓴웃음). 긴 글이지만 나의 마음속 깊은 이야기를 담았다. 그래서 이 책 전체에서 아마도 가장 읽을 만한 가치가 있는 글이라고 말할 수 있다.

수십일 전에 기자 분이 제게 전화를 걸어 학민사조의 임원 교체 상황을 물었습니다. 학생들의 출마 의사를 묻고, 상황을 예측하고자 한 질문이었겠지요. 저는 그때 담담하게 답했습니다. 만약 학민사조 동학 중에 소집인 직에 나서려는 이가 있으면, 나는 출마를 포기할 것이며 온 힘을 다해 그가 조직 내부의 지지를 구할 수 있도록 하겠다고요. 입후보자가 단 한 사람일지라도 과반수의 표를 얻어야 당선이 가능하거든요.

하지만 출마 신청 마감 전날까지, 소집인 자리에 출마하겠다는 사람이 없었습니다. 4년째 학민사조의 소집인을 맡고 있는 조슈아 웡은 거듭 숙고하고 갈등한 끝에 출마자 명단에 자신의 이름을 써넣었습니다.

선거 결과가 발표되고 나면 여러 가지 부정적인 공세가 있으리라는 것을 저도 알고 있습니다. 사실 이제 열여덟 살이 된, 전에 검거 기간 중에 단식을 했던 프린스 웡도 대변인에 당선되었습니다. 그럼에도 '뒤를 이을 사람이 없다' '보릿고개 상태다' '두목 문화다' 하는 비판이 등장했습니다. 빌미를 잡아 공격을 하려는 이들도 있을 테고, 상황을 잘 모르고 의문을 던지는 이들도 있을 겁니다. 그것이 제가 이 글을 쓰게 된 이유이기도 합니다. 제가 어떻게 해서 이번 선거에 출마하게 됐는지, 학생들이 어떤 과정을 겪었는지, 여러분께 설명해드리기 위해 이 글을 씁니다.

2011년에 학민사조가 설립되고 3년 전 국민교육 반대 운동을 거치면서, 헤아릴 수 없이 많은 중고등학생들이 정치에 참여하기 시작했습니다. 원래 학생의 정치 참여는 8대 대학 학생회 간부들의 몫으로 여겨졌습니다. 그런데 공민광장 점거로 많은 학생들이 운동에 나서거나 조직에 가입하게 된 겁니다. 하지만 운동 참여가 점차 하나의 조류가 되어갔음에도 불구하고 참여의 대가는 더욱 높아졌습니다. 예를 들어 2014년 전에는 대변인 혹은 소집인 직책을 맡더라도, 시민 불복종에 참여하거나 법률적 책임의 리스크를 감당하는 것이 당연한 일이 아니었습니다. 이런 직책을 맡은 사람에게 요구되는 사항들 역시 지금처럼 많지 않았습니다.

그 당시 학민사조는 우선 막 발을 내딛은 상태였으며 아직 배우는 단계였습니다. 그래서 국민교육과 보통선거 등 기본적인 의제만 다루었지요. 둘째로는 우리에 대한 대중의 기대가 그리 높지 않았습니다. 셋째로는 시민 불복종 역시 일상적인 일로 간주되지 않았습니다. 하지만 정치개혁 운동에 몸을 던진 뒤로, 우리 학생들은 국민교육 같은 기본적이고 간단한 정치 의제에서 정치개혁이나 기본법 등과 같은 헌정 문제를 다루게 되었습니다. 심지어는 중앙과 홍콩의 권력 경계에 대한 논쟁까지 건드리게 되었습니다. 홍콩 독립, 자결, 헌법 개정 등의 논의가 여기에 해당하지요. 그리고 무엇보다 큰 문제가 있었습니다. 소집인 혹은 대변인을 맡는 모든 학민사조 멤버들은 중국 대륙에 갈 수 없으며 한 번은 체포되기 마련이라는 마음의 준비를 해야 했습니다. 이런 상황들은 몇 년 전까지만 해도 예상할 수 없던 일들이었습니다. 장래와 삶의 방향이 아직 명확하지 않은 중고등학생들에게는 많은 제약으로 작용했습니다.

대학의 학생회 간부들과 달리, 학민사조의 아이들은 모이면 종종 이런 우스갯소리를 합니다. 우리는 중고등학생이 가장 많고, 둘째로는 준학사나 자비 대학 high diploma 학사 과정에 있는 학생들, 항생대학, 공개대학, 카리타스대학, 공과대학 학생들이 두루 다 있다고요. 감사하게도 8대 대학에 들어간 경우는 소수 중의 소수입니다. 조직 내의 한 동학은 이런 분석을 내놨습니다. 중고등학교 시절에 사회 운동에 참여하기 시작하면 공부와 시험 준비에 써야 하는 시간 중 많은 부분을 거리 활동, 행진, 시위, 회의에 투자해야 한다고요. 누굴 원망하거나 질책하려는 것이 아닙니다. 자기 선택이었으니까요.

준학사 과정에서 공부하는 사람들도 학사 과정 편입을 위해 졸업학점을 맞추느라 정말 눈코 뜰 새 없이 바쁘고, 자비 대학은 휴학에 제약이 많다는 어려움이 있습니다. 그런데 중고등학생은 아침 8시에 학교에 가서 저녁 6시에 돌아옵니다. 혹시 체포라도 되면 나중에 유학을 가기도 어려워진다는 걱정을 해야 합니다. 이번 대입시험에 응시하는 수험생들은 시험 한 달 전까지도 매주 여섯 시간을 회의나 각종 크고 작은 일을 처리하는 데에 보냈습니다. 심지어는 시험 이틀 전까지도 각 구역의 부스 활동을 준비했습니다. 이런 것들이 희생인지 수확인지는 자신의 판단에 맡겨져 있습니다. 하지만 조직의 규모가 확대되고 조직에서 다루는 의제가 점점 복잡해지는 것은 학생에게 실로 하나의 '시험'으로 다가옵니다. 가족들과 싸우기를 밥 먹듯이 하는 것은 언급할 필요도 없고요.

경제 상황이나 가족들과의 마찰이 아니더라도, 중고등학생이 거의 전업 혹은 반‡전업으로 소집인이나 대변인 일을 하는데 시간을 쓰는 것은, UGC University Grants Committee(홍콩 대학 보조금위원회) 지원 대학의 학생들보다 어렵습니다. 사회 운동에 참여하는 중고등학생이 많아졌지만, 정치적 분위기의 변화로 인해 오히려 매체에 노출되는 대가는 훨씬 높아졌습니다. 오늘날 학민사조는 이미 2012년의 경험 없는 학민사조가 아닙니다. 그런 스트레스는 물론 학업을 병행해야 하는 부담, 나아가 장래에 대한 초조함은 많은 사람들이 벅차게 느끼는 것들입니다. 보통의 운동 참여자들도 이런데, 화면 앞에서 대외 발언을 하는 조직의 대표가 되는 사람은 어떻겠습니까?

이런 시절에 정치에 참여한다는 것은 어떤 의미일까요? 정부 측의 좌익 언론과 파란 리본 등 국가 기관의 작태를 대면하는 것은 사실 제게 큰 문제가 아닙니다. 정말 문제는 따로 있습니다. 같은 진영에 속하지만 파벌이 다른 경우입니다. 사실 이 경우 이론상으로는 그 파벌이 어느 쪽이든 네티즌 혹은 오피니언 리더가 우리에게 비판을 할 수도 있고 질의를 할 수도 있습니다. 서로 다른 노선과 파벌 간에 선의의 경쟁을 하는 것은 원래 좋은 일입니다. 때로 잘못을 저지르더라도, 네티즌의 귀띔을 받고 고쳐나갈 수도 있습니다. 그런데 고도로 정치화된,

그리고 인터넷이 여론의 방향을 주도하는 환경에서 무대에 선다는 것은 다릅니다. 원래도 정치에 관한 한 눈에 띄는 사람이 곧 욕을 먹는 사람이었지만, 이제는 그런 일이 너무나 흔해졌습니다. 비판을 듣고 반문을 당하고 공판에 넘겨지는 것 역시 밥 먹듯이 있는 일입니다. 자칫 실언을 하거나 판단 착오가 있을 때는 자신과 조직의 명성을 무너뜨리게 됩니다. 심지어는 그를 대표로 선출한 조직 내의 전우에게도 불똥이 튀고 죄책감을 겪어야 합니다. '같은 진영의 다른 파벌'이나 '다른 진영의 다른 파벌' 사람들에게서 비난을 듣게 되고, 심지어는 악의적 비방이나 지켜야 할 선조차 없이 공격을 받기도 합니다.

'한 번 삐끗하면 백 사람의 발에 채인다'는 말은 여러분이 동의하든 동의하지 않든, 오늘날 인터넷을 중심으로 한 시민사회에서 흔히 볼 수 있는 현실입니다(인터넷을 시민 사회라고 부를 수 있을지는 잘 모르겠지만). 그렇게 24시간 내내 스스로를 인터넷 여론의 흐름에 맞추도록 닦달하고, 어떻게 인신공격을 견딜지 생각하는 것은 상상보다 훨씬 힘듭니다. 정말 지치는 일이고 인성을 테스트하는 것만 같습니다. 그러니 아무도 이 자리를 맡으려고 나서지 않는 것도 이상할 게 없습니다. 다소 직접적으로 말하면, 선거에 나올 때는 꼭 나중에 사람들에게 욕먹을 각오를 하고 나와야 합니다. 자신의 어머니마저 인터넷에서 악플의 대상이 되는 것도 감안해야 합니다. 그래서 지금까지 소집인 혹은 대변인 자리는 모두에게 기피 대상이었습니다.

법률적 리스크가 커지고 조직의 위상이 변했습니다. 이런 정치적 분위기와 형국은 얼굴이 알려지는 것을 더욱 꺼리게 만들었습니다. 이렇게 열심히 분석하고 여러 관점에서 설명을 드렸으니, 이제 왜 제가 다시 소집인 직에 출마했는지 말씀드려도 될 것 같습니다. 조직에 발을 들인 지 4년째입니다. 당선된 순간 기쁨이나 뿌듯함 같은 기분은 들지 않았습니다. 오히려 끝없는 압박이 이어졌습니다.

4년 전, 단순하게 거리에 나가 구호를 외칠 때는, 이렇게 오랫동안 이 일을 하게 될 줄은, 그것도 그렇게 많은 대가를 치러가며 지금의 위치까지 오게 될 줄은 몰랐습니다. 제가 열네 살 때부터 열여덟 살까지 살아온 과정을 모두가 지켜보았습니다. 즉 미성년자에서 성인이 되기까지의 성장 과정을 오픈한 셈입니다. 많은 것을 얻은 만큼 셀 수 없이 많은 것들을 희생했습니다. 학교생활이나 사생활 같은 것은 국민교육 반대 운동 이후로 더 이상 제 삶의 일부가 될 수 없었습니다. 대학에 입학했지만 저는 여전히 누가 동학인지 알지 못합니다. 수업을 듣고, 가족들과 시간을 보내고, 여자친구를 만나는 것 외에 거의 모든 시간을 학민사조에 할애합니다.

처음 이 직책을 달고 민주 운동에 몸담은 것이 2012년입니다. 그렇게 3년의 시간이 지났고 두 번의 대규모 운동을 겪었습니다. 그 고됨이 어느 정도인지는 글로 나타내기 어렵습니다. 소집인을 하면서 가장 힘든 점은, 조직이 어떤 의제를 추진할 때 할 일이 10만 9,000개가 있는데, 만약 그와 관련된 업무를 맡고자 하는 전우가 없으면, 혹은 모두 무임승객이 되려고 하면, 결국 모든 리스크를 감당하고 그 일을 끝까지 해내는 것은 소집인이라는 것입니다. 조직에서 아무도 다음 의제를 어떻게 추진할지 고민하지 않을 때, 어떻게든 아이디어를 내고 구상하는 사람 역시 소집인입니다. 대중에게 문책을 당하는 것도 그이고, 공판에 넘겨지는 것도 당연히 그입니다.

학민사조 멤버가 열 명 남짓이었을 때는, 제게 요구되는 것이 그렇게 많지 않았습니다. 하지만 오늘날 학민사조에서는 숙고하고 우려하고 셈해야 하는 것들이 훨씬 많아졌습니다. 이런 분위기에서 매일 거의 전업으로 이 일을 합니다. 셀 수 없이 많은 회의를 열고, 수많은 인터뷰가 들어옵니다. 단순한 행정 일이나 선전 업무에도 매일 대여섯 시간씩 할애합니다. 개인 시간을 희생하는 것은 너무나 당연한 일입니다. '학민사조가 곧 생활'이라는 것이 지금 제 상황입니다. 4년을 그렇게 지내면서 제가 과연 버틸 수 있을지 진지하게 회의한 적도 있었습니다. 가족들과 연인의 무조건적인 지지가 있었기에 가능했습니다. 이런 의지력과 책임감은 제게서 나온 것이 아닙니다.

여기까지 읽고 나서, 네티즌 여러분은 이렇게 생각할지도 모릅니다. '참나, 그렇게 힘들면 그만두지. 우리한테 욕먹고 쥐구멍 찾아 도망갔으면 됐잖아!' 여러분 말씀도 맞습니다. 조슈아 웡이 우산운동 이후 뒤안길로 물러났더라면, 분명 이렇게 계속 사람들에게 욕먹을 일도 없었겠지요. 좀더 실리를 따져가며 말하자면, 두 번의 운동 경험을 쌓고 나서 더 많은 시간을 들여 학업을 완수했더라면 어땠겠습니까? 심지어 장학금을 받고 외국으로 유학을 갔더라면요. 홍콩에서 공개대학에 다닐 필요도 없었을 테고, 그쪽이 더 '똑똑한' 방법이었을지도 모릅니다. (이쯤에서 다시 한 번 말하고 싶군요. 제게 장학금을 주며 해외 유학을 보내주겠다는 사람은 단 한 명도 없었습니다. 저 역시 홍콩을 떠날 생각이 없습니다. 그러니까 앞으로도 공개대학을 계속 다닐 겁니다.) 근데 그러기는커녕 이번 학민사조 소집인 선거에 출마한 것은 스스로 고생을 자초한 일입니다. 혹시 이런 생각을 해보셨나요? 6월 말 정치개혁안 표결 때 다음과 같은 안 좋은 상황이 펼쳐질 가능성도 분명 존재합니다. 가령 1만 명에 달하는 사람들이 입법회를 포위하고 있음에도 민주파 의원 중 네 명이 갑자기 태도를 바꾸는 겁니다. 그럼 정부가 득표수를 채워 정치개혁안을 통과시킬 수 있게 됩니다. 그렇게 되면 학민사조는 시위자들이 어떤 행동을 통해 정치개혁안의 성공적인 통과 절차를 저지하도록 호소하거나, 참여하거나, 촉발하거나, 반대하지 않을 것입니다. 하지만 그럼에도 행동이 실패하고, 정치개혁안은 논쟁 속에서 통과되면 어떻게 될까요?

이런 경우, 정치개혁안이 통과된 책임은 당연히 우산운동에 등을 돌리고 태도를 바꾼 의원들에게 있습니다. 하지만 인터넷에서는 반드시 이런 말이 나올 겁니다. '학민사조가 호소하거나, 참여하거나, 촉발하거나, 반대하지 않은 행동이 실패했다. 그래서 정치개혁이 통과되었다.' 책임 소재를 추궁하는 분위기가 성행한다면, 과연 어떤 상황이 벌어질까요? 최악의 경우 '행동이 정치개혁안 통과를 저지하지 못한' 결과의 책임을 사람들이 학민사조에게 돌리는 상황이 올 수도 있습니다. 어쩌면 학민사조가 여러 면에서 폄하되고, 심한 경우 해체되는 상황이 올 수도 있습니다. 가장 먼저 공격의 표적이 되는 것은 당연히 학민사조의 현임 소집인이겠지요.

이 모든 요인들을 뻔히 분석하고 여러 압박을 받게 될 줄을 예상하면서도, 소집인 선거에 출마하는 것은 어리석은 일입니다. 하지만 지난 4년 동안 학민사조에 많은 사람들이 가입했고, 역시 많은 사람들이 떠나갔습니다. 이제 이 조직은 국민교육 반대 운동 때처럼 단순하거나 가볍지 않고, 간단하지도 않습니다. 그렇다고 작년 여름방학 때처럼 뚜렷한 목표가 정해져 있는 것도 아닙니다. 정치개혁안이 표결된 후에 어떻게 해야 할지도 미지수이지만, 이번 여름방학이 지난 후에 학민사조가 어떻게 되는 것인지도 전혀 정해진 바가 없습니다.

지난 3년 동안 학민사조는 국민교육 반대 운동으로 이름을 알리고 위신을 얻었습니다. 하지만 이제 시대가 달라졌습니다. 학민사조의 일원이라는 이름표를 다는 것은 여러분에게 부채 성격의 자산이 되었고, 오히려 고생만 하고 있습니다. 그럼에도 뜻이 있고 힘도 있는 많은 전우들이 기꺼이 이곳에 남겠다고 합니다. 비록 제가 외부의 여론으로부터 받는 압력만큼은 아니겠지만, 운동권이 갈라지고 인터넷에서는 논쟁이 과열되고 무無조직 풍조가 성행하는 오늘날, 이런 상황에서 계속 조직에 헌신하고 조직을 믿으며 일하겠다는 것입니다. 여러분이 온 힘을 다해 전우들과 함께 나아가며, 치러야 하는 많은 대가에도 개의치 않는데, 만약 제가 조직을 포기하고 소집인 직을 공석으로 내버려둔다면 여러분에게 면목 없는 일입니다. 제게는 여러분과 함께 나아갈 책임이 있다고 생각했습니다.

2년 전 학민사조는 '정치개혁 운동에 투신한다'라는 큰 방향을 정했지요. 그리고 논의를 거쳐 '시민 지명'과 '시민 지명은 필수사항'이라는 주장을 기조로 삼았습니다. 이어서 학생계 방안이 센트럴 점거에 관한 시민투표에서 30만 표를 얻으면서, 청년 학생들이 정치개혁 논의에서 갖는 영향력을 보여주었습니다. 그 뒤 동맹 휴학을 준비했고 이어서 우산운동을 촉발했습니다. 그리고 정치개혁안 표결을 30일 앞두고 이 모든 과정도 마침표를 찍었습니다. 지금, 저는 여러분과 함께 정치개혁안 부결을 순조롭게 성사시킬 수 있기를 바라고 있습니다. 혹시라도 대의자가 태도를 바꿀 경우, 마지막 힘까지 다해 정치개혁안 통과를 저지해야 하니까요.

새로 시작되는 임기에 학민사조는 앞으로의 방향을 정비해야 합니다. 과거에 학민사조는 하나의 의제를 다루는 조직이었습니다. 국민교육 반대 운동이 그랬고, 정치개혁 운동도 그랬습니다. 정치개혁 운동 후에는 어디로 가야할지 아직 분명한 계획이 없습니다. 액땜하는 셈치고 말하자면, 어쩌면 그때쯤 학민사조는 이미 흩어져 몇 사람 남아 있지 않을지도 모릅니다. 미래가 어떨지 오늘은 아직 알 수 없지만, 어떻게 되든 괜찮습니다. 얼굴에 철판을 깔고 다시 소집인 자리에 앉았으니, 정치개혁 건을 끝까지 잘 마무리하고 싶습니다. 그리고 전우들과 함께 민주 운동을 계속할 수 있는 답안과 출구를 찾아보겠습니다. 3년간의 정치개혁 운동으로 우리는 민주를 쟁취하지 못했습니다. 그 후로 민주를 위한 여정은 정치개혁의 틀을 벗어나야 하는 걸까요? 헌법 개정 문제까지 다루게 될까요? 아니면 지역 사회로 들어가 활동을 펼쳐야 할까요?

생각해보면, 범민주파는 줄곧 학민사조에게 여러 가지 불만을 갖고 있었습니다. 우리가 범민주파를 지적하거나 '시민 지명'에 집착하는 것에 대해 많은 원성이 있었지요. 그런 한편 운동권 중 본토파는 학민사조를 두고 '입진보'라고 말한 적이 있습니다. 하지만 소위 '입진보'라 불리는 벗들은 또 학민사조가 점점 '핫도그'*가 되어간다고 생각하거나, 일부 동학이 개별적으로 본토파 활동에 참여한 적이 있다는 이유로 학민사조가 '본토화'되는 경향을 보인다고 걱정합니다. 그래서 저는 아무래도 학민사조가 이러나저러나 좋은 소리는 못 듣고 미움을 받는 처지에 놓였다고 하는 편이 맞지 않을까 싶습니다.

그러나 사실 학민사조는 신청서를 쓰면 가입할 수 있는 조직입니다. 공개적으로 회원을 모집하지 않는 다른 단체들과는 다릅니다. 분기/반년에 한 번 정기적으로 회원을 모집하다 보면, 조직에 자신을 본토파라고 소개하는 이도 있을 수 있고, 자

---

* 급진파를 폄하하는 말. 열혈을 의미하는 'hot'과 비하의 의미를 지닌 'dog'를 합한 말이다.

신은 중도적 좌파라는 학생도 올 수 있습니다. 그러다 보니 아주 많은 에너지와 시간을 들여 서로 맞춰가야 하는 것은 피치 못할 고초입니다. 실제로 지난 4년간 이를 위해 적지 않은 에너지와 시간을 소모해야 했습니다. 하지만 이 또한 우리의 선택이었습니다. 우리는 처음부터 소그룹의 '친구끼리 하는 사회운동'을 벗어나보자고 결단했기 때문입니다.

어떤 이는 학민사조가 뚜렷한 입장이 없다고 말하기도 했습니다. 저 역시 부인할 수 없습니다. 어쨌거나 학민사조는 특정한 하나의 의제를 위한 조직이었으니까요. 국민교육 반대를 위해 세워졌고, 나중에는 정치개혁 운동을 위한 조직으로 바뀌었습니다. 그리고 정치개혁안 표결 이후에 어디로 가야 할지는 아직 미지수입니다. 지금까지의 정당들처럼 오롯한 정책이나 입장이나 강령 같은 것도 없었습니다. 하지만 한 가지 확실한 것은, 스스로를 좌익이라고 소개하든 우익이라고 말하든 (사실 정책에 관한 좌우 입장 갈등인 경우는 거의 없습니다), 앞으로도 학민사조에 남고자 하는 동학이라면 노선이 다른 사람과도 맞춰갈 수 있다는 믿음이 있습니다. 사실 이들은 좌익도 본토파도 아니기 때문에 학민사조에 가입했겠지만, 자칭 중도적 좌파라는 학민인은 자칭 본토파라는 학민인과 맞춰갈 수 있음을 믿고 있습니다. 마찬가지로, 자신이 본토파에 속한다고 말하는 멤버 역시 중도적 좌파에 속한다고 말하는 멤버와 함께 일할 수 있음을 믿습니다. 조직 내에서 자신과 노선이 다른 전우를 적이라고 보는 이는 없습니다. 그래서 입진보는 우리가 점점 본토화되어 간다고 말하고, 본토파는 우리가 결국 입진보라고 말하지만, 사실 학민사조는 그냥 학민사조일 뿐입니다.

　4년 동안 스스로가 참 부족하다는 생각을 많이 했습니다. 실수를 저질러 곁에 있는 친구들이 수습을 해주곤 했고, 직설적인 말로 조직 안팎의 많은 전우들에게 상처를 주기도 했습니다. 여러분, 4년간 매 과정마다 제가 성장할 수 있게 해줘서 고맙습니다. 학민사조의 소집인으로서 이번 임기 동안은 새롭게 뭘 하자거나 뭔가 계획해둔 것이 있다고 감히 말하지 못하겠습니다. 저 역시 앞으로의 정국을 어떻게 마주해야 할지 완전히 생각이 정리되지 않았습니다. 단지 그 확고한 의지가, 자신과 곁에 있는 사람들에게 이 미완의 길을 계속 갈 수 있는 힘이 되기를 바랍니다. 순조롭게 정치개혁안이 부결된 후 우리는 어떻게 해야 할까요? 우리는 우산운동이 패러다임의 전환을 불러왔다고 말했지요. 쉽게 말해 우리 홍콩인은 예전으로 돌아갈 수 없습니다. 만약 그렇다면 점거 이후에는, 표결 다음에는, 늘 외치던 '정치개혁 재추진'과 '나는 진정한 보통선거를 원한다'는 구호를 넘어서야 합니다. 민주 운동의 틀과 전략을 고민해야 합니다. 이것은 홍콩인이라면 누구도 비켜갈 수 없는 문제입니다. 학민사조가 향후 수개월 사이에 그 답을 찾을 수 있기를 바랍니다.*

---

* 조슈아 웡은 이 글을 쓰고 나서 10개월 뒤인 2016년 3월 학민사조 해체를 발표하고, '데모시스토'라는 정당의 결성에 참여했다.

말레이시아 입국을 거부당하다

2015년 5월 26일

후기 말레이시아 정부로부터 입국 거부를 당한 것도 예상치 못한 일이었지만, 그보다 며칠 후 〈문회보〉에서 이 일이 미국 특수공작원과 관련된 게 아니냐는 기사를 낸 것이 더 웃겼다. 그날 저녁에 기사를 보고 크게 웃었던 기억이 난다. 사실 원래 내가 말레이시아에 가든 말든 사람들은 별 관심이 없었다. 그러나 말레이시아 정부가 나를 블랙리스트에 올리면서 오히려 대담들은 모두 만석을 이루었고, 나는 스카이프를 통해 화상으로 나의 이야기를 나누었다. 말레이시아 정부가 나의 지명도와 영향력을 더 넓혀준 셈이다. 그러니 좋은 일이라고 해야 할지, 나쁜 일이라고 해야 할지 모르겠다.

말레이시아의 '6·4 25주년 기념위원회'로부터 6월 4일 전에 말레이시아에서 대담을 열자는 초청이 있었다. 말레이시아 쿠알라룸푸르, 풀라우피낭, 이포, 조호르바루 등의 지역을 순회하는 일정이었으며, 강연 주제는 '중국의 민주를 전망하다: 6·4민주화운동에서 우산운동까지'였다. 여러 차례의 상의와 조율을 거쳐, 5월 26일(화요일) 아침 8시 15분에 홍콩드래곤항공 MH9743편을 타고 플라우피낭에 도착한 뒤, 5월 30일(토요일) 오후 6시 40분에 쿠알라룸푸르에서 다시 홍콩으로 돌아오는 비행기를 타기로 했다.

5월 26일 아침, 나는 홍콩드래곤항공 카운터에서 비행기표를 받았다. 그리고 늘 그랬듯이 E게이트를 지나 비행기를 탔다. 10분 만에 이 모든 과정을 순조롭게 마쳤다. 그리고 비행기에서 보낸 세 시간 반 동안에도, 아침 11시에 플라우피낭 공항에 도착한 뒤에도, 입국 데스크에서 줄을 설 때까지도 아무런 장애물이나 불편한 점이 없었다. 그런데 아침 11시 15분, 플라우피낭의 입국 데스크에서 검문을 위해 세관원에게 여권을 내밀었을 때였다. 세관원의 안색이 약간 변하는 듯했다. 그리고 몇 분 후 그는 영어로 내 여권을 출입국사무소로 가져가 확인을 좀 해봐야겠다고 말했다. 그는 내게 근처에 있는 자리로 가서 앉아 있으라고 했다. 나는 입국 업무를 보던 현장의 실무자에게 왜 곧장 입국을 하게 해주지 않는 거냐고 거듭 물었다. 그들은 줄곧 제대로 된 이유를 설명해주지 않고 얼버무렸다. 그러면서 내게 쿠알라룸푸르행 비행기표를 내놓으라고 했다. 그리고 승무원에게 내 짐을 출입국사무소로 가져가라고 했다.

세관원과 정부 관료들의 움직임을 보며, 나는 이미 상황이 좋지 않음을 직감했다. 이 모습은 예전에 많은 학민사조 구성원들이 중국 대륙이나 마카오에서 입국 거부를 당하던 때와 판박이였다. 나는 홍콩으로 송환될 가능성이 있겠다고 짐작하고, 곧 왓츠앱으로 6·4 25주년 기념위원회 대표와 학민사조 동학들에게 상황을 알렸다. 약 30분을 기다린 후, 모든 여행객이 별 탈 없이 입국 수속을 마친 11시 40분이었다. 홀에 남은 '여행객'은 나 하나였다. 세관원 곁에 있던 홍콩드래곤항공의 승무원이 내게 통지했다. "조슈아 웡은 즉시 홍콩으로 돌아가십시오."

―――•―――

    홍콩드래곤항공의 승무원은 내게 이 결정을 '통지'했다. 나는 당연히 승복하지도, 동의하지도 않는다. 내가 입국 가능한지 여부는 결코 항공사에서 결정할 수 있는 문제가 아니다. 세관이 승무원에게 총대를 메게 하는 것은 정말 불합리한 행동이 아닌가? 그래서 나는 곧바로 승무원 옆에 있던 세관원에게 나의 입국을 거부하는 이유를 알려줄 수 있냐고 물었다. 가령 내가 말레이시아의 어떤 법률 조항을 어겼다거나 하는 것 말이다. 혹은 나의 입국을 거부하는 것에 관해 서면으로 된 문서를 보여줄 수 있냐고 물었다. 최소한 아무런 이유도 없이, 영문도 모른 채 홍콩으로 돌아가고 싶지는 않았다. 심지어 중국 대륙에서조차 송환 문서를 대며 "국가 안전에 위배되는" 경우에 해당한다고 설명해줬다. 하물며 말레이시아가 문건도 없이 이럴 리는 없겠지.
    하지만 유감스럽게도 세관원은 '정부 명령'이라는 이유만 되풀이하며, 나의 모든 질문에 대한 답을 대신했다. 즉시 홍콩으로 돌아가라는 통지를 받고 나는 세관 당국에 현지 친구(6·4 25주년 기념위원회 대표)에게 연락을 할 수 있도록 시간을 달라고 요구했다. 하지만 세관 당국에서는 언성을 높이며 이를 저지했다. 심지어 세관원 두 명이 내 양쪽 팔을 잡고 나를 호송해 비행기에 태우려고 했다.

다행히 저항하는 과정에서 다치지는 않았다. 하지만 기념위원회 대표가 전화 연결을 요구하자, 세관 당국은 이를 일절 거절했다. 게다가 내게 영어로 이렇게 말했다. "지금부터는 아무와도 통화하지 마세요." "저(직원)는 전화를 받을 수 없습니다" "지금 해야 할 일은 단 한 가지, 비행기를 타고 플라우피낭을 떠나는 거예요."

———•———

사실 내가 거기서 움직이지 않고 버텼다고 해도, 그들은 나를 어쩌지 못했을 것이다. 그런데 홍콩드래곤항공의 승무원이 내게, 당일 플라우피낭에서 홍콩으로 갈 수 있는 기회는 아침 11시 55분 비행기밖에 없다고 귀띔해주었다. 그러니까 내가 5분 안에 비행기에 타지 않으면, 플라우피낭에서 하루를 묵고 다음 날이 되어야 홍콩에 갈 수 있다는 말이었다. 전략적인 측면에서 생각해보면 플라우피낭에서 하루 동안 머물며 시간을 버는 것이 나았을지도 모른다. 여론의 압력과 변호사 개입 등을 통해서 결국은 입국에 성공하게 될 수도 있었다. 하지만 말레이시아의 경찰과 세관원들도 나를 마뜩찮게 여기는 듯하고, 나 역시 말레이시아의 경찰과 세관원들이 그리 미덥지 않은 터였다. 게다가 티파니 친이 설날에 가족들을 만나러 쿤밍에 가려다가 몽둥이를 든 무장 경찰에게 밤새 연금되었던 것이 생각났다. 그 정신적·심리적 압박은 정말이지 형용하기 어려운 것이다. 플라우피낭에 친분 있는 사람이 있는 것도 아니었다(적어도 티파니 친은 쿤밍에 가족들이 있었다). 이런 상황에서 나는 외지에서 밤새 연금을 당한 두 번째 학민사조 멤버가 되고 싶지 않았다. 그래서 결국 일을 크게 만들지 않았다. 말레이시아 정부가 서류 한 장 없이, 법적 근거 없이, 어떤 이유도 제시하지 않고, 단 한 마디 '정부 명령'이라고 일관하는 상황에서 나는 승무원을 따라 홍콩드래곤항공 KA634편에 탑승했다. 그렇게 홍콩으로 돌아왔다. 내 여권은 홍콩에 도착해서야 돌려받을 수 있었다.

  비행기가 이륙하기를 기다리고 있을 때 기념위원회 대표가 다시 전화를 걸어왔다. 싱가포르에서 온 또 다른 학생운동 대표 한후이후이는 별 탈 없이 플라우피낭에 도착했다고 했다. 원래 금요일에 쿠알라룸푸르에서 하기로 예정되어 있던 나와 장발의 대담 역시 취소될 가능성이 높았다. 며칠 후 출발할 예정이었던 장발도 나와 마찬가지로 입국하지 못하고 송환될 확률이 컸기 때문이다. 더 중요한 것은, 내가 이미 말레이시아 블랙리스트에 올랐을 가능성이 매우 높다는 것이다.

  다시 본론으로 돌아와서, 국민교육 반대 운동이 끝나고 2012년 크리스마스에 나는 가족들과 함께 플라우피낭에 가서 휴가를 보낸 적이 있다. 그때는 아무 장애 없이 입국할 수 있었다. 아마 우산운동 후에 지명도가 올라가면서 송환되는 일까지 생기는 게 아닌가 싶다. 그런데 사실 이 기념위원회는 작년에도 왕단(톈안먼 시위 주역)을 말레이시아로 초청해 순회 좌담을 연 적이 있다. 6·4와 민주 운동에 대해 논하는데 왜 왕단은 입국이 되고, 조슈아 웡은 안 된다는 것인가? 6·4를 논할 때 민감하기로는 나보다 왕단이 더할 텐데 말이다. 민주를 논할 때 역시 내가 왕단보다 더 민감할 것 같지는 않고 말이다.

―――•―――

우산운동 이후에 중국 대륙을 밟을 수 없게 된 점은 예상한 일이었다. 어쩌면 조슈아 웡 같은 사람은 평생 중국 국경 안으로 들어갈 수 없을지도 모른다(중국이 민주화되는 날이 오지 않는 한). 점거 운동은 다소 거칠게 말하자면 중앙에 '대항'하는 운동이었다. 그런 만큼 중앙정부의 입국 불허가 불합리한 처사일지라도, 가장 눈에 띄는 1인으로서 어쨌든 마음의 준비는 해두었던 터였다. 학민사조에 가입한 동학들은 위로는 대학교를 졸업한 형·누나들도 있고, 아래로는 이제 막 가입한 중학생 자원봉사자들도 있다. 이들 모두 대륙을 밟을 수 없다. 하지만 문제는 이번에 조슈아 웡은 중국에서 송환된 것이 아니라 말레이시아에서 송환되었다는 점이다. 우산운동에 관여하지 않는 국가에서 홍콩의 학생운동 지도자를 국경 바깥으로 내보낸 사례다. 그리고 내 기억이 틀리지 않다면, 이것이 우산운동 후의 첫 번째 사례다.

솔직하게 말해서 나는 말레이시아의 민주 운동에 대해서 아주 얕게 이해하고 있을 뿐이지만, 집권당이 끊임없이 반대당을 탄압한다는 것 정도는 대강 알고 있다. 민주 국가에서 흔히 볼 수 있는 정당 교체를 말레이시아에서는 만나기 어렵다는 것도. 하지만 따지고 보면 6·4는 말레이시아 정부와 관련이 없다. 우산운동도 표면적으로는 말레이시아 정부의 이익에 충돌되는 것이 없다. 전인대의 8·31결정이 철회되건 말건, 이것 역시 말레이시아의 권위적인 정치에 아무런 직접적인 영향을 주지 않는다(그곳 사람들이 꿋꿋하게 저항하는 데에 간접적인 독려가 된다는 것은 물론 다른 문제다). 하지만 결국 결론은 이렇게 났다. 원래 우산운동에서 얼굴이 노출된 학생들은 중국 대륙과 마카오에만 갈 수 없었는데, 이제 새로운 지역 한 곳이 추가되었다, 말레이시아다.

나는 중국 국경 내에서 보통선거 쟁취를 외쳤기 때문에, 중국이 나를 민감인물 리스트에 올린 것은 이해가 간다. 그런데 내가 말레이시아 국경 내에서 보통선거 투쟁을 한 것도 아닌데, 그렇게 오버해서 나를 문전박대할 필요가 있었는지 모르겠다. 나는 현지에 있는 중국인들과 나의 이야기를 나누려고 했을 뿐, 그 나라에서 무슨 운동이니 정변이니 혁명이니 하는 것을 꾸미지도 않았다.

말레이시아 정부는 절차대로 일을 처리하지 않았다. 나 역시 여기에 유감을 표하고, 이것이 크게 분개할 만한, 그리고 그들이 부끄러워할 일이라는 말에 동의한다. 하지만 나는 말레이시아에 별다른 영향력이 없다는 게 현실이다. 내가 아무리 큰 목소리로 말레이시아 정부를 강력히 비판해도, 조슈아 웡이 냉대를 받았다는 사실에 여론이 움직일 가능성도 미미하다. 그래서 플라우피낭에서 송환되는 경험을 한 후, 나는 홍콩 정부가 해야 할 일을 생각했다. 그러니까 홍콩 여권을 가진 홍콩의 영구 거주민이 타국에서 이유 없이 홍콩으로 송환되었을 때, 홍콩 정부(특히 보안국과 입국처)는 이에 반응하고 전말을 추궁할 책임이 있다고 생각한다.

마지막으로, 사실 내가 원래 정치개혁안 표결 전에 어렵게 며칠의 시간을 내어 홍콩을 떠나 있으려고 했던 이유가 있다. 물론 이야기를 나누고 교류하려는 목적도 있었지만, 그곳에 가서 전환을 좀 하고 싶어서였다. 홍콩을 떠나 있으면 전반적으로 숨이 좀 트일 수도 있겠다고 생각했다. 하루 종일 회의·부스·방문·행동, 회의·부스·방문·행동, 회의·부스·방문·행동을 반복하지 않아도 되니까. 5월에 여름방학이 시작된 뒤로 24시간 중에 잠자는 시간을 빼고 늘 일을 했다. 정말 살인적인 일정이었다. 하지만 이제 잠깐 휴가를 가지려던 계획도 수포로 돌아갔다. 홍콩에 머물며 다시 무수한 압박들을 마주해야 한다. 홍콩에서는 휴가를 보내려고 해도 개인 공간이 없다(모든 곳에 알아보는 사람이 있기 때문이다. 대만에서도 비슷한 상황이다). 마카오와 중국 대륙은 갈 수가 없다….

　이번 사건은 중국 정부만 홍콩 블랙리스트를 보유하고 있는 게 아님을 보여주었다. 어쩌면 우산운동 후에 세계의 여러 반#민주 국가들 혹은 강권주의 국가들에서 일부 홍콩의 학생 대표와 정치 인사들을 블랙리스트에 올렸는지도 모른다. 그렇다면 내가 싱가포르에 가려다가 송환될 날도 멀지 않은 듯하다. 오히려 호기심이 생긴다. 이미 나를 블랙리스트에 포함시킨 나라는 몇 곳이나 될까? 있다면 내게 얼른 말 좀 해줬으면 좋겠다. 내가 비행기표를 사고 호텔을 예약하고 현지에 도착한 뒤에야 송환시켜서, 여행을 갈 때마다 이렇게 끝나버리게 하지 말고 말이다. 강권주의 정부는 정말 이상하다.

대학생들이 기본법을 불태운 까닭

2015년 6월 7일

후기 홍콩 기본법을 개정한다는 것은 마치 건드려선 안 될 금기 같은 것이었다. 사람들의 비판이나 논의 역시 기본법에 관해서는 매우 겉돌기만 했다. 하지만 우리는 정말 민주 운동의 출구를 찾고자 한다. 물론 기본법 개정을 향한 길은 무척 길고 지난할 것이다. 하지만 나는 2047년 전에 홍콩인이 이 문제를 해결하지 못한다면, 결국 우리는 민주 운동에서 출구를 찾지 못할 것이라고 생각한다.

이번 집회에서 의례적인 애도 순서보다는, 대학생들이 6월 4일 저녁에 홍콩 기본법을 불태운 행동이 실로 논의의 중심이 되었다. 그리고 뒤이어 많은 논쟁을 일으키기도 했다. 건제파인 재스퍼 창 등이 기본법 소각 행위를 일국양제에 대한 반대와 동일시할 수 있느냐는 질문을 제기하기는 했지만, 기존 범민주 지지자라도 '기본법이 홍콩의 자치를 실현한다'는 주류 논설에서 빠져나오기는 어렵다.

초등학교 상식 과목 교과서에는 "기본법은 홍콩의 안정과 번영을 보장하는 주춧돌이다"라고 쓰여 있다. 이를 시작으로 우리에게는 이미 '기본법이 없으면 일국양제도 없다'는 생각이 주입되어 있다. 솔직히 일국양제는 중국-영국 연합성명과 홍콩 기본법에 근간을 두고 있는 것이 사실이다. 그런데 여기서 한 가지 질문이 있다. 정치가들은 기본법의 신성불가침성을 주장하고, 최근 중국 공산당은 여러 차례 법률 해석을 내놓거나 백서를 반포했다. 보통선거 시간표를 미루거나 삼권 공조를 책동한 것 등이다. 이렇게 기본법이 늘 견고하게 버티고 있는데 왜 일국양제는 위태로운가?

기본법으로 홍콩인의 권익을 보장하기 어렵다는 사실을 중국 공산당이 보여주고 있다. 기본법의 관련 조항이 홍콩 정부의 단정증* 인허가권 소지를 저지하고 있기도 하다. 그러나 이런 점은 사실 모두 이차적 문제다. 기본법이 기안되던 과정을 한 번 돌아보자. 당시 홍콩인들은 행정장관 선거에 시민 지명 요소를 포함시킬 것을 요구했다. 민주파 역시 '1997년에 전면적인 행정장관 보통선거를 요구한다'는 수만 장의 의견서를 제출했다. 앨런 리(보수정당 의원)조차 2003년 쌍보통선거 실시를 요구했다. 그런데 오늘날은 시민투표가 곧 홍콩 독립을 주장하는 것으로 간주된다. 그렇기에 '행정장관과 입법회는 반드시 전체 유권자의 투표를 통해 선출한다'는 요구가 이미 1989년 2월 기본법 초안 제2고稿에 등장했다는 것은 정말 상

---

* 單程證, One-way Permit. 정식 명칭은 전왕홍콩통행증前往港澳通行证이다. 중국 내지인이 신청할 수 있는 장기 비자다. 하루 150명이 상한선이며, 단정증을 받고 7년간 홍콩에서 거주하면 영주권이 나온다.

상하기 어렵다. 더욱이 시민투표를 건의한 사람은 루이스 차였다.

그런데 홍콩의 정치적 분수령이었던 1989년 민주 운동 때 군대의 진압으로 민주파와 중국 공산당이 갈라섰다. 전국인민대표대회 상무위원회는 그해 10월에 스제토 와(민주 운동의 대부)와 마틴 리(민주당 창립자)의 기본법 관련 직책을 박탈했다. 〈명보〉의 보도에 따르면 1990년 2월 기본법에 만족한다고 답한 시민은 24퍼센트에 불과했다. 불만이라고 답한 시민은 55퍼센트에 달했다. 하지만 중국 공산당은 힘으로 밀어붙여 결국 전인대는 6·4학살의 이듬해 4월에 민주적 정당성이 결여된 기본법을 반포했다.

사실 기본법 제159조는 이론상 홍콩인의 헌법 개정을 허용하고 있다. 행정장관, 홍콩 인민대표대회 대표의 3분의 2, 그리고 입법회 의원 3분의 2의 동의만 있으면 전국인민대표대회에 기본법 조항 개정 요청을 올릴 수 있다. 그런데 행정장관도, 입법회 의원도, 홍콩 인민대표대회 대표도 모두 보통선거로 선출되지 않으니, 이 헌법은 홍콩인에 의해 제정되었다고 할 수 없다. 그래서 6·4행사에서 기본법을 불태운 것은 역사적인 의미가 다분하다. 중국 공산당은 6·4학살 이후 홍콩 통치 방침을 더 엄격하게 만들었다. 본래 홍콩인에게 속해야 마땅한 전체 시민투표와 보통선거를 즉시 실시하지 않고 전부 보류했다. 센트럴 점거 후에 모두가 빈손으로 돌아가고 정치개혁안 부결을 기다리고 있는 지금, 우리의 민주 운동은 다시 출항해야 한다. 그리고 우리의 칼끝은 헌정 문제의 핵심을 향해야 한다. 바로 홍콩인이 응당 헌법 개정의 권리를 가져야 한다는 것이다.

홍콩의 앞날을
결정할
2047년

2015년 6월 15일

후기 정치개혁안이 부결되었다. 그 후 범민주는 예상대로 홍콩 정부에 정치개혁 재추진을 요구하고 있다. 만약 정치개혁 재추진이 성사되지 않으면 범민주는 5년 후 정부 측의 정치개혁 때, 다음 행정장관에게 2022년 행정장관 선출에서는 '진정한 보통선거'를 실시하라고 요구할 것이다. 다음 정치개혁에서도 개혁안이 부결되면 그땐 2027년에 '진정한 보통선거'를 시행하라고 요구할 것인가? 이 글은 '보통선거 요구 → 중국 공산당의 거부 → 입법회 표결 → 방안 부결'의 무한 순환을 깨고자 했다. 포스트 정치개혁 시대의 민주 운동을 위해 출구를 찾기를 바라며.

정치개혁안 부결을 며칠 앞두고 있다. 범민주, 시민 사회 및 넓은 의미의 '노란 리본'들의 상황을 보면, 여론조사에서 골든크로스 현상이 나타나면서 우리는 몹시 기뻐하기도 하고, 모두가 힘을 모아 한목소리로 대의자에게 정치개혁안을 부결하라고 요구하기도 한다. 그러나 정치개혁안 부결 후에 '어떻게 민주를 쟁취할 것인가' 혹은 '어떤 민주를 쟁취할 것인가'에 대해서는 갈피를 못 잡는 것 같다.

우산정신을 지역 사회 안으로 가져오려는 노력, 기본법 소각, 그리고 간간이 민간 행정장관(유덕화를 가리킴)의 발언 등이 산발적으로 있었다. 점거 운동이 막을 내리고 반년이 지나도록 그 밖에 우리가 한 것이라고는 '나는 보통선거를 원한다'를 공허하게 계속 외친 것뿐이다. 이렇게 해선 실정에는 개의치 않는 건제파와 포스트 정치개혁의 난국에 대응할 수 없지 싶다. 점거 운동의 조직자들은 아직 '운동의 상처'를 버리지 못하고, 거리 동원과 행동 강화의 가능성, 과거 세 차례의 정치개혁 시나리오의 차이점과 공통점 같은 것들에 대해서도 충분한 평가와 분석을 하지 못하고 있다. 그리고 중국과 홍콩의 관계에 대한 상상도 아직 바꾸지 않았다. 그 이면의 무력감 때문에, 범민주는 정치개혁안 부결을 확실히 해두는 것 말고는 민주 운동의 출구가 도대체 어디에 있는지 충분히 돌아보지 못하는 듯하다. 심지어는 79일간의 점거 행동에도 결국 빈손으로 돌아가야 하는 정치적 현실 앞에서, 그렇다면 이제 홍콩인은 앞으로 어떻게 민주를 쟁취해나갈 것인지 스스로 회의하기도 한다. 홍콩이 정말 '패러다임 전환'을 맞이했는지 진지하게 자문해본다. 물론 우리는 우산운동 이후 '홍콩은 이제 달라졌다'는 것을 믿는다. 특히나 직접행동에서 최루탄을 맞은 젊은 층은 이미, 다시는 예전으로 돌아갈 수 없다. 하지만 이 정치개혁안 표결 전야에, 민주 진영이 새로운 비전과 강령을 제시하고 앞으로의 민주 운동에 새로운 전략과 노선을 수립할 수 있을 것 같지는 않다.

정치개혁안 부결은 건제파의 관심 밖이다

지피지기면 백전백승이라고 했다. 상대방의 수를 읽지 못하면 아무리 큰 이상을 품었다고 해도 실제와 괴리되고 만다. 범민주의 태세 전환은 아직 일어나지 않았다. 하지만 친중 인사들은 진즉에 표결 후의 정치적 의사일정을 설정해두었을 것이다. 이들은 표결 후에 곧 언론 기관을 동원해, 홍콩인이 투표권을 가질 수 있었는데 범민주가 이를 저지하고 보통선거 기회를 걷어찼다고 비난할 것이다.* 그러나 내가 보기에 정치개혁은 결코 친중 진영의 주된 관심사가 아니다. 방안이 통과되든 부결되든 결과적으로 애국자에 애당자인 정치인만이 행정장관 후보가 될 수 있다. 렁춘잉은 중앙의 낙점만 받으면 순조롭게 당선될 수 있다. 기적적으로 현재의 정치개혁안이 통과되어도 이들에겐 상관없다. 기껏해야 행정장관이 레지나 입으로 바뀌는 것뿐이다. 통치 계층과 건제파가 가진 기득권과 자원이 흔들리는 일은 없을 것이다.

만약 정치개혁이 어떻게 끝을 맺든 건제파에게 아무 상관이 없다면, 건제파의 실질적인 계획은 무엇일까? 이런 토론은 길어야 7월 초까지 이어질 거라고 예상한다. 그리고 이어서 건제파는 여론 싸움을 준비할 것이다. 지금은 4:4:2 국면이다.

---

* 정부의 정치개혁안은 2017년 행정장관 선거에서 보통선거 실시를 명시했지만, 범민주파가 후보로 나서는 길목을 사실상 차단해 '가짜 보통선거'라는 비판을 받았다. 하지만 이 방안이 입법회에서 부결될 경우, 홍콩인들은 '가짜 보통선거'는 피하게 되지만 예전처럼 '간접선거' 방식을 유지하게 되는 딜레마가 있었다.

건제파는 선거에서 범민주의 지지 기반을 약화시키려고 할 것이다. 즉 지금은 '점거' 혹은 '정치개혁' 사안에서 범민주파와 건제파의 지지도가 대등한 상황이다. 각각 약 40퍼센트 시민의 지지를 받고 있다. 나머지 20퍼센트는 중도파, 혹은 양쪽 다 아닌 유권자다. 건제파는 다음 단계에서 분명 '점거 반대, 필리버스터 반대'를 내세우며 기존 지지층을 공고히 할 것이다. 그러면서 동시에 중도파의 '민주는 원하지만 난장파는 원치 않는다, 안정을 바란다'는 심리를 겨냥해 구의회와 입법회에서 범민주파의 의석수를 줄일 것이다.

이번 정치개혁안의 부결은 건제파에게 조금도 손해를 끼치지 않을 것이다. 부결의 책임을 범민주에게 돌리며 하소연하겠지만 이 또한 겉치레에 불과하다. 2016년 입법회 선거의 직선 의석* 싸움에서 범민주파의 과반수 법칙을 깨뜨리는 것이야말로 건제파가 준비하고 있는 진짜 계획이나. 현재 지역구 의회 직접선거에서 범민주(18석)는 건제(17석)에 비해 겨우 한 석을 더 확보하고 있다. 과반수 법칙이 깨진다고 해도 그리 놀랄 만한 일은 아니다.

건제파가 한 발 한 발 밀고 들어오고 있다. 이들은 이른바 '화합, 안정, 단결'로 포장하고, "제게 투표하시면 점거 사태가 일어나는 일은 없을 겁니다"라는 말로 사회 구조의 변화를 원치 않는 보수적 대중의 지지를 가볍게 얻는다. 앞으로 입법회

---

* 입법회 의석 중 절반은 직접선거로, 절반은 간접선거로 선출된다.

직선에서 과반수를 차지하지 못하거나, 관건 부결권*을 확보하지 못했을 때는 어떻게 해야 할지 걱정이다. 그럴수록 지금 새로운 비전 모색의 중요성이 더욱 와닿는다. 늘 하던 대로 '보통선거 만능론' 혹은 '의석 하나라도 더 차지하기'를 반복하겠는가? 그렇게 중국-홍콩 관계에 대한 민주파의 어긋난 이해를 교정하는 걸 계속 회피할 것인가? 이러한 시국의 핵심 모순에 응답하지 않으면, 진영이 전반적으로 언어를 잃어버리는 상태에 빠지게 될 것이다. 그리고 정국의 주도권을 계속 특권 계급에 넘겨주게 될 것이다.

___거리 동원력은 이미 최대한도에 이르렀다

실로 친중 진영이 강하게 밀고 들어오고 있다. 때문에 건제 쪽이 아닌 진영에서는 의석을 보전하기 어려워지는 게 아니냐는 우려가 나오고 있다. 그러나 점거가 실패한 후 급진파와 과격파는 언제나 대중의 대리인 혹은 대의자 자리를 포기해야 한다고 말한다. 그리고 평화적·이성적·비폭력적으로 의회에서 하는 항쟁은 아무런 효과가 없다고 여긴다. 그래서 이들은 행동의 급진화 논의에 희망을 건다. 만약 홍콩인들이 조금 더 용맹스러웠다면, 가령 그날 모씨가 행동 수위를 높이는

---

* 입법회 전체 의석의 3분의 1을 말한다. 홍콩 입법회에서 의안이 통과되기 위해서는 의원 3분의 2 이상의 동의를 얻어야 한다. 따라서 3분의 1 이상 의석을 지키는 것은 범민주파가 불합리하다고 판단되는 의안을 부결시킬 수 있는 최소한의 마지노선이다.

걸 저지하지 않았더라면, 저항에 참여하는 사람들 중 더 많은 이들이 진격에 찬성했더라면, 심지어 비폭력 원칙을 버리거나 무력으로 경찰의 폭력을 제압했더라면, 만약 그랬다면 이들은 보통선거도, 나아가 더 급진적인 요구도 쉽게 손에 넣을 수 있었을 거라고 본다.

나 역시 시민 불복종을 적극적으로 추진하는 학생 중 한 명으로서, 의석수를 두고 다투는 각축전보다는 직접행동을 더 신뢰하고 중시하는 편이다. 그러나 민주 운동에 투신할 때는 상대방의 힘을 알아야 할 뿐 아니라 자신의 한계와 솔직하게 대면해야 한다. 우산운동으로 시민 사회는 이미 자신이 가진 비장의 카드가 어떤 것인지 중국 공산당에게 공개해버린 셈이다. 비관적으로 말하자면 홍콩인의 급진적인 행동 동원력은 이미 최대한도에 이르렀다. 앞으로 2년 내에 우산운동과 같은 규모의 점거 행동을 다시 보기는 어려울 것이다.

물론 나는 직접행동의 중요성을 전적으로 부정할 생각은 없다. 모든 정치적 맥락을 배제하고 보았을 때, 만약 1989년 5월 28일의 150만 인이 작년 우산운동에도 있었더라면 보통선거를 되찾는 게 그렇게 까마득한 일은 아니었을 것이다. 하지만 센트럴 점거 3인, 정당의 지역구, 학생계, 나아가 본토파까지 지난 수년간 행동의식을 양성하기 위해 교육 및 선전 활동을 펼쳐왔건만, 정작 작년 11월 30일 행동 수위를 높였을 때 동원된 사람은 1만 명이 채 안 되었다. 그리고 우산운동 역시 9월 28일 20만 명으로 절정을 기록하고 10월 중순 즈음이 되자 인원수가 빠른 속도로 줄었다. 만약 우산운동의 동원력이 지난 3년간 노력한 결과의 전부라면, 렁춘잉 재임 기간이 끝나기까지 남은 2년 사이에 행동가들이 크게 급진적이 되거나 혹은 이들이 더 높은 수준의 대가를 치르려고 할 것 같지는 않다.

횟수 무제한 비자나 국민교육 같은 의제들을 보면, 거리 행동으로 정권의 양보를 이끌어내는 일이 결코 다시는 일어나지 않을 일은 아니다. 하지만 우리의 요구가 통치권 문제에 관련될 때, 국가 기관은 분명 가차 없이 속룡소대를 투입해 강경 진압을 할 것이다. 그리고 지금 우리의 힘으로는 이를 막아내기 어려울 것이다. 시민 불복종 지지자의 비율이 절반이 채 안 된다는 객관적인 상황은 차치하더라도, 우리가 반드시 정직하게 대면해야 하는 현실이 있다. 지금 시민 사회가 가진 동원력으로는 다시 거리 운동을 통해 헌정 개혁의 길을 개척하기는 어렵다는 것이다.

벗어날 수 없는 영겁의 정치개혁

거리도 의회도 민주라는 비전을 실천하는 장일 뿐이다. 혹은 뜻을 펼치고 생각을 논술하는 매체나 수단에 불과하다. 건제파가 의회를 붉게 물들이고, 거리 운동은 한계에 부딪히는 현실을 마주하고 있다. 이런 상황에서 민주 운동의 출구가 거리에 있느냐 의회에 있느냐를 말로 다투는 것은 답이 될 수 없다고 생각한다. 사실 지금까지 해오던 오래된 방법에 의지해서는 의회에서도 거리에서도 민주파의 협상 능력을 높이기 어렵다. 그보다는 지난 세 차례의 정치개혁에서 민주파가 어떤 문제를 보였는가를 먼저 돌아보는 게 좋겠다. 정부가 설정한 의사일정에 맞추어 민주를 쟁취하는 것이 어떤 한계를 지니는지, 조금 더 나아가자면 홍콩인들은 어떤 민주를 원하고 있는지. 그래야 문제의 핵심을 찾을 수 있을 것이다.

과거 세 차례의 정치개혁을 돌아보면, 사실 시나리오는 대동소이했다. 우선 범민주는 홍콩 정부의 정치개혁 자문 시기에 줄곧 '20××년 쌍보통선거'를 외친다. 이어서 여러 집회와 행진을 열어 민주에 대한 홍콩인의 굳건한 결심 등등을 표명한다. 그 뒤 정부가 정치개혁 방안을 세우면 시기적절하게 자기 진영의 방안을 공표한다. 이로써 사람들이 정부 방안과 범민주 방안의 우열을 비교하고, 자연스레 자기 쪽의 지지도가 높아지길 기대한다. 하지만 행정장관 보통선거와 직능 분야 폐지라는 구호를 아무리 힘껏 외쳐도, 결국 입법회에 송달된 정부 측의 방안은 이미 우리의 원칙에 위배되어 있다. 하지만 모두들 정부가 그 방안을 수정하기는 어렵다는 것을 너무나 잘 알고 있다. 그래서 범민주는 지난 세 차례의 정치개혁 때도 표결을 반년 앞두고 '보통선거 쟁취'에서 '방안 부결'로 점점 접어들었다. 투표일이 가까워지면 민주파 내부에서 급진적인 인사들은 '귀신 잡기'에 공을 들였다. 즉 태세 전환의 가능성이 있는 범민주 의원을 찾아내는 것이다. 이와 동시에 사나흘마다 한 번씩 나오는 여론조사에 앞다투어 응답했다.

한 차례 또 한 차례, 정치개혁의 무한 회귀를 겪으면서, 홍콩인들이 전혀 대응할 방법을 생각해보지 않은 건 아니었다. 2003년 50만 명의 사람들이 거리로 나서고 2005년에 제1차 정치개혁이 부결되었다. 그 뒤 2011년 제2차 정치개혁 때는 그에 앞서 있었던 다섯 개 구 시민투표에서 중앙정부를 향해 의사를 표시했다. 왜 홍콩인에게 정치제도 개혁을 투표로 결정할 수 있는 권리를 허용하지 않느냐는 물음이었다. 그리고 제3차 정치개혁 전에는 우산운동이 있었다. 우리는 시민 불복종으로써 권력자의 부담을 가중시켰다.

시민투표와 점거를 통해 5년에 한 번 있는 정치개혁 각축전에 약간의 변화가 생겼고, 중국 중앙정부의 권리에 대한 의문 역시 더욱 선명해지긴 했다. 그러나 우습게도 1997년에 '0708 쌍보통선거'를 외치기 시작했는데, 2005년에 정치개혁안이 부결된 후에는 '2012년 쌍보통선거'를 요구하고, 2012년에 정치개혁안이 통과된 뒤로는 '1617 쌍보통선거'를 제창했다. 정치개혁이 통과되든 부결되든, 다음 요구는 햇수만 뒤로 늦췄을 뿐 계속 '20××년 보통선거'다. 행동의 방식과 전략에는 변화가 있었다고 해도, 우리는 언제나 가만히 5년마다 한 번 오는 정치제도 개혁을 기다린다. 그리고 중국 공산당에서 정한 시간표대로 힘을 다해 민주를 제창하고, 보통선거 문제를 두고 중국 공산당과 옥신각신한다. 그런데 우리가 미처 생각해보지 않은 것이 있다. 중국 공산당의 홍콩 통치 방침에 대한 우리의 상상은 10년 전에 비해 많이 달라졌다. 그런데 무엇 때문인지 이 10년 동안 우리는 계속 보통선거만 요구할 뿐, 헌정 차원의 새로운 시야는 갖지 못한 듯하다. 그저 정부가 설계한 이 정치개혁의 영접 안에 머무는 데에 만족하고 있다.

며칠 후 범민주파가 한 마음 한 뜻으로 단결해 정부 측의 정치개혁안을 부결시킨다고 가정하자. 그 이후에는 계속 '2020년 입법회 보통선거'와 '2022년 행정장관 보통선거'만 요구할 것인가? 그것으로 오늘날 시국의 변화에 응답할 수 있을까?

민주화에 대한 중앙과 홍콩의 생각 차이

전인대에서 8·31결정을 반포한 뒤로, 학자나 학생 할 것 없이 "과거에 홍콩이 줄곧 신봉하던 민주 회귀론을 관속에 집어넣었다"거나 "고도 자치는 이미 죽었다"거나 하는 말들이 나왔다. 이런 말들은 몇 세대에 걸쳐 민주를 위해 싸우는 사람들이 느끼는 바를 직접적으로 보여준다. 이러한 정서와 반발은 중국에 대한 10여 년 전 시민 사회의 판단에서 기인한다. 홍콩인들은 중국 공산당의 통치에 대해 유보적 입장을 가지고 있었지만, 한때는 2047년이 되면 중국이 홍콩의 민주화를 따라올 것이라는 환상을 품었다. 내가 사회 운동에 참여하기 시작한 것은 5년 전이다. 그동안 중국 공산당이 내지內地에서 권리를 수호하는 인사들을 탄압하는 걸 수도 없이 목도해왔다. 그러나 그때까지 사람들은 일국양제에 의문을 갖지 않았다. '사이완이 홍콩을 다스린다'*는 말이 당시엔 아직 이렇게 성행하지 않았다. 그저 2047년 후에도 계속 일국양제가 이어지기를 바랄 뿐이었다. 이것은 중국에 대한 기존 범민주파의 생각과도 부합했다. 모두들 이렇게 하면 홍콩이 보통선거를 실시하고 태평성세를 이루는 것은 어렵지 않은 일이라고 생각했다. 당시에는 정말 홍콩의 출구를 고민한다거나 하는 위기의식이 없었다.

지금 5년 전, 10년 전의 생각을 돌아보면 오늘날 사회 분위기와는 거의 하늘과 땅 차이다. 하지만 우리가 헌정 차원에서 중국-홍콩 관계를 새롭게 이해하려면, 반드시 기존의 정치개혁 프레임 밖에서 새로운 비전을 찾아야 한다. 만약 '일국양제는 유명무실하다'가 웅변을 위한 구호에 불과한 게 아니라면, 우리가 실제로 중국 공산당 정권의 억압을 느낀다면, 그 '유명무실' 이후에는 어떻게 본래의 '일국양제 연장'을 실천하고 홍콩의 민주를 보장할 것인가?

나는 홍콩의 미래를 열어가는 데에 있어 가장 핵심적인 문제는 정치개혁 논쟁이 아니라고 본다. 지금부터 우리는 '50년 불변,** 그다음은?'이라는 문제를 생각해야 한다. 그리고 이것은 보통선거를 주축으로 하는 민주 운동으로 해결할 수 있는 문제가 아니다. 혹여나 이번 정치개혁에서 기적적으로 시민지명이 실시된다고 하더라도, 2047년이 되어 일국양제가 끝나고 나서 중국 공산당이 강제로 각종 선거제도, 집회의 자유, 언

---

* 西環治港. 중국의 연락판공실이 홍콩 섬 서쪽의 사이완에 있음을 염두에 둔 표현.
** 중국이 영국으로부터 홍콩을 1997년에 반환받으면서 일국양제 원칙을 50년간 유지하겠다고 한 것을 가리킨다.

론의 자유 같은 것들을 폐지하지 않을 거라고는 아무도 보증할 수 없기 때문이다. 30년 후, 홍콩이 중국의 직할시가 되어 있지 않을 거라고 누가 보장할 수 있겠는가?

__홍콩의 미래를 스스로 결정하자

1980년대 중국-영국 담판 때 '삼각三脚 의자' 방안이 중국 공산당에 의해 부결되었다. 홍콩의 미래를 논할 때 홍콩은 그 어떤 대표도 파견할 수 없었고 담판에 참여할 수도 없었다. 다른 식민지에서는 시민투표를 통해 도시의 앞날을 결정하는 데에 비해, 30년 전 홍콩인들은 중국에 반환'되었다'. 사실 1980년대 초에 시민투표가 실시되었다고 해도 중국으로 반환되고 '일각양제一脚兩制'가 시행되었을 가능성이 크다. 만약 지금의 학생 세대가 80년대에 살았더라면 분명 시민투표로 홍콩의 앞날을 결정하게 해줄 것을 요구했을 것이다. 80년대를 살았던 사람들이 지금까지도 이 세대에 빚진 부분이다.

1984년 중국-영국 연합성명에서 1997년 주권 이양 일정을 정했던 점을 생각하면, 2030년에는 홍콩의 미래를 두고 논의가 시작될 것이다. 그때쯤 중년에 접어들었을 사회의 중견들, 즉 지금은 아직 청년 혹은 소년인 80년대·90년대생들은, 전후 베이비붐 세대가 그랬던 것처럼 홍콩의 미래에 관한 담판을 다시 겪게 될 것이다. 역사는 부단히 재연된다. 만년에 접어들어서도 의사당을 지키고 있는 민주파처럼, 절체절명의 순간이 임박한 이 도시를 위해 출구를 찾아야 한다. 다른 점이 있다면 단지 그때는 1997년이었고 지금은 2047년이라는 것뿐이다.

다시 원점으로 돌아와서, 10여 년 후면 다시 홍콩의 미래를 논할 순간이 온다. 만약 우리가 보통선거에만 국한된 채 홍콩의 민주화를 상상한다면, 즉 애초에 자결권을 배제한다면, 지금 그나마 가지고 있는 반쪽짜리 민주제도와 얼마 없는 자유마저도 반세기 후에는 위기에 처하거나 심지어는 형식만 남을지도 모른다. 따라서 홍콩인은 목표를 분명하게 인식해야 한다. '홍콩의 미래는 시민투표를 통해 스스로 결정할 것이다'를 목표로 2030년 이후 싸울 준비를 하자. 시민투표로 홍콩의 미래를 결정하게 되면, 2047년에 홍콩이 어떤 방향으로 나아가든 그것은 홍콩인의 민의를 얻은 쪽일 것이다. 민주 운동은 포스트 정치개혁 시기에 '보통선거냐, 아니냐'는 프레임을 벗어나야 한다. 차라리 우리가 정치 게임의 룰을 바꾸는 것이다. 지금부터 권위적인 정부의 정치적인 의사일정을 흐트러뜨려야, 그래야 2047년 후에 정부가 상명하달식으로 홍콩을 '일국일제'의 지경으로 집어넣는 것을 막을 수 있다.

자결권, 홍콩인이 언젠가는 대면해야 할 문제

시민투표를 통해 자결을 쟁취하기란 실로 하늘에 오르는 것만큼 어려운 일일 것이다. 중국 공산당이 홍콩인에게 보통선거도 허락해주지 않는데, 도대체 홍콩인이 무슨 수로 미래에 대한 자결권을 요구하느냐는 의문이 자연스레 나올 것이다. 하지만 앞에서 말했듯이, 거리 동원은 한계에 부딪히고 건제파는 한 발 한 발 밀고 들어오고 있다. 앞으로 민주화의 길은 한 걸음 한 걸음이 지난한 여정이 될 것이다. 민주파가 협상 능력이 부족하고, 또 지금의 정치적 에너지로는 정권을 꿈쩍하기 어려운 것이 사실이다. 하지만 그것이 결코 자결권 의식을 회피해도 좋다는 핑계가 되지는 않는다. 민주파는 이 점을 직시해야 한다. 그것이 정치개혁의 영겁에 머물러 있는 것보다는 나은 선택이다.

오늘 정권의 반감이 두려워 자결권 요구를 피한다면, 2047년 이후에는 얼마 남지 않은 우리의 민주와 자유를 정권에게 빼앗길 수 있다. 우리가 홍콩의 미래 문제를 회피하고 논하지 않으면 중국 공산당이 2030년 이후에 임의로 처리하고 말 수도 있다. 즉 홍콩이 스스로 미래를 결정할 것인가 여부는 홍콩인과 정권이 언젠가는 대면해야 하는 문제다.

'부결 후, 그다음엔?'은 성지개혁안 투표가 끝나고 모든 홍콩인들이 고민해야 하는 문제다. 하지만 중국-홍콩 관계에 대해 우리는 제각기 다른 평가를 내린다. 그럴수록 우리의 시야는 더욱더 앞으로의 선거에서 의석을 조금 더 차지하느냐 혹은 덜 차지하느냐에 국한되어선 안 된다. 나는 '50년 불변, 그다음엔?'이야말로 진정 한 사람 한 사람의 홍콩인이 숙고해야 하는 문제라고 생각한다. 향후 몇 년간 자결권 의식을 기르고, 시민투표를 통한 헌법 개정을 논의하게 될 것이다. 홍콩인이 우리 도시의 앞날을 결정하는 미래를 선명하게 그려볼 수 있는 시간이 되길 바란다.

공산당이 이 지구상에서 사라지지 않는 한, 혹은 홍콩의 위치가 중국 대륙 옆이 아닌 다른 곳으로 바뀌지 않는 한, '중국 요인'은 계속 홍콩에 영향을 줄 것이다. 대만은 중국 공산당의 통치를 받지 않고, 대륙과 해협 하나를 사이에 두고 있는데도 중국 요인의 영향을 많이 받는다. 그러니 중국 대륙과 겨우 강 하나를 사이에 두고 있는 홍콩은 어떻겠는가? 보통선거 쟁취든, 헌법 개정이든, 홍콩 독립이든, 사실 투쟁의 대상은 모두 중국 공산당이다. 우리의 요구가 무엇이든 말이다. 헌정 개혁의 전장에서도 중국 공산당과 온 힘을 다해 겨루어야 한다. 그래서 공산당과의 싸움은 끝이 없다. 부디 권위적인 정부와의 싸움은 한두 차례의 운동으로 결판을 낼 수 있는 게 아니라는 사실을 분명하게 인식하고 담대히 대응할 수 있기를 바란다. 시야를 돌려 홍콩의 미래를 바라보자. 2047년 최후의 종식일을 준비할 수 있도록.

2030년 이후에 시민투표가 실현될 수 있을지는, 지금 이 시대를 살아가는 우리에게 달렸다. 앞으로 15년 동안 우리가 중국 공산당과의 싸움에서 무엇을 하는가에 따라 결과는 달라질 것이다.

우산운동을 겪은 우리, 이제 진실을 바로 보자. 민주 운동은 결코 한 세대에 완성될 수 있는 일이 아니다.

나오는 말

2010년에서 2012년 사이에 조용한 한 명의 중3 학생은 국민교육 반대 운동의 학생 대표가 되었습니다. 제가 사회 운동에 투신하게 되는 과정의 첫 번째 단계였다고 할 수 있습니다. 그렇다면 2013년 7월부터 2015년 6월까지의 23개월, 곧 학민사조 동학들과 함께 정치개혁 운동에 전념했던 시간은 두 번째 단계입니다. 이 시간 동안 우리는 학생계 방안을 기안하고, 공민광장 재탈환을 통해 우산운동을 촉진했습니다.

책의 지면이 한정되어 있는 탓에, 수록된 글들로 두 번째 단계인 23개월 동안 제가 걸어온 길을 온전히 보여드리기는 어렵습니다. 하지만 독자 여러분들은 분명 몇 년에 걸친 조슈아 웡의 성장과 변화를 보게 될 거라고 믿습니다. 저는 소년시절에 이미 제 길에 대한 선택을 한 셈입니다. 열네 살 때부터 주변의 친구들과는 다른 삶을 살기 시작했습니다. 거리 운동에 몸담는 것에는 많은 희생이 따랐습니다. 이따금 지치고 힘이 따라주지 않을 때도 있었고, 마음속으로 회의가 들 때도 있었으며, 길을 잃은 듯한 느낌이 들 때도 있었습니다. 심지어는 모든 것을 내버려둔 채 떠나버리고 싶다는 생각을 한 적도 있었습니다. 하지만 이 몇 년의 시간 동안 또한 자기만의 무대를 찾고, 자신의 달란트를 펼쳤으며, 전우들과 함께 이상을 위해 분투했습니다. 그렇기에 역시 참 많은 것을 얻었다는 생각이 듭니다.

아직 학생인 저는 매일 삼시 세끼를 위해 전업으로 일을 하지 않아도 됩니다. 또 감사하게도 가정 형편으로 인해 근심하지 않아도 됩니다. 학교에 다니는 동안 마음껏 그리고 힘껏 '즐겁고 의미 있는 일'을 하면 되지요. 제게는 거리에서 사회개혁을 추동하고 사회풍조를 변화시키는 것, 그리고 자신의 꿈과 비전을 이야기하는 것이 바로 그런 일입니다. '희망이 보여서 계속하는 게 아니라 계속해야 희망이 보인다'는 태도를 가지고 싸워나가며, 기쁜 마음으로 꿈을 이야기합니다.

옆에서 '정치는 타협의 예술'이라는 말을 종종 하지만, 제게 정치는 불가능한 것을 가능한 것으로 바꾸는 예술입니다. 몇 년 동안 벽에 부딪히고, 장애물에 걸리고, 나아가 다른 이의 미움을 사는 것은 피할 수 없는 일이었습니다. 지명도가 올라가고 사회적으로 점점 더 많은 주목을 받게 되면서 칭찬의 소리도, 비난의 소리도 많아졌습니다. 하지만 저는 사람이 다른 이를 위해서 사는 게 아니며, 타인의 요구를 만족시키기 위해 사는 것도 아니라고 믿습니다. 애당초 제가 모든 사람들의 기대를 충족시킬 수도 없겠죠. 그렇다면 자신에게 정직한 것이 가장 나은 방법일 겁니다.

열여덟 살의 나이에 이처럼 높은 곳에 서게 되었고, 이루 헤아릴 수 없는 부담·압박·기대가 따랐습니다. 이번 정치개혁이 막을 내린 뒤에 어떻게 민주 운동의 출구를 찾아야 할지, 지금도 저는 아직 잘 모르겠습니다. 하지만 '능력이 클수록 책임도 크다'는 말이 있습니다. 지금 저는 세 번째 단계의 길을 어떻게 걸어가야 할지 알지 못합니다. 하지만 성인이 된 후의 조슈아 웡은 민주 운동과 언제나 함께하고 있을 것이라고, 미래의 거리에도 늘 제가 있을 거라고 믿습니다. 앞으로도 계속 '자신에게 정직하게' 이 길을 가고 싶고, 홍콩인 여러분과 함께 싸워나가고 싶습니다. 그래서 포스트 정치개혁 시대에 새로운 이정표가 세워지기를 바랍니다.

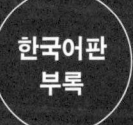

한국어판
부록

부록1

홍콩 지도

부록2

홍콩 행정장관 선거 방식(2017년 기준)

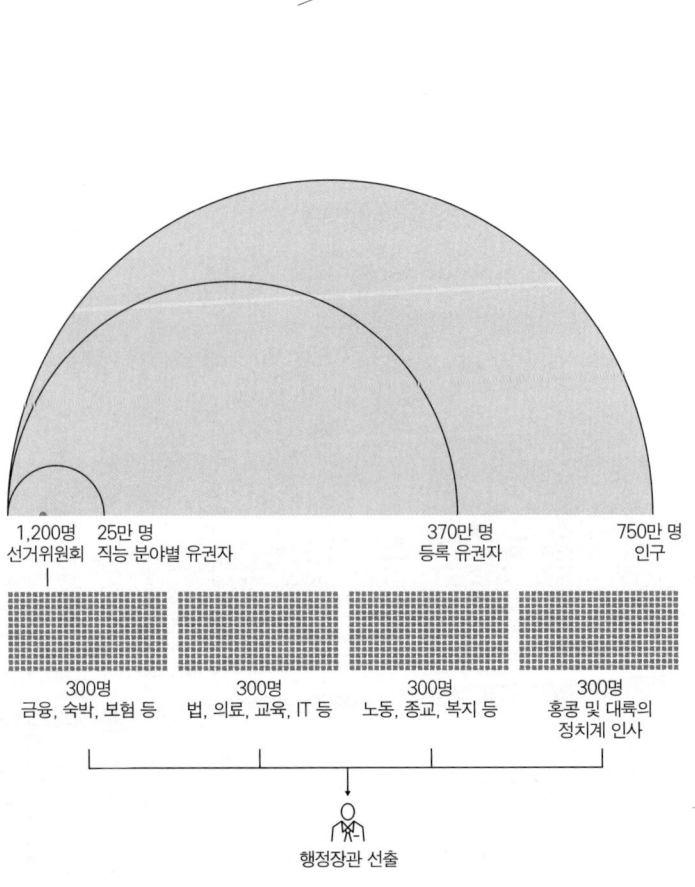

홍콩의 전체 인구 750만 명 가운데 370만 명이 유권자로 등록되어 있다. 이 가운데 25만 명에게만 선거위원을 뽑을 권리가 주어진다. 25만 명의 유권자는 각기 4대 직능 분야(이는 38개 소분야로 구성되어 있다)에 따라 투표를 해 총 1,200명의 선거위원을 선출한다. 이렇게 구성된 선거위원회의 간접선거로 홍콩의 최고책임자인 행정장관이 선출된다.

전체 유권자 370만 명 중에 이 선거 과정에 참여할 수 있는 사람이 25만 명으로 약 7퍼센트에 불과한 데다 그마저도 선거위원회 1,200명에 의한 간접선거다. 또한 각 분야별 표의 등가성이 보장되지 못하는 것도 문제로 제기되고 있다. 예를 들어 교육 분야의 경우 8만 명의 유권자가 30명의 선거위원을 뽑는 반면, 호텔숙박 분야의 경우 120명의 유권자가 17명의 선거위원을 뽑는 식이다. 구조적으로 친중 성향의 인사들이 선거위원으로 더 많이 뽑힐 수 있다는 비판이 지속적으로 제기된다.

한편, 홍콩의 입법회 의원은 모두 70명인데, 절반은 직접선거로 선출되지만, 절반은 위와 같은 방식으로 선출된다. 홍콩에서 유일하게 등록 유권자의 직접선거로 치러지는 선거는 구의회 선거다.

부록 3

주요 사건 일람

1842년 8월 난징조약 체결. 아편전쟁의 종결을 위한 조약으로, 홍콩 섬이 영국에 할양됨.

1982년 9월 덩샤오핑, 영국 마가렛 대처 수상과의 회담에서 일국양제—國兩制 원칙을 제시하며 홍콩 반환에 대해 논의함.

1989년 6월 중국 텐안먼 사태.

1990년 4월 중국 전인대에서 홍콩 기본법이 통과됨. 행정장관을 선출할 때 점진적으로 "광범위한 대표성이 있는 지명위원회가 민주적인 절차에 따라 천거한 후 보통선거의 방식으로 선출하는 목표를 실현"하도록 규정함.

1997년 7월 홍콩이 중국에 반환됨. 둥젠화 초대 행정장관 취임.

2003년 7월 보안법 시위. 홍콩 기본법 23조의 입법을 반대하며 50여만 명의 시민이 시위를 벌임. 결국 입법 계획이 철회됨.

2005년 3월 도널드 창 행정장관 취임.

2007년 전인대가 '2012년' 행정장관 직선제 가능성을 일축함. 단, '2017년' 행정장관 선거는 보통선거로 치러질 수도 있다고 밝힘.

2012년 7월 렁춘잉 행정장관 취임.

2012년 8월 홍콩 정부가 중국에 대한 애국주의 교육을 도입하려 하자, 12만 명의 시민들이 정부 청사를 포위함. 학민사조의 조슈아 웡은 시위를 주도하며 교육안 철회를 이끌어냄.

2013년 3월 만약 중국 중앙정부가 2017년 행정장관 선거의 직선제 실시 약속을 어길 경우, 센트럴 지역을 비폭력적으로 점거하자는 주장이 제기됨(시민단체 '센트럴을 점거하라').

2013년 4월 시진핑이 국가 주석으로 선출됨.

2013년 10월 홍콩 정부가 홍콩TV에 대한 영업허가증 발급을 거부하면서 시위가 일어남. 당시 홍콩인들은 친중 미디어의 독점이 깨지는 것을 기대해왔음.

2014년 6월 일국양제에 관한 중국 정부의 첫 공식 입장이 담긴 백서에서, '일국'이 '양제'보다 우위에 있음이 강조됨.

2014년 8월 전인대가 2017년 홍콩 행정장관 선출 방안을 발표함(8·31결정). 1인 1표의 보통선거로 진행하되, 행정장관 후보로 나서려면 지명위원회 내에서 과반수의 지명을 받아야만 한다고 규정함.

2014년 9월 대규모 시위 시작(이른바 '우산혁명' 혹은 '우산운동').

2014년 10월 홍콩 정부와 시위대의 공식대화 결렬.

2014년 11월 학련 지도부, 고위층 면담을 위해 베이징행을 시도

했으나 실패.

2014년 12월 조슈아 웡 등 학민사조 지도부가 단식 투쟁을 하며 저항했으나, 홍콩 경찰이 학생 지도부의 바리케이드를 철거하면서 시위가 종결됨.

2015년 6월 정치개혁안이 홍콩 입법회에서 부결됨. 결국 2017년 행정장관 선거는 기존대로 선거위원회에 의한 간접선거로 치르게 됨.

2016년 4월 데모시스토 창당. 조슈아 웡은 비서장을 맡음.

2017년 7월 홍콩의 중국 반환 20주년. 캐리 람 행정장관 취임.

2017년 8월 홍콩 고등법원, 조슈아 웡, 네이선 로, 알렉스 차우에게 각각 6개월, 8개월, 7개월의 징역형 선고.

2019년 6월 범죄인 송환법 철폐를 요구하며 역대 최대 규모 시위.

2019년 9월 캐리 람 행정장관, 송환법 공식 철회 발표.

2019년 11월 홍콩 구의회 선거에서 민주 진영 승리.

2019년 12월 시진핑 주석, 선거 참패에도 불구하고 캐리 람 행정장관 신임 의사 밝힘.

2020년 1월 사태 장기화. 시위대의 5대 요구사항: 송환법 공식 철회, 경찰의 강경 진압에 관한 독립적인 조사, 시위대 '폭도' 규정 철회, 체포된 시위대의 조건 없는 석방 및 불기소, 행정장관 직선제 실시.

2047년 홍콩의 중국 반환 50주년. 일국양제 적용 만료.

• 부록을 작성할 때 다음 자료를 참고했습니다.

논문

김지현, 〈중국의 홍콩 지배방식 변화: 인식, 정책, 반응의 상호작용을 중심으로〉, 성균관대학교 동아시아학과, 박사학위논문, 2017.

박서현, 〈홍콩 민주화 시위에 나타난 정체성의 정치 분석〉, 서울교육대학교 교육전문대학원, 석사학위논문, 2015.

정해린, 〈홍콩 우산운동과 한국 6월항쟁 성패요인 분석: 정치 행위자를 중심으로〉, 연세대학교 지역학협동과정, 석사학위논문, 2017.

기사 및 블로그

Brendan Scott, Robert Olsen, Adrian Leung and Yue Qiu, "How China Holds Sway Over Who Leads Hong Kong", Bloomberg, 2017. 2. 28. https://www.bloomberg.com/graphics/2017-hk-election/

구정은, "졌지만 이긴 시민들… 홍콩의 '세 번째 싸움'이 남긴 것", 경향신문, 2019. 11. 26. http://news.khan.co.kr/kh_news/khan_art_view.html?artid=201911261041001

독수리 요새, "2017년도 홍콩 행정장관 선거 이야기 (1)", 티스토리 개인블로그, 2017. 3. 20. https://bravebird.tistory.com/290?category=633029

이재은, "'천안문 사태' 강력대응 中, 홍콩엔 한 발짝 물러선 이유", 머니투데이, 2019. 6. 24. https://news.v.daum.net/v/20190624080957470

주현진, "홍콩 행정장관 '친중국계로 제한' 입법 갈등", 서울신문, 2014. 8. 30. http://www.seoul.co.kr/news/newsView.php?id=20140830009007

채인택, "홍콩선거 민주파 압승에도… 中 웃는다, 그뒤엔 기묘한 칸막이", 중앙일보, 2019. 11. 26. https://news.joins.com/article/23641640

푸른 빛 블루, "홍콩의 싸움: 정체성의 관점에서", 슬로우뉴스, 2019. 6. 19. https://slownews.kr/73604

허완, "홍콩 시위에 대해 당신이 궁금해 하는 5가지", 허핑턴포스트코리아, 2014. 10. 1. https://www.huffingtonpost.kr/2014/09/30/story_n_5905074.html

부록4

인명 대조표

글로리아 쳉 鄭奕琳	리타 판 范徐麗泰
네이선 로 羅冠聰	리페이 李飛
넬슨 웡 黃成智	리후이링 李慧玲
딩즈린 丁子霖	림스키 윈 袁國強
라오거핑 饒戈平	마리아 탐 譚惠珠
라우밍와이 劉鳴煒	마틴 리 李柱銘
라우콩와 劉江華	버니 찬 陳振彬
라파엘 웡 黃浩銘	베니 타이 戴耀廷
람와이쓰 林慧思	벨라 로우 盧姸慧
렁궉훙 梁國雄	샤론 청 張寶華
렁차이얀 梁齊昕	셰셴 謝賢
렁춘잉 梁振英	스제토 와 司徒華
레스터 셤 岑敖暉	스티븐 찬 陳志雲
레이먼드 탐 譚志源	신충카이 單仲偕
레지나 입 葉劉淑儀	아그네스 차우 周庭
로니 퉁 湯家驊	아서 리 李國章
로버트 차우 周融	안나 우 胡紅玉
루이스 차 查良鏞	알렉스 차우 周永康

344

앤서니 청張炳良   추이우밍朱耀明
앤슨 찬陳方安生   캐리 람林鄭月娥
앨런 렁梁家傑   켄 창曾健超
앨런 리李鵬飛   크리스틴 로陸恭蕙
앨버트 청鄭經翰   택치윤狄志遠
앨버트 첸陳弘毅   토미 청張秀賢
앨버트 호何俊仁   통치화董建華
에디 웅吳文謙   티파니 친錢詩文
에밀리 라우劉慧卿   폴 찬陳茂波
엘시 렁梁愛詩   프레드릭 펑馮檢基
오드리 유余若薇   프리실라 렁梁美芬
오스카 라이黎汶洛   프린스 웡黃子悅
왕단王丹   한후이후이韓慧慧
왕전민王振民   호럭상何濼生
웡육만黃毓民
응치숨吳志森
장더장張德江
재스퍼 창曾鈺成
잭 리李啓迪
제임스 토涂謹申
제임스 티엔田北俊
조지프 젠陳日軍
조지프 청鄭宇碩
주성치周星馳
차오샤오양喬曉陽
찬원한陳婉嫻
찬킨만陳健民
창탁싱曾德成
처이혼궝徐漢光
천줘얼陳佐洱
청먼쾽張文光

나는
좁은 길이
아니다
홍콩 민주화 운동과 나의 18세

1판 1쇄 펴냄 2020년 3월 31일

지은이	조슈아 웡
옮긴이	함성준
펴낸이	성기승
펴낸곳	프시케의 숲
출판등록	2017년 4월 5일 제406-2017-000043호
주소	(우)10874, 경기도 파주시 책향기로 441
전화	070-7574-3736
팩스	0303-3444-3736
이메일	pfbooks@pfbooks.co.kr
페이스북	fb.me/PsycheForest
트위터	@PsycheForest

ISBN   979-11-89336-24-0   03330

책값은 뒤표지에 있습니다.

이 책의 내용을 이용하려면 반드시 저작권자와
도서출판 프시케의숲에 동의를 받아야 합니다.

이 도서의 국립중앙도서관 출판시도서목록CIP은
서지정보유통지원시스템 홈페이지 http://seoji.nl.go.kr와
국가자료공동목록시스템 http://www.nl.go.kr/kolisnet에서 이용하실 수 있습니다.
CIP제어번호: 2020013329